Europäische Mystik
Eine Einführung

D1937689

Gerhard Wehr

Europäische Mystik
Eine Einführung

PANORAMA

Wissenschaftlicher Beirat

Prof. Dr. Detlef Horster
Prof. Dr. Ekkehard Martens
Prof. Dr. Herbert Schnädelbach
Prof. Dr. Ralf Schnell
Dr. Christoph von Wolzogen
Prof. Dr. Jörg Zimmermann

© by Junius Verlag GmbH
Genehmigte Lizenzausgabe Panorama Verlag, Wiesbaden
Alle Rechte vorbehalten
Umschlaggestaltung: Helmut Schaffer
Titelfoto: AKG Berlin
Satz: GGP Media GmbH, Pößneck
Druck: GGP Media GmbH, Pößneck
Printed in Germany
ISBN 3-926642-54-8

Inhalt

Anhang

Vorverständigung

Wenn von Mystik die Rede sein soll, ist eine begriffliche Vorklärung unerläßlich. Bei weitem nicht alles, was sich so nennt, ist auch Mystik. Allzu oft wird die Sache gründlich verfehlt, sowohl von (vermeintlichen) Befürwortern als auch von Gegnern. Die Ignoranz ist da wie dort verbreitet. Vielfach sollte man von Mystizismus sprechen, vor allem wenn auf die erforderliche Klarheit wenig Wert gelegt wird. Andererseits gehen selbst unter Sachkennern die Meinungen auseinander, weil Ausgangspunkt, Einschätzung, Blickrichtung oder methodisches Vorgehen differieren. Undeutlich bleibt häufig, ob man die mystische Erfahrung als solche meint oder deren Beschreibung. Klarzustellen ist auch, ob es sich lediglich um eine gleichsam neutrale und »unparteiische« Information »über« Mystik handelt oder ob man bestrebt ist, in den Prozeß mystischen Erlebens einzuführen.

Von Mystologie beziehungsweise Mystographie sollte man sprechen, wenn es sich – wie in dieser Einführung – um die Beschreibung mystischer Prozesse und Strömungen handelt, um die Darstellung ihrer Erscheinungsformen in Geschichte und Gegenwart. So wenig der Biograph mit dem identisch ist, dessen Lebensbild er beschreibt, so wenig ist der Mystograph bereits ein Mystiker. Durch Beschreibung, und sei sie noch so differenziert und »einfühlsam«, wird die jeweils zugrundeliegende Erfahrung nicht erfaßt. Es bleibt eine gewisse Distanz. Diese Distanz des Betrachters ist auch geboten. Wer »des Gottes voll« (enthousiasmós), das heißt vom Transzendenten her von außerordentlichen

Eindrücken erfüllt ist, der ist in der Regel unfähig, sich gleichzeitig zum kritischen Betrachter seines Selbstseins zu machen. Andererseits bedarf es eines gewissen Kontaktes, eines tiefer gehenden Verständnisses. Wie dem Biographen, so wird dem Mystographen bei genauer Prüfung abzuspüren sein, ob er eine Beziehung zu seinem Gegenüber hat oder ob ihm dieses nur ein beliebiges »Objekt« ist, mit dem er sich gleichsam pflichtgemäß abgibt, ohne mit ganzer Person bei der Sache zu sein.

Schwerlich kann mystische Erfahrung in ihrer besonderen Qualität beschrieben werden, ohne daß sich auch der Mystologe oder Mystograph von der Glut mystischer Erfahrung anrühren ließ. Das spezifische Sensorium (sensus mysticus) muß vorhanden sein beziehungsweise entwickelt werden. Das gilt in erhöhtem Maß von dem Mystagogen, der seine Aufgabe darin sieht, andere mit der Dimension des Mystischen bekannt zu machen und auf dem mystischen Weg ein Stück weit zu begleiten. Hier trifft zu, was für jede Weise einer personalen Führung Geltung hat, sei es ein Erkenntnisweg oder ein (psycho)therapeutisches Geleit: Niemand kann einen anderen weiter führen, als er selbst gekommen ist. An Negativbeispielen fehlt es bekanntlich nicht. Immer wieder kann man beobachten, daß Menschen solche Aufgaben übernehmen, ohne über die dafür erforderlichen Qualitäten der spirituellen Erfahrung oder des persönlichen Gereiftseins zu verfügen. Sie erweisen sich dann als bloße »Stelleninhaber« und »Funktionsträger« und müssen in wesentlichen Punkten hinter den in sie gesetzten Erwartungen zurückbleiben. Wie groß das Ausmaß der Enttäuschung ist, kann an der allgemeinen Einschätzung kirchlicher Amtsträger abgelesen werden. Entsprechend stark ist die Abwanderung aus den sogenannten Großkirchen.

Wie verhält es sich aber mit der Mystik selbst? Beschränkt sie sich auf das religiöse Feld, oder kann legitimerweise etwa von philosophischer Mystik, von Geschichtsmystik, von Naturmystik und dergleichen gesprochen werden? Welche Beziehung besteht zwischen den verschiedenen Formen der Mystik in den einzelnen Religionen? – Schon allein diese wenigen Fragen lassen die beträchtliche Spannweite der Probleme erkennen, die über die Grenzen je einer einzelnen Disziplin hinausgehen. Die Mystographie wird sich daher nicht allein auf die Erkenntnismittel des Historikers oder des Philologen beschränken können. Sie wird den Religionshistoriker, den Religionspsychologen beziehungsweise Tiefenpsychologen, den Soziologen hinzuziehen müssen.

Das Wort »Mystik« (von griechisch »myein«: Augen, Ohren, Mund schließen) steht für ein religiöses Urphänomen und basiert auf der Erfahrung eines unmittelbaren, intuitiven Kontaktes mit dem Absoluten, dem Unbedingten, »Gott«. Elemente dieses Erlebens und Erkennens sind in allen Hochreligionen verbreitet, so unterschiedlich es auch jeweils beschrieben wird. Die Vielfalt der Zeugnisse mystischer Erfahrung zeigt, daß es nicht nur verschiedene Grade und Intensitäten des Ergriffenseins gibt, sondern auch verschiedene Zugänge.

Die durch die griechische Sprache vorgebildete Terminologie bietet drei kennzeichnende Grundworte an: Die *Ekstase* (ékstasis) als Entgrenzung, Heraustreten, Öffnung des Ich-Bewußtseins vom Personalen zum Transpersonalen hin. Der allgemein geläufige Bewußtseinsraum einer geistig-seelischen Mittellage wird verlassen. Mit einem rauschhaften Außersichsein oder mit einem Absinken des Bewußtseinspegels darf die hier gemeinte Ekstase allerdings nicht verwechselt werden, weil sie nicht eine Dämpfung, sondern eine Erweckung der seelischen Potenzen bedeutet. Die *Einigung* (énosis), in der der Mensch die mystische Vereinigung mit dem Absoluten, mit dem in jeder Hinsicht Übergeordneten – oft unter Erschütterungen – erlebt. Das

Nichtsein (me-on) als die Bezeichnung eines Erlebnisses oder Erfahrungsaktes, der den Menschen über das Sein hinausführt ins »pure Nichts«. Gott selbst, wie immer er vorgestellt wird, läßt sich in seiner Tiefe noch nicht dadurch »erfassen«, daß man ihn mit dem Sein identifiziert. Es bedarf daher einer »Theologia negativa«, die gar nicht erst den Versuch unternimmt, den Unnennbaren durch kennzeichnende Charakterika, die notgedrungen aus der Endlichkeit genommen sind, benennen oder beschreiben zu wollen. Alle Namen, und seien es die größtmöglichen Steigerungsformen (der Allweise, der Allmächtige, der Allergrößte), die man dem Absoluten im Laufe der Religions- und Geistesgeschichte zugedacht hat, sind radikal zu »nichten«.

Die drei aufgeführten Leitbegriffe sollen lediglich einer allgemeinen Sachorientierung dienen. Dabei handelt es sich aber nur um »Kernbegriffe«, um die sich mit Blick auf einen erweiterten Mystik-Begriff ein Kreis anderer Wesensmerkmale anordnen kann. Je weiter dieser Umkreis gezogen ist, indem man etwa allerlei »mystische« Manifestationen bis in den Bereich von Psi-Phänomenen hinein hinzunimmt, desto unschärfer wird der jeweilige Mystik-Begriff. Wenn man dann beispielsweise allerlei spektakuläre Erscheinungen (Hellsehen, Telekinese, Visionen, Levitationen, Stigmatisationen und ähnliches) als »mystisch« erklärt, wird die Innenerfahrung veräußerlicht und das Nichtaufweisbare, Unsagbare verflacht zum vermeintlich Beredbaren. Der Mystologe, der sich in diesem Bereich bewegt, muß daher stets im Bewußtsein behalten, daß das Eigentliche seines Themas immer noch jenseits der sorgfältigen Beschreibung oder der verantwortbaren Erörterung liegt, eben als Nichterfahrung (me-on): »Das Tao, das man nennen kann, ist nicht das ewige Tao; der Sinn, den man ersinnen kann, ist nicht der ewige Sinn« (Lao-tse).

Was.nun die verschiedenen Zugänge anlangt, so hat unter anderem Meister Eckhart das Erlebnis eines einzigartigen Durchbruchs betont, der von Gott her erfolgt und den Menschen spontan in einen veränderten Zustand hineinstürzt (raptus). Andere Mystiker legen besonderen Wert auf das Absolvieren eines inneren Weges mit den Stadien der vorbereitenden Reinigung (via purgativa) und der Erleuchtung (via illuminativa), bevor es zum eigentlichen Ziel, der Vereinigung (unio mystica), kommen kann.

Es liegt in der Natur der Sache und es entspricht der Aktualität der Mystik, daß sie nicht an eine bestimmte Geschichtsepoche gebunden ist, wenngleich Bezeichnungen wie »deutsche Mystik« sich in der Hauptsache auf Gestalten der volkssprachlichen Mystik etwa des 13. bis 15. Jahrhunderts beziehen. Kennzeichnend ist ferner, daß Mystiker, obwohl auch sie prinzipiell an das jeweilige religiöse Dogma gebunden sind, nicht das lehrmäßig Trennende der Theologie und des Lehramtes, sondern das überkonfessionell Verbindende betonen. Zwar läßt sich eine Tendenz zur leichtfertigen Vermengung (Synkretismus) verschiedener religiöser Elemente daraus nicht legitimieren, doch gibt es für einen an der Mystik orientierten Menschen so etwas wie eine »Ökumene des Geistes«, die die Gräben geschichtlicher Bedingtheiten und religiöser wie weltanschaulicher Intoleranz konsequent überschreitet. Hier liegt die Gegenwarts- und Zukunftsbedeutung der Mystik in einer immer kleiner werdenden Welt.

Einen anderen wesentlichen Faktor stellt die spirituelle Erfahrung dar. Statt in einseitiger Weise auf die Lehre (doctrina) abzuheben, ist die christliche Mystik eine auf Erfahrung gegründete Erkenntnisweise der Gottheit (cognitio dei experimentalis et non doctrinalis). Mit Adalbert Geduhn kann man sagen: »Die Hinwendung zur Verinnerlichung ist immer die Stunde der Mystik gewesen, oft unter Schmerzen aus Ohnmachtserfahrungen entstanden. Das trat ein, wenn die historisch gewordenen Religionen mit ihren Riten und ausgeklügelten Denksystemen oder wenn die institutionalisierte Anstaltsfrömmigkeit der Kirche eine persönliche und unmittelbare Gotteserfahrung verbauten und in Notsituationen keinerlei hilfreiche Antwort gaben [...].«[1]

In der Tat schlug oft in Zeiten eines spirituellen Vakuums die Stunde der großen Mystikerinnen und Mystiker. Dabei ist der mystische Impuls keinesfalls nur ein Gewächs der Krise, sondern durchzieht die Religionen wie ein Element der Vitalität, so auch die Geschichte der Christenheit in ihrer abendländischen Erscheinungsform. Der aus dem Katholizismus kommende und auch im Protestantismus stets ganzheitsorientierte Theologe Friedrich Heiler (1892 bis 1967) umreißt zusammenfassend wichtige Ereignisfelder dieser Geisteshaltung:

»Die ersten Spuren der Mystik treten im Johannes-Evangelium hervor; der leise Einschlag ägyptisch-hellenistischer Mystik verleiht der johanneischen Christusliebe eine weiche Innigkeit. In der Gnosis paaren sich mystische Ideen mit dem paulinischen Heilsglauben zu krankhaft-grotesken Mischformen. Bei Clemens von Alexandrien und Origenes verbindet sich die hellenistische Mystik mit dem christlichen Dogma einerseits und der griechischen Philosophie andererseits. In Augustins Frömmigkeit vermählen sich neuplatonische Mystik und biblische Offenbarungsreligion. Das persönliche Frömmigkeitsleben im mittelalterlichen Christentum wird von Augustin und dem Areopagiten (Dionysius) genährt, wobei teils jener (so bei Anselm, Bernhard, Thomas von Aquin, Thomas von Kempen) teils dieser (bei Eckhart, Tauler, Katharina von Genua) das Übergewicht hat. Auf den von Bonaventura bestimmten Ideen des Petrus von Alcántara und Franziskus von Ossuna baut sich die quietistische Mystik Theresas auf. Aus dem tiefen Gotterleben dieser Heiligen schöpfen Johannes vom Kreuz, Franz von Sales, Molinos, Madame Chantal und Madame Guyon; Molinos hinwiederum wurde der Lehrmeister von Arnold und Tersteegen. Die pietistische Mystik entstand aus einer Kombinierung evangelischen Heilandsglaubens und bernhardinischer Jesusmystik.«[2]

Hinzuzufügen bleibt allerdings, daß diese Skizze zeitlich wie räumlich noch wesentlich zu ergänzen ist, auch tief in die außerkirchlichen Bezirke hinein. Man denke nur an den beträchtlichen Anteil der jüdischen Mystik in Gestalt der Kabbala beziehungsweise im ostjüdischen Chassidismus. Man denke nicht zuletzt an die von Dichtern und Denkern unserer Tage geleisteten Beiträge zum großen Thema. Robert Musil beispielsweise schrieb angeregt von den 1909 erschienenen *Ekstatischen Konfessionen*: »Rationalität und Mystik, das sind die Pole der Zeit«. Martin Buber, der diese Zeugnisse mystischen Erlebens in der frühen Phase seines Schaffens zusammengetragen hat, schließt seine Vorrede mit den Worten:

»Haben die Meister aller Zeiten, die ihn schufen – den Mythos von der großen Einheit – und immer wieder neu schufen, nicht aus ihrem Erlebnis geschöpft? Denn auch sie haben die Einheit erfahren; und auch sie sind aus der Einheit in die Vielheit gegangen. Aber wie ihre Ekstase nicht das Hereinbrechen eines Unerhörten war, das die Seele überwältigt, sondern Einsammlung und tiefstes Quellen und eine Vertrautheit mit dem Grunde, so lag auf ihnen das Wort nicht wie ein treibender Brand: es lag auf ihnen wie die Hand des Vaters. Und so lenkte es sie, das Erlebnis einzutun – nicht als Ereignis in das Getriebe, nicht als Bericht in die Kunde der Zeit, sondern es einzutun in die Tat ihres Lebens, es einzuwirken in ihr Werk, daraus neu zu dichten den uralten Mythos, und es so hinzusetzen nicht als ein Ding zu den Dingen der Erde, sondern als einen Stern zu den Sternen des Himmels. – Aber ist der Mythos ein Phantasma? Ist er nicht eine Offenbarung der letzten Wirklichkeit des Seins? Ist nicht das Erlebnis des Ekstatikers ein Sinnbild des Urerlebnisses des Weltgeistes? Ist nicht beides ein Erlebnis? – Wir horchen hinein – und wissen nicht, welches Meeres Rauschen wir hören.«[3]

Ist dieses Nichtwissen das Letzte, das gesagt werden darf? Verlangt nicht – paulinisch geredet – der Blick in den dunklen Spiegel wenigstens partielle Aufhellung? Wenn nicht prometheisch mißdeutet, wird in diesem Zusammenhang auch das andere Wort des Mystikers Paulus zu bedenken sein: »Der Geist erforscht alle Dinge; auch die Tiefen der Gottheit« (I. Kor. 2,10).

Das geistige Vorfeld in der Antike

»Ich vergleiche die ganze Philosophiam, Astrologiam und Theologiam samt ihrer Mutter einem köstlichen Baum, der in einem schönen Lustgarten wächst [...].« Mit diesem Satz beginnt Jakob Böhme die Vorrede zu seinem berühmten Erstlingswerk *Aurora oder Morgenröte im Aufgang* (1612). In einem ähnlichen Sinn kann man vom Baum der abendländischen Mystik sprechen: Ein kräftiger Stamm trägt eine weit ausgreifende Krone mit ihren Ästen und zahllosen Zweigen. Ihr entspricht ein in die Tiefe und Breite reichendes Wurzelwerk, das dem Betrachter gemeinhin verborgen bleibt. Aber es gehört zum Gesamtorganismus hinzu, auch wenn sich die Blicke naturgemäß auf die sichtbare Gestalt richten.

Die europäische Mystik wurzelt in der griechischen Antike, das heißt in jener geistigen Sphäre, die das Christentum seit den Tagen der Christus-Erscheinung erfüllen und durchdringen sollte. Jahrhunderte bevor die Nachfahren der Apostel Jesu ihre heiligen Schriften ins griechische Sprachgewand kleideten, lagen hier Bild- und Erlebnisformen bereit, um als Gefäße für die Bezeugung mystischer Erfahrung zu dienen. Wie sonst wollte man etwa den Mystiker verstehen, der das Johannesevangelium schrieb, in dem sich hebräisches Glaubensgut mit griechischer Logos-Mystik zu einer schier unzerlegbaren Einheit verbindet.

Erlebnisbetonte Kulte wie die des Dionysos oder der kleinasiatischen Kybele waren weit über den griechischen Kulturraum hinaus verbreitet.[4] In den zu ihnen gehörenden Mysterieneinweihungen wurden in sinnbildlichen Szenarien die gläubigen Männer beziehungsweise Frauen durch die Nacht zum Licht, durch den Tod zu einem neuen Leben geführt. Und wenn bisweilen gesagt wird, daß diese Mysterien nicht ohne weiteres mit Mystik in Zusammenhang gebracht werden dürften, so wird doch nicht zu leugnen sein, daß die Einzuweihenden, die nach Reinigung (kátharsis) und Erleuchtung (photismós), schließlich nach Vereinigung beziehungsweise Vergottung (apothéosis) verlangten, nicht nur äußere Kulthandlungen vollzogen haben. Immer müssen die einzelnen Akte solcher symbolischer Verrichtungen mit einem tief anrührenden inneren Erleben verbunden gewesen sein.

Doch selbst wenn man den Mysterienkulten genuin mystische Erfahrungen absprechen will, bleibt doch ihre prägende Rolle für die wesentlich spätere christliche Mystik festzuhalten: Die kaum andeutende und sogleich wieder verhüllende Mysteriensprache der Alten weist über sich hinaus. Nie reicht der buchstäbliche Sinn aus, um das Gemeinte hinreichend zu artikulieren. Bestenfalls können geistig-seelische Vorgänge symbolhaft markiert werden. Unsagbar bleiben die kultischen Vorgänge hier aber nicht nur aufgrund eines prinzipiellen Unvermögens zur Darstellung des Transzendenten, sondern auch um die heiligen Geheimnisse zu schützen und sie von denen fernzuhalten, die für dieses Wissen nicht für reif gehalten werden. Dem Uneingeweihten, dem Unerfahrenen bleiben sie ein unauflösbares Rätsel. Deshalb ist es nicht verwunderlich, wenn sich kaum Zeugnisse von den Mysterieneinweihungen erhalten haben. Erst sehr spät wagt es beispielsweise jemand wie Plutarch (50 bis 125), das Schweigegebot zu verletzen. Bei dem Versuch, sich den eigenen Tod vorzustellen, nimmt er die eigenen Erfahrungen aus kultischen Handlungen zu Hilfe:

»Dann erlebt die Seele etwas von der Art wie diejenigen, die in große Mysterien eingeweiht werden [...]: Umherirren zuerst, ermüdende Umläufe, ängstliches Gehen im Dunkel, das kein Ziel findet; dann unmittelbar vor dem Ende all das Furchtbare, Schauder, Zittern, Schweiß und Staunen. Dann kommt ein wunderbares Licht entgegen, reine Räume, Wiesen nehmen uns auf, es gibt Stimmen, Tänze, Feierlichkeit heiliger Worte und heiliger Erscheinungen. Inmitten von ihnen ist der Vollendete, Geweihte frei und gelöst geworden. Er geht umher, bekränzt, und feiert das Fest in Gemeinschaft mit heiligen, reinen Menschen, und er sieht herab auf die ungeweihte, ungereinigte Menge, die in Schlamm und Nebel unter seine Füße getreten wird [...].«[5]

Es kann außer acht bleiben, auf welche Mysteriensituation sich die Schilderung dieses antiken, schon am Beginn der christlichen Ära schreibenden Autors konkret beziehen mag. Bedeutsamer ist die Entsprechung, die zwischen diesen und sehr viel späteren Zeugnissen ähnlicher Art besteht. Da wie dort sind Stationen zu durchlaufen, die Vergleiche nahelegen: Erst das »Umherirren«, die Suche, die Unruhe, das In-der-Fremde-Sein, das peinvolle Los, einem »Furchtbaren« ausgesetzt zu sein; dann erst, am Ende eines langen von Krisen und Prüfungen begleiteten Prozesses, der Zustand des Erleuchtetwerdens, des Heilseins. Insofern kann den aus Mysterienzusammenhängen stammenden Zeugnissen eine prototypische Bedeutung zugesprochen werden. Ausgangspunkt, Weg und Ziel des mystischen Prozesses scheinen in den antiken Texten vorgebildet zu sein.

Wenn die griechische Antike genannt wird, dann muß vor allem Platon zitiert werden, wiewohl die Platon-Forschung sich darüber gestritten hat, ob von »Mystik« – ganz gleich, ob es sich um beschreibende Mystologie oder beabsichtigte Mystagogie handelt – bei ihm überhaupt die Rede sein darf.[6] Zuerst wird man im Zusammenhang seiner Eros-Theorie an den Stufenweg zur Schau des Schönen denken, der im *Symposion* aufgezeigt wird. Er erstreckt sich von den sichtbaren schönen Dingen bis hinauf zur Idee des Schönen, eben zur mystischen Schau des Schönen an sich: »Wer nämlich bis an diesen Punkt gelangt ist als Zögling in den Weihen des Eros, der wird nach stufenweiser und richtiger Betrachtung des mancherlei Schönen, endlich am Ziel des Eros-Weges angelangt, plötzlich ein Schönes von wunderbarer Art erblicken, eben das, auf das alle früheren Bemühungen hinzielten [...]. Auf dieser Stufe des Lebens, lieber Sokrates, erklärte die Freundin aus Mantineia, ist, wenn irgendwo, das Leben für den Menschen erst lebenswert, da er das Urschöne schaut [...].«[7]

Es war Simone Weil, die, sich auf diese Stelle beziehend, in ihren *Intuitions pré-Chrétiennes* (1951) von der »Beschreibung einer mystischen Erfahrung« gesprochen hat.[8] Ob und in welchem Grad Platon selbst oder sein Lehrer Sokrates eigenes Erleben bezeugen, ist damit freilich nicht entschieden. Während ein Zweig der Forschung bei dem einen wie dem anderen eine solche Erfahrung völlig verneint und behauptet, daß vor Plotin – also erst zirka sechs Jahrhunderte später – kein deutlicher Beleg für Mystik zu finden sei, gehen andere behutsamer mit dieser Frage um. Alois Maria Haas bemerkt hierzu: »Obwohl für den ganzen Bereich der christlichen Mystik klassisch-griechische Wörter verwendet werden, scheint die Sache gerade nicht eine klassisch-griechische Erscheinung darzustellen [...]. Von den griechischen Mysterienfeiern, beispielsweise Eleusis, führt nun kein direkter Weg zur christlichen Mystik [...].«[9]

Immerhin räumen Haas und andere ein, daß Platon in einigen seiner Dialoge eine Vermittlertätigkeit zwischen den Mysterien und der Mystik ausübe: »Durch die Integration der Mysterienmetaphorik in den Entwurf eines spirituellen Aufstieges entstand ein Modell mystischen Sprechens, dem sich der Jude Philon (ca. 30 vor – 45 n.Chr.) überschwenglich anglich, dem sich auch das frühe Christentum – zuerst über die Gnosis (2. Jahrhundert), dann über Dionysius Areopagita (um 500) – nicht zu entziehen vermochte.« [10] Somit ist die prägende Wirkung Platons auch in unserem Zusammenhang nicht zu unterschätzen.

Abgesehen vom *Symposion* ist es bei Platon vor allem der *Phaidros*-Dialog, in dem der Aufstieg der Seele zur Schau des Urschönen als »der Begeisterungen edelste« gerühmt wird. Erklärt wird hier, daß jede Menschenseele vor ihrem Niederstieg in die irdische Verkörperung das Sein geschaut haben müsse, auch wenn bei weitem nicht einem jeden die Wiedererinnerung (anámnesis) an diesen Urzustand im Lichte gelingen will. Von daher läßt sich dennoch das dringende Bedürfnis nach spiritueller Heimkehr ableiten, das den Mystiker »enthusiastisch«, das heißt des Gottes voll, werden läßt und zum Aufstieg beflügelt. Auf diese Weise begeistert schildert Platon das außerordentliche Höhenerlebnis:

»Die [Idee der] Schönheit aber war damals glänzend zu schauen, als mit dem seligen Chore wir dem Gotte [Jupiter], andere einem andern Gotte folgend, des herrlichsten Augenblicks und Schauspiels genossen und in ein Geheimnis [mysterion] geweiht waren, welches man wohl das allerseligste nennen kann, und welches wir feierten, untadelig selbst und unbetroffen von den Übeln, die unser für die künftige Zeit warteten, und so auch zu untadeligen, unverfälschten, unwandelbaren, seligen Gesichten vorbereitet und geweiht in reinem Glanze, rein und unbelastet von diesem unserm Leibe, wie wir ihn nennen, den wir jetzt eingekerkert wie ein Schalentier mit uns herumtragen.« [11]

Auch wenn sich die Auswahl der Textbelege hier in noch so engen Grenzen bewegen muß, so ist ein Platon-Text nicht auszulassen: sein *Siebter Brief*. Dem Mysten, dem in die Mysterien Eingeweihten, war es unter strengster Strafandrohung verboten, das Erlebte auszuplaudern. Waren schon die wenigen schriftlichen Zeugnisse durch Anwendung von mysterienhaften Symbol- und Bildworten vor der Mißdeutung durch Profane beziehungsweise durch Unvorbereitete geschützt, so kam es Platon darauf an zu betonen, er habe – trotz der erwähnten Andeutungen – das Innerste, das Eigentliche seiner philosophischen Lehrmitteilung überhaupt nicht niedergeschrieben: »Von mir selbst wenigstens gibt es keine Schrift über diese Gegenstände, noch dürfte eine erscheinen; läßt es sich doch in keiner Weise, wie andere Kenntnisse, in Worte fassen [...].«[12] Platon verweist auf die »Ohnmacht der Sprache«, derzufolge es kein Verständiger wagen könne, seine intimsten Gedanken schriftlich niederzulegen und vor Menschen auszubreiten, die der betreffenden Sache nicht innerlich »verwandt« sind. Nur ein »Gottbegeisterter der Weisheit«, der von der göttlichen Sophia »wie von einem zündenden Funken ergriffen« ist, könne empfinden, um was es hier letztlich geht.

Um schon hier der Tatsache Rechnung zu tragen, daß die philosophische Grundlegung sowie die sprachliche Vorprägung für die spätere Entfaltung der abendländischen Mystik den Griechen Entscheidendes verdankt, sei auf die Traditionslinie verwiesen, die sich von den Mysterienanschauungen, auch von den ionischen Anfängen der Philosophie bis zu deren neuplatonischen Ausformungen während der christlichen Ära erstreckt. Joseph Bernhart resümiert unter Anwendung seines weiter gefaßten Mystik-Begriffs:

»Mystik trieb der Grieche schon, ehe er in Büchern philosophierte. Ein orgiastischer Drang jagte die Mysten der dionysischen und orphischen Kulte in jene wildfrommen Abenteuer des Enthusiasmus, in denen sie, buchstäblich exzessiv, ekstatisch, ihr irdisch beengtes Ich zersprengen und dem allgemeinen Gott und Erzeuger des Kosmos verbrüdern, ja ihn erbeuten, physisch sich einverleiben wollten, um als ›éntheoi‹ [im Gotte Seiende] in der Gewißheit eines neuen, wahren und erhöhten Seins fortzuleben. An diesem letzten Ziel aller Mystik hat sich nichts geändert, wohl aber sind die Mittel geistiger geworden. In der Zukunft sublimiert sich das Trachten nach der Einswerdung mit der Gottheit und blickt mit Verachtung auf seinen rohen Anfang zurück, dem Bündnis mit der Materie so entfremdet, daß dieser selbst, eben um der Mystik willen, der Abschied gegeben wird [...].«[13]

Was Platon betrifft, so anerkannten die mittelalterlichen Mystiker ihn, den Nichtchristen, als große geistige, ja geistliche Autorität. Bernhart fährt daher fort: »Im Charakter dieses erotischen Strebens zum Schauen jenes Letzten und Ewigen, das von Anfang und immer ist, weder entsteht noch vergeht, weder wächst noch schwindet, lagen die gefühls- und die verstandesmäßigen Elemente wechselweise so durchdrungen, daß die Mystik, die zu aller Zeit auf die Konvergenz des Verschiedenen und die Versöhnung des Gegensätzlichen bedacht ist, nachmals mit hundert Banden an die Konzeptionen und Begriffe Platons gefesselt blieb.«[14]

Diese »Fesselung« ist bei den Mystikern beziehungsweise Mystologen des Mittelalters sehr wohl wahrzunehmen. Man denke nur an Meister Eckhart, für den Platon neben anderen antiken Autoren einer jener »großen Pfaffen« gewesen ist, die als philosophische Gewährsleute in hohem Ansehen standen und daher häufig zitiert wurden. Es handelt sich bei ihm und anderen nicht allein um die Übernahme von Einzelzitaten, sondern von Platons Ideenlehre als solcher, auch wenn diese damals großenteils aus Sekundärquellen erhoben werden mußte, weil das griechische Original zunächst nur bruchstückhaft im Westen bekannt war. Der Eckhart-Forscher Kurt Ruh faßt diese Wirkung prägnant zusammen: »Der Platonismus in all seinen Gestalten ist der schönste Traum des abendländischen Menschen von einem höheren, einem geistigen Sein. Er führt über das irdische Dasein und damit über Ungenügen, Häßlichkeit, das Schlechte, die Sünde hinaus zum Guten, Schönen, Wahren, Ewigen.«[15]

Gehen die Meinungen auseinander, ob Platon in die Geschichte der westlichen Mystik hineingehört, so besteht weitgehende Einmütigkeit im Hinblick auf die Einschätzung des Neuplatonikers Plotin (um 204 bis 270) als Mystiker, der – wie Boethius, Augustinus, Dionysius Areopagita – auf die Gestaltwerdung dieser Mystik nachhaltig gewirkt hat. Geistesgeschichtlich gesehen, markiert Plotin zweifellos eine wichtige Etappe in der Mystik-Entwicklung des Christentums, obwohl er die Konversion nicht vollzogen hat. Er blieb Philosoph.

Die wenigen biographischen Angaben, die wir von Plotin besitzen, stammen in der Hauptsache von seinem Schüler Porphyrios, der ein Menschenalter nach dem Tod des Lehrers über diesen geschrieben hat. Danach ist Plotin wahrscheinlich in Ägypten geboren, wiewohl der Name als römisch anzusehen ist. Man nimmt an, daß einer seiner Vorfahren ein freigelassener Sklave gewesen ist, der sich nach Kaiserin Plotina, der Gattin Trajans, benannt hat. Der Philosoph selbst schwieg sich über Zeit und Ort seiner Herkunft aus, was Porphyrios darauf zurückführte, daß er sich seiner irdischen Verkörperung geradezu geschämt habe. Und als später ein Künstler beabsichtigte, den Weisheitslehrer durch ein Abbild zu verewigen, widersprach er (laut Porphyrios) energisch: »Ist es nicht genug, daß ich dieses physische Bildnis, mit dem mich die Natur ausgestattet hat, herumtragen muß? Soll ich, wenn ich gestorben bin, auch noch ein Bildnis des Bildnisses zurücklassen?«[16]

Mit ungefähr 28 Jahren schloß sich Plotin in Alexandrien dem Ammonios Sakkas an, der auch der philosophische Lehrer des Origenes wurde und der seinerseits, zumindest indirekt, einen wesentlichen Beitrag zum Strom der christlichen Mystik geliefert hat. 243, im vermuteten Todesjahr des Ammonios, nahm Plotin an einem Feldzug der Römer gegen Persien teil. Versuche der Philosophiehistoriker, indisches Gedankengut bei ihm auszumachen, knüpfen an diese Episode an. Plotin hielt sich aber offenbar nicht lange im Osten auf, sondern wandte sich bereits 244 nach Rom, wo er in Senatskreisen als Vormund und Berater ein hohes Ansehen erlangte. Mit besonderer Aufmerksamkeit widmete er sich der Gründung einer eigenen Philosophieschule, zu der grundsätzlich jedermann Zugang hatte. Daneben bildete er einen kleinen inneren (esoterischen) Kreis, um die in seine Gedankenwelt tiefer Eingedrungenen gesondert zu fördern. Ein Jahrzehnt später (254) begann er mit der Niederschrift seines Hauptwerks, der *Enneaden.* Wenn er dort eine Abhandlung mit den Worten »Wir lesen, daß ...« einleitet, dann steht außer Frage, daß sein Lehrer Platon gemeint ist. Das sorgfältige Studium der Alten legte er seinen eigenen Schülern ohnehin ans Herz, und zwar verbunden mit einem am Wahrheitsstreben ausgerichteten, der geistigen Übung hingegebenen reinen Leben. Die an ihm sich orientierenden Schüler der folgenden Generationen verehrten ihn als einen gottnahen Menschen, der dem Ur-Einen wie kein anderer nahegekommen sei.

Das höchste Sein im Plotinischen Wirklichkeitskosmos ist »das Eine« (hen), das unterste stellt die geistferne Materie (hýle) dar. Der Verbindung mit dem Einen (hénosis) hat die als geistige Übung verstandene Reflexion zu dienen. Sie ist, wie alles Philosophieren, nicht Selbstzweck. Ihr kommt durchaus eine dienende Funktion zu.

Der Weg zur Einung stellt sich als der von Platons *Symposion* her bekannte Stufenweg dar. Am Anfang steht die vom Mystiker zu vollziehende Wendung nach innen. Dieser »Rückzug« entspricht einem Aufstieg (anagogé): »Rückgang und Aufstieg sind als Abstraktionsbewegung zu verstehen: als Befreiung vom Verstricktsein in die Sinnlichkeit und damit in die vielheitliche Endlich- oder Zeitlichkeit [...]. Man muß alles Fremde und Verdeckende von sich wegnehmen, um zum eigenen Wesen durchzustoßen, so wie der Bildhauer alles Fremde und Verdeckende wegmeißelt, bis er das im Stein verborgene Bild herausgearbeitet hat.«[17]

Der Vorgang entspricht der Phase der Reinigung (kátharsis) bei Platon. Ihr haben weitere Schritte nach innen beziehungsweise nach oben zu folgen, so etwa der der Erleuchtung (éllampsis), bevor das höchste Ziel erreicht werden kann. Dieser »Höhenweg« ist deshalb möglich, weil nach Plotins Menschenbild die Seele sowohl an der oberen, geistigen Welt als auch an der unteren, sinnlichen Welt teilhat: »Unsere Seele ist nicht ganz hinabgesunken, sondern immer bleibt ein Teil ihres Wesens in der intelligiblen Welt (en to noetó aeí); wenn aber das, was in der sinnenfälligen Welt ist, die Oberhand hat, vielmehr, wenn es überwältigt und verwirrt wird, dann läßt es uns nicht das Bewußtsein von dem zu, was der obere Seelenteil schaut.«[18]

Wenn die an die materielle Körperlichkeit gebundene Seele ihre ursprüngliche Heimat in der oberen Welt hat und ihrer immer noch – und sei es nur partiell – teilhaftig ist, muß ihr ganzes Bestreben darauf gerichtet sein, die volle Verbindung mit dem Einen zu erlangen. Das Im-Leibe-Sein ist vorläufiger Natur; es gilt ein Darüber-Hinaus zu erlangen, nicht erst in einem fernen Jenseits, sondern bereits in diesen Erdentagen, in diesem Augenblick.

Für Venanz Schubert stellt diese mystische Zielrichtung die Mitte der geistigen Existenz Plotins dar: »Hier liegen auch der stärkste Antrieb und der eigentliche Ansatzpunkt für sein denkerisches Bemühen. Die Vereinigung mit dem Göttlichen, die Hénosis, ist sowohl Ziel wie Ausgangspunkt. Ziel für die Ethik und das transzendierende Denken und Ausgangspunkt für den denkerischen Nachvollzug des Abstiegs in Weltentwurf und Anthropologie [...]. [Noch im] letzten Wort Plotins kommt diese Grundhaltung zum Ausdruck: ›er wolle versuchen, das Göttliche in uns hinaufzuheben zum Göttlichen im All‹.«[19]

Wenn eingangs die Ekstase, das Aussichheraustreten der Seele, als ein wichtiges Charakteristikum des mystischen Prozesses genannt worden ist, dann läßt sich gerade an Gestalten wie Plotin zeigen, was darunter zu verstehen ist: nämlich nicht etwa eine Herabdämpfung des Bewußtseins, weder ein rauschhafter Orgiasmus noch ein Trancezustand, der von etwaigen pseudomystischen Phänomenen begleitet ist, sondern vielmehr eine Aufhellung, eine Steigerung des allgemeinen Tagesbewußtseins, so daß von »Leibfreiheit« gesprochen werden kann. Das hierbei erlebte Schauen (theoria) hat mit irgendwelchen halluzinatorischen Erscheinungen nichts zu tun. Sind die Sinne des leiblichen Organismus schon nicht in der Lage, beim seelischen Aufstieg dienlich zu sein, so sind es Sinnestäuschungen erst recht nicht.

Die von Fall zu Fall zu klärende Frage, ob der Betreffende aus eigenem Erleben schöpft oder ob er als Mystologe beziehungsweise als Mystograph einzustufen sei, läßt sich bei Plotin durch Zeugnisse beantworten, die den mystischen Philosophen als jemanden ausweisen, der auf Eigenerfahrungen verweisen kann. Zustände einer spirituellen Ekstase soll es nach Mitteilung seines Biographen Porphyrios im Leben Plotins viermal gegeben haben. Manchen Einwänden zum Trotz ist offensichtlich die mystische Erfahrung die eigentliche Quelle, der das lebendige Plotinische Denken entspringt. Hierfür ein gerne zitierter Beleg aus Plotins Feder:

»Oftmals wache ich aus dem Leib zu mir selbst auf; abgetrennt von allem anderen, in meinem Innersten versammelt, sehe ich staunenswert große Schönheit, und dann habe ich am stärksten das Gefühl, dem höheren Bereich anzugehören: meine Energie ist der höchste Grad von Leben, ich bin mit dem Göttlichen in eins verschmolzen und, dadurch daß ich in ihm gegründet bin, gelange ich zu jener Energie und erhebe mich über alles andere, was denkbar ist. Wenn ich aber nach diesem Verharren im Göttlichen aus dem Nous [dem Geist] ins Überlegen herabsteige, stelle ich mir jedesmal die zweifelnde Frage: wie kann dies sein, daß ich jetzt herniedersteige, und wie konnte es sein, daß die Seele einst mir innerlich wurde? Ist sie doch von solcher Art, wie sie für sich mir erschien, wiewohl sie noch im Leibe ist.«[20]

Wenn Karl Jaspers Plotin einmal als eine »ewige Gestalt des Abendlandes« tituliert hat, dann ist damit schon zum Ausdruck gebracht, wie weit sich dessen geistesgeschichtlicher Wirkungsradius spannt, auf dem philosophischen wie auf dem religiösen Feld. Die Zeugnisse der Mystiker von der Zeit der Kirchenväter über das Mittelalter bis in die unmittelbare Gegenwart hinein sind geprägt von der durch ihn vermittelten (neu)platonischen Sicht. Der Nichtchrist Plotin stand geradezu Pate, als Augustinus seine Bekehrung vollzog. Ohne die Vorbereitung des Philosophen wäre ihm dieser Schritt gar nicht möglich gewesen.

Auf die Frage, worin Plotins Bedeutung liegt, sind zweifellos Antworten möglich, die sich je nach der Position des Fragestellers unterscheiden. Es ist sein »Flug des Einsamen zum Einsamen«, der ihn von der Ebene der philosophischen Reflexion zu den Sphären einer übergeordneten Dimension emporstreben ließ. Gerade als Philosoph war er sich der Bedingtheit aller rationalen Bemühung deutlich bewußt. Statt dem Einen näherzukommen, verliert sich der Verstand in der Vielheit der Begriffe und der denkbaren Aspekte. Ist aber einmal der Aufstieg in die ursprüngliche Einheit gelungen, auf die hin die Menschenseele ausgerichtet ist, dann fällt alles Uneigentliche ab: mit den Leidenschaften auch die Gedanken und Strebungen des »unruhigen Herzen«, von dem, an Plotin erinnernd, Augustinus einst gesprochen hat.

Urchristliche Ansätze

Das maßgebliche Dokument für das frühe Christentum stellen die neutestamentlichen Schriften dar. In wesentlichen Teilen ihres literarischen Bestandes enthalten sie Zeugnisse mystischer Erfahrung, wenn auch das damalige Judentum einer dem Griechentum vergleichbaren eigenständigen Mystik entbehrt. Und ist auch das in den Evangelien, selbst im Johannesevangelium, artikulierte Glauben und Denken hebräischen Ursprungs, so sind doch die in Dienst genommenen Sprach- und Formkräfte hellenistisch gefärbt. Die griechische Mysteriensprache fließt vor allem in Bildern und Symbolen ein. Der »frohen Botschaft« (euangelion) liegen die mystischen Erlebnisse derer zugrunde, die auf dem Wege der mündlichen Überlieferung die entscheidenden Christus-Aussagen weitergegeben haben, etwa die Auferstehungsbotschaft (I. Kor. 15,3-5; Luk. 24,34). Man spricht hier von dem »Urkerygma«, das heißt von der Mitte des Evangeliums. Damit ist selbstverständlich keine bloße Tatsachenberichterstattung gemeint, sondern die Bezeugung eines »neuen Seins«. Freilich ist »der Auferstandene« immer mit dem historischen Jesus von Nazareth in enger, unauflöslicher Verbindung gesehen worden. An die historische Erscheinung dieses Jesus knüpft sich die mystische Erfahrung vom auferstandenen Christus. Diese basiert auf dem inneren Erleben, das die Christenheit »Glauben« nennt, verstanden als die jeweils individuelle und existentielle vertrauensvolle Hingabe an den Geglaubten, an den Christus.

Wesentlich ist hierbei, daß dieser Glaube wie diese mystische

Erfahrung von Anfang an auf bestimmte Handlungen bezogen sind, nämlich auf Taufe und Abendmahl (Eucharistie). Das eine wie das andere ist ein »Sakrament« (griechisch »mysterion«). Das mystische wie das sakramentale Leben gehen geradezu ineinander über. Die frühe Kirche unterscheidet offenbar nicht das eine vom anderen, und zwar etwa fünf Jahrhunderte lang, bis zu Dionysius Areopagita.[21] Der Initiationsakt der Taufe entspricht einer Wiederholung von Tod und Auferstehung Christi (Röm. 6,3 ff.). Und der Empfang von Brot und Wein »in seinem Namen« entspricht der mystischen Teilhabe an seinem Leben, dessen Gegenwart und Zukunft (parousía) die Christenheit sakramental, das heißt als Mysterium, feiert. Dieses Geschehen ist nicht allein individueller Natur. Es weist über sich hinaus, auf den Kosmos, dem die Elemente, das Wasser beziehungsweise Brot und Wein entnommen sind. Dazu kommt die gemeinschaftbildende Kraft der Sakramentsmystik: Sie erschließt die Gemeinschaft mit Christus und die Gemeinschaft der Christen. Daß in dieser Mystik Brot und Wein dargebracht werden als die vom Menschen kultivierten Gewächse der Erde, will im Gegensatz zu einer reinen Innerlichkeitsmystik, wie sie etwa von Platon und den Neuplatonikern geübt worden ist, besonders beachtet sein. Das Geheimnis der »Fleischwerdung« (Inkarnation) des Christus-Logos schließt die Materie konsequent mit ein. Anders als ein leibfeindlicher Gnostizismus, auch anders als ein distanzierter Neuplatonismus, Manichäismus und dergleichen gehört die den Kosmos erfüllende Gottesliebe zum Grundbestand des Christus-Dogmas. Bis in die Naturphilosophie von Mittelalter und Neuzeit, bis in die Alchemie wie in die Materie-Mystik eines Teilhard de Chardin (1881 bis 1955) hinein wird dies spürbar. Mystik ist konkret.

Wenn von der Entstehung der Evangelien – derjenigen der drei Synoptiker Matthäus, Markus und Lukas sowie des Johannesevangeliums – die Rede ist, wenn weiter die Geschichte der

Kanonbildung als der kirchlich allgemein verbindlichen Sammlung heiliger Schriften nachgezeichnet wird, dann geschieht das oft so, als habe man sich eine Reihe von Redaktionsstuben zu denken, in denen Theologenkommissionen in heutiger Arbeitsweise tagen, diskutieren und schließlich über das Pro und Contra abstimmen. Auch wenn man längst weiß, daß der relativ späten literarischen Fassung einer Evangelienschrift eine jahrzehntelange Zeit der mündlichen Weitergabe vorausgegangen ist, wird doch der Faktor der hierbei wirkenden spirituellen beziehungsweise mystischen Erfahrung oft gering geachtet, wenn nicht sogar ganz übersehen. Auf diesen überaus bewegten Prozeß verweisen aber beispielsweise die Anfangsworte des Ersten Johannesbriefs: »Das da von Anfang war, das wir gehört haben, das wir gesehen haben mit unsern Augen, das wir beschaut haben und unsere Hände betastet haben, vom Wort des Lebens [...].« Oder die Stelle im Zweiten Petrusbrief (1,16 und 18), wo der Autor ausdrücklich beteuert: »Wir haben seine [des Christus] Herrlichkeitsgestalt (doxa) selber gesehen [...]. Wir waren [bei Christi Verklärung] mit ihm auf dem heiligen Berg.«

Weder der Schreiber des einen noch der des anderen Textes spricht hier als Zeitzeuge. Jedenfalls sind die Niederschriften des Johannesbriefs am Ende des 1. Jahrhunderts, die des Zweiten Petrusbriefs noch später erfolgt. Und doch sind die beiden uns unbekannten Autoren, denen man das Kleid eines längst verstorbenen Apostels umgelegt hat, voll berechtigt, auf ihre besondere Zeugenschaft zu pochen. Denn auch wenn sie reale Zeitgenossen des Jesus von Nazareth gewesen wären, hätte ihnen das physische Dabeigewesensein nichts genutzt. Die in seiner Nähe zu beobachtenden Ereignisse entbehrten des Spektakulären, des »Wunderbaren«. Nur wer »Augen hatte zu sehen« – eben Augen des Geistes, Augen des Herzens –, dem erging es so wie den beiden Männern, die in den Tagen nach Kreuzigung und Tod Jesu von Jerusalem nach Emmaus gingen und ihrer Niedergeschlagenheit Ausdruck gaben; die aber in einem bestimmten Augenblick das Entbrennen ihres Herzens verspürten und den Hingerichteten als den lebenden »Christos Kyrios« spontan erfuhren (Luk. 24,13 ff.).

Was der Evangelist hier berichtet, was jene unter dem Apostelnamen agierenden Briefschreiber »Petrus« beziehungsweise »Johannes« bezeugten, das entspricht offensichtlich einem über ein bis zwei Menschenalter sich erstreckenden Prozeß der Vergegenwärtigung wie der Verinnerlichung der mystischen Christustatsache. Wir haben mit einem meditativen Vorgang zu rechnen, den die Gemeinde durchlief, indem sie nicht – beziehungsweise nicht vornehmlich – vergangene Außenerlebnisse rekapitulierte. Dies entspräche durchaus der alten hebräischen Praxis des meditativ rezitierten Wortes heiliger Schrift [22] insofern, als die Christenheit in der »Schrift« ihrem erhöhten »Kyrios« seit je begegnet. Oder kurz gefaßt: Die mystische Grundlegung des Christentums verlangt auch eine Praxis der mystischen Vergegenwärtigung, einerseits in Gestalt der Meditation des Wortes. Man denke zum Beispiel an die »Ich-bin«-Worte des Johannesevangeliums. Dazu kommt andererseits, bis in die leibhafte Erfahrung hinein, das Essen und Trinken »in seinem Namen«.

Was die Vergegenwärtigung des Evangelienwortes anlangt, so ist sie nicht an eine bestimmte literarische Gestalt gebunden. Vor allem hängt das überlieferte Wort nicht davon ab, daß es der historische Jesus gesprochen hat oder gesprochen haben kann. Ist das Evangelium aber einmal niedergeschrieben, dann kommt es entscheidend darauf an, daß es in der Geisteshaltung »gelesen« [23] wird, in der es einst von seinen »Autoren« innerlich empfangen und niedergeschrieben worden ist. Dieser Forderung suchte bereits die frühe Christenheit Genüge zu tun, indem sie auf den mehrfachen Schriftsinn [24] achtete, eine Übung, die sich von Generation zu Generation entwickelte und die sich länger als ein Jahrtausend erhielt. Darauf ist noch zurückzukommen.

Was die einzelnen Evangelienschriften wie »irdene Gefäße« (II. Kor. 4,7) enthalten, ist deshalb eine »frohe Botschaft«, weil sie den Anbruch eines neuen Seins verkünden, die »neue Schöpfung« (kainé ktísis), die jetzt und hier als ein Spontanereignis begonnen hat und die – individuell verschieden – für jeden einzelnen Mal um Mal von neuem Ereignis werden kann. Die Mitte dieser Botschaft ist der Christus in Jesus von Nazareth. Die Schilderung seines irdischen Tuns und Lebens ist keine theologische Lehre allein, sondern konkret eine »Existenzmitteilung« (Kierkegaard). Seinen Weg zu betrachten, das heißt ihn in meditativer, empfangsbereiter Weise innerlich mitzugehen, läßt den Hörer und Leser an einem Mysteriengeschehen teilhaben.

An diesem Punkt korrespondiert auch die spirituell ausgerichtete tiefenpsychologische Schriftauslegung mit der mystischen Erfahrung. Der Christus als das wahre Selbst des zur Selbstwerdung (Individuation) bereiten Menschen läßt an seinem Leben, Sterben und Auferstehen teilhaben. Christus befähigt dazu, das eigene Kreuz, das heißt die Realität des eigenen Schicksals anzunehmen. Jede oberflächliche, nur am Vordergründigen hängende Christus-Imitation dagegen verfehlt die in der Mystik gemeinte Wirklichkeit, weil der nur nachahmende Mensch in seinem Innern unverwandelt bleibt. Hierzu Carl Gustav Jung: »Das menschliche und das göttliche Leiden bilden zusammen eine Komplementarität mit kompensierendem Effekt: Durch das Symbol kann der Mensch die wirkliche Bedeutung seines Leidens erkennen. Er ist auf dem Wege zur Verwirklichung seiner Ganzheit [...]. Das Drama des archetypischen Christuslebens beschreibt in symbolischen Bildern die Ereignisse im bewußten und bewußtseinstranszendenten Leben des Menschen, der von seinem höheren Schicksal gewandelt wird.«[25]

Jedes der vier Evangelien schildert die wesentlichen Stationen des Christus-Wegs. Lukas und Matthäus beginnen bereits mit dem Geburtsgeschehen, den eigentlichen Inhalt sehen die Evangelisten jedoch im Leben, Sterben und Auferstehen Jesu Christi. Markus mit seiner wohl zuerst abgefaßten Evangelienschrift versetzt seine Leser mit seiner Schilderung entsprechend gleich zu Anfang in die Vorgänge des öffentlichen Auftretens Jesu.

Einen besonderen Typus verkörpert zweifellos das zwei Menschenalter nach den historischen Ereignissen niedergeschriebene Johannesevangelium. Mit ihm liegt vornehmlich ein Dokument spiritueller Erfahrung vor uns, wie bereits die feierliche Intonation, der Johannes-Prolog, zeigt: »Im Urbeginn [en arché] war das Wort«, der göttliche Logos, der Christus, der von sich sagen kann: »Ehe denn Abraham war, bin ich« (Joh. 8,58). Im Hintergrund dieser Rede vom weltschöpferischen Logos stehen zwei große Menschheitstraditionen: diejenige Israels, aber auch die der Logos-Philosophie der Griechen. Damit ist zum Ausdruck gebracht, daß der Evangelist den Blick seiner Leser nicht nur auf den Mann von Nazareth richtet, sondern auch auf den Logos, dessen »Bild« er in Jesus transparent werden sieht. Johannes, der sich selbst als einer versteht, den »der Herr liebhat« (agapán), dürfen wir als einen Menschen ansehen, der ihm in mystischer Weise innerlich nahegekommen ist. Die Ausleger, denen diese Tatsache klar geworden ist, haben die Sonderart dieser vierten Evangelienschrift stets zu würdigen gewußt. So wird beispielsweise von Clemens von Alexandrien das Wort überliefert: »Zuletzt hat Johannes in der Erkenntnis, daß die menschliche Natur [Jesu] in den Evangelien bereits behandelt sei, auf Veranlassung seiner Schüler und vom Geiste inspiriert ein geistiges [pneumatikón] Evangelium verfaßt.«[26]

Wer sich ein Bild von der Pneuma-Gestalt dieses Evangeliums machen will, dem bietet der Text vielfältige Möglichkeiten der

Annäherung und der Begegnung an.[27] Dem aufmerksamen Leser geht auf, in welch intensiver Weise Johannes vom Sehen, Hören, Erkennen, vom Wissen, vom Bezeugen und vom sich Erinnern spricht; wie er schließlich auf die Herabkunft des Geistes (Paraklet) verweist, weil die Jüngerschaft seinerzeit noch gar nicht reif genug gewesen sei, um in die Fülle des Christus-Lichtes gestellt zu werden: »Ich habe euch noch viel zu sagen; ihr könnt es aber noch nicht tragen. Wenn aber jener, der Geist der Wahrheit [to pneuma tes alethéias] kommen wird, der wird euch Weg-Führer [hodegései] sein in die ganze Wahrheit« (Joh. 12,16). Ein solches Wort will nicht etwa vom geschriebenen Wort ablenken. Im Gegenteil: zu anderen Wahrnehmungen des betrachtenden Lesers gehören die dem Evangelium einverwobenen Strukturen und Kompositionen: Wortfolgen wie die Ich-bin-Worte; Zeichen-Taten (seméia) des Bevollmächtigten und schließlich die Stufen der Christus-Vollendung, die ähnlich den synoptischen Evangelien, und doch auf neue Weise, zu sprechen beginnen.

Und um noch einen weiteren Gesichtspunkt zu nennen, der den mystischen Charakter des Ganzen unterstreicht: Man achte darauf, wie eindrücklich der Evangelist von dem In-Christus-Sein (und -Bleiben) spricht, unter anderem veranschaulicht in der Bildrede vom Weinstock und von den Reben (Joh. 15), verdichtet in der Aufforderung: »Bleibet in mir und ich in euch!« (15,4) Wie der Buddha oder wie Sokrates ist Jesus von Nazareth zwar auch ein Lehrer, ein Erzieher, ein liebender Menschenführer. Aber kein anderes Evangelium deutet mit gleicher Dringlichkeit auf das eigentliche Tun des Christus hin, denn: »In der Form eines Mysteriums, einer Geheimnishandlung, hat er sich selbst gegeben und will es immer neu tun. Bei der Feier der Eucharistie schenkt er sich in der Geheimnisform des Mahles dem Glaubenden so, daß er fortan in diesem lebt und daß dieser aus dem solcherweise begründenden Innengeheimnis heraus sein eigenes Leben verwirklichen kann.«[28]

Die ältesten Zeugnisse der Urchristenheit sind ungefähr ein Menschenalter vor Johannes niedergelegt worden und stammen nicht von einem der persönlichen Jünger Jesu, sondern von einem Menschen, der einen individuellen Prozeß der Wandlung und der Erleuchtung durchlaufen mußte, von Saulus/Paulus (gestorben vermutlich zwischen 63 und 67) aus der kleinasiatischen Stadt Tarsus. Ob er Jesus gekannt hat, ihm als junger Mann etwa in Jerusalem begegnet ist, wissen wir nicht. Das ist weder wahrscheinlich, noch ist es das Entscheidende. Ja, Paulus geht noch weiter und sagt, das Irdische, somit auch das allein an historischen Bezügen orientierte Denken habe an Bedeutung verloren. Folglich könne der Schwerpunkt des Interesses an einem Menschen nicht in seiner leiblichen Abkunft liegen: »Kannten wir Christus nach dem Fleisch [kata sarka], so kennen wir ihn nun nicht mehr« (II. Kor. 5,16). Der Apostel kann das sagen, weil er dem Christus auf einer anderen Ebene begegnet ist, nämlich in Gestalt seiner mystischen Bekehrungserfahrung auf dem Weg nach Damaskus. Paulus wurde so der Typus eines Menschen, der nicht durch äußere Werbung beziehungsweise Missionierung Christ wurde, sondern durch eine tiefe seelische Erschütterung. Er selbst hat es (Phil. 3,12) ein »Ergriffensein« (katalambáno) genannt. Als der von Christus Ergriffene, auch der von ihm Inspirierte hat sein Leben nicht nur die entscheidende Wendung erfahren; es ist neu geworden: »Nicht mehr ich lebe, sondern der Christus lebt in mir« (Gal. 2,20). Und wenn er diesem zentralen Satz die Feststellung vorausgehen läßt: »Ich bin mit Christus gekreuzigt worden«, dann ist in unmißverständlicher Weise das Mystische im Erleben des Paulus zum Ausdruck gebracht. Es ist das von ihm immer wieder apostrophierte »In-Christus-Sein«. Wer »in Christus« (en Christo) ist, in einem spirituellen Lebenszusammenhang mit ihm steht, der kann sagen, daß für ihn die Beziehung zu Jesus »in fleischlicher Weise« (kata sarka) nicht mehr von Belang ist. Das

Richtmaß der Person des irdischen Jesus ist damit aber nicht etwa preisgegeben, im Gegenteil: Ein jeder sei »gesinnt, wie Jesus Christus auch war« (Phil. 2,5 ff.). In dieser Gesinnung und ganzheitlichen Lebenseinstellung ist es dem Menschen dann auch möglich, den inneren Christus-Weg mitzugehen, nämlich »brennenden Geistes« (Röm. 12,11), der »geheimen und verborgenen Weisheit Gottes« teilhaftig (I. Kor. 2,7), »vom Geist geleitet« (Gal. 5,18).

Von dieser Existenzbestimmung leitet Paulus auch sein Apostelamt und die damit verbundene Autorität ab. Mit denen verglichen, die einst Jesu persönliche Jünger gewesen sind, ist der auf einem Innenweg Berufene nicht etwa ein Apostel minderen Ranges: »Paulus, zum Apostel berufen, nicht von Menschen oder durch einen Menschen, sondern durch Jesus Christus und durch Gott, den Vater« (Gal. 1,1). Mit allem Nachdruck betont er, das Evangelium »durch eine Offenbarung« (di' apokalýpseos) empfangen zu haben (Gal. 1,12 und 15). Er bedurfte keiner äußeren Ordination. Der Mystiker ist ihrer enthoben. Auch wenn er Amtsträger der kirchlichen Institution akzeptieren mag – nötig hat er ihre Vermittlungsarbeit nicht.

So könnte man fortfahren, den inneren Prozeß des Paulus weiter zu beschreiben, und darauf hinweisen, daß er auch entsprechende Vorstellungen einer spirituellen Menschenkunde gebildet hat, in der er zum Beispiel einen äußeren und einen inneren, einen irdischen und einen himmlischen beziehungsweise ewigen Menschen unterscheidet. Die Paulus-Mystik kennt aber nicht allein die innere Erfahrung. Der Christus ist für ihn zugleich eine kosmische Wirklichkeit. Derselbe, der in der Menschwerdung »herabstieg«, der stieg auch hinauf »bis zum höchsten Himmel«, als der All-Beherrscher (Eph. 1,10). In ihm »wohnt die ganze Fülle der Gottheit [to pléroma tes theótetos] leibhaftig« (Kol. 2,9). Das In-Christus-Sein erstreckt sich somit nicht allein auf die Regionen der menschlichen Innerlichkeit; der an Paulus sich orientierende Mystiker muß seine Mitwelt, den Kosmos in seiner Totalität einbeziehen.

Statt auf Albert Schweitzers umfangreiche Monographie über *Die Mystik des Apostels Paulus* und auf neuere Studien zu diesem großen Thema zu verweisen, sei mit Worten des Religionswissenschaftlers Friedrich Heiler (1892 bis 1967) eine knappe Summe gezogen: »Die späteren katholischen Mystiker sind auf diesem Wege fortgeschritten, sie haben in immer weiterem Umfange die mythischen Gebilde des Dogmas als Symbole mystischer Innerlichkeit gebraucht. Sie konnten sich dabei auf den Völkerapostel berufen, der in der Tat der erste christliche Mystiker ist.«[29]

Seit Paulus gilt Christus als »der Herr« (kyrios), »der Geist« (pneuma): Die Ereignisse von Palästina, das äußere »Leben Jesu«, sie sind bei aller Einzigartigkeit nicht länger auf die historische Einmaligkeit begrenzt. Das Christus-Ereignis ist zugleich eine mystische Tatsache, das heißt unabhängig von Raum und Zeit für jeden Menschen zugänglich, als eine innerseelische Erlebnisqualität von kosmischer Bedeutsamkeit.

Origenes

Mit der Entstehung des Neuen Testaments als der verbindlichen Sammlung der heiligen Schriften der Christenheit war die eigentliche literarische Grundlage der christlichen Mystik gegeben. Wenn der dahin führende Prozeß, die sogenannte Kanonbildung, sich auch über einige Jahrhunderte hinzog, so ging es schon in den Tagen der Urchristenheit darum, das Problem der Bibeldeutung (Hermeneutik) zu klären. Die Frage lautete von Anfang an: »Verstehst du auch, was du liesest?« (Apg. 8,30) Damit konnte nicht nur das an der Oberfläche bleibende buchstäbliche Verstehen eines biblischen Textes gemeint sein. Es ging und geht vielmehr um ein Verstehen dessen, was den Leser im Innersten und unbedingt angeht; um das, was ihn existentiell betrifft. Insofern ist eine in die Sinntiefe vordringende Bibelauslegung zumindest potentiell ein mystisches Geschehen: Es rührt den sensus mysticus an; es erleuchtet den geistlich Erblindeten. Das Gegenteil entspräche einem fundamentalistischen buchstäblichen Für-wahr-Halten biblischer Aussagen.

Ausgehend von der alttestamentlichen Hermeneutik, wie sie durch die frührabbinische Schriftauslegung und – mit Blick auf das Alte Testament – durch die Evangelisten, die Apostolischen Väter und Apologeten beziehungsweise durch die frühen Kirchenväter vollzogen wurde, stellt der alexandrinische Theologe Origenes (um 185 bis um 253) einen ersten Höhepunkt der christlichen Bibelinterpretation dar. Älterem Brauch (unter anderem Philo Alexandrinus) folgend und analog dem nach Leib,

Seele und Geist gegliederten Menschenbild, unterscheidet er drei Ebenen der Deutung: Der leibliche oder buchstäbliche Sinn nimmt den vorliegenden Text wörtlich, zum Beispiel als einen historischen Bericht; der auf die seelische Ebene bezogene fragt nach der sittlich-moralischen Ausdeutbarkeit; darüber erhebt sich der »anagogische«, das heißt nach oben führende geistige Sinn (sensus spiritualis). Er ist auf die spirituelle Dimension gerichtet, auf Christus und die Seele, schließlich auf die Zukunft in der Welt der Vollendung.

Mit dieser spirituellen beziehungsweise pneumatischen Interpretation ist der Bereich der Mystik betreten. Origenes setzt entsprechend eine innige Verwandtschaft zwischen der Schrift und der menschlichen Seele voraus. Für ihn stellen diese beiden geradezu »zwei Bücher« dar, die in Konkordanz zueinander zu lesen sind, wobei das eine Buch das andere aufschließt: Der Mensch bedarf der Schrift, um sich selbst zu verstehen; und die Schrift beginnt erst zu sprechen, wenn sie in die Seelentiefe des Menschen hineingenommen wird. Beide haben dieselbe geistige Struktur, sie sind »mystisch« miteinander vermählt, und je tiefer ich in die Schrift eindringe, desto tiefer erfahre ich das Wesensgeheimnis meines Seins.

Wenn Origenes über Jahrhunderte hinweg umstritten gewesen ist, so wegen seines geistigen Höhenflugs, dem schlichtere Gemüter nicht immer zu folgen vermochten. Daß die theologische Arbeit seiner Vorgänger nur wie ein Vorspiel anzusehen ist und viele seiner Nachfolger ihm intellektuell nicht das Wasser zu reichen vermochten, wird schwerlich zu bestreiten sein. So ließen sich dem folgenden Urteil des evangelischen Kirchenhistorikers Hans von Campenhausen weitere, ähnlich gewichtende an die Seite stellen.

»Er ist neben dem Heiden Plotin der umfassendste Geist der Epoche, und er erscheint am geschichtlichen Wendepunkt der Entwicklung, da die Kirche die Enge eines konventikelhaften Daseins endgültig hinter sich läßt und die Weichen für die Zukunft gestellt werden [...]. Origenes ist der erste Christ, der unmittelbar in die geistige Führerschicht seiner Zeit einrückt und die christlichen Lehren hier in einer Weise zu Gehör brachte, die auch bei den Gegnern Beachtung erzwangen [...]. Im ganzen ist Origenes in seinen Fragestellungen und Antworten der gleichzeitigen philosophischen Entwicklung geistesgeschichtlich schon voraus [...]. Origenes ist der einzige, der das Ganze des Christentums auch literarisch in der Form eines angehenden philosophischen Systems zur Darstellung gebracht hat.« [30]

Die Frage, ob Origenes ein Mystiker sei, wird jedoch in der Tat verneint werden müssen, weil man bei ihm den bereits erwähnten Grunderlebnissen des Heraustretens (ékstasis) aus der Enge des Ich-Bewußtseins ebenso wenig begegnet wie der Unio mystica (hénosis) oder dem Transzendenzerlebnis des Nicht-Seins (meon). Diese Sphäre im Denken und Erleben zu erreichen, blieb seinem großen Zeitgenossen Plotin vorbehalten. Das Vokabular des Mystischen (myein) aber ist auch dem Alexandriner geläufig. Er gebraucht es reichlich. Was ihm aber die Vertiefung in die heiligen Texte geschenkt hat, muß viel mehr gewesen sein als eine bloße Theorie im heutigen Sinn des Wortes. Nur mit Ergriffenheit wird er sich jener dritten, pneumatischen Sinnebene gewidmet haben. Das hierbei Empfangene durfte auch er nicht für sich behalten und wurde zum spirituellen Schriftsteller, wenn auch nicht zum Ekstatiker. Herwig Görgemanns bemerkt hierzu:

»Was ihm geschenkt wurde, war auch keine Gottesschau, sondern eine innere Freudigkeit und Leichtigkeit des Erkennens. Oft war es einfach die Kraft des biblischen Wortes selbst, die ihn packte und der er sich hingab. Dann konnte ein verborgener Sinn im Text aufleuchten, ein Widerspruch seine Auflösung finden, ein Bibelwort eine Übereinstimmung mit einem philosophischen Satz verraten. Für Origenes war das ein wirkliches Geschenk, vorbereitet zwar durch Arbeit an sich selbst und an der Sache, aber doch eine Begnadung. Dies ist es, was man in einem erweiterten Sinne die ›Mystik des Origenes‹ nennen könnte: eine Mystik der theologischen, und das heißt der geistigen, wissenschaftlichen Arbeit.« [31]

Weil ihm die Erkundung des pneumatischen als des höheren Sinns der Bibel zum wichtigen Leitmotiv seines Forschens geworden ist, vermochte er über ein Jahrtausend hinaus das Bibelstudium gerade bei denen zu befruchten, denen es um viel mehr als um bloßes theologisches Bescheidwissen ging, eben bei den für die Mystik sensibilisierten Christen. Ziehen wir als Beispiel eine Stelle aus Meister Eckharts *Buch der göttlichen Tröstung* heran, um zu sehen, wie der Alexandriner auf den mittelalterlichen Dominikaner und dessen Schüler gewirkt hat. Dort beruft sich Eckhart auf biblische und außerbiblische Gewährsleute (Augustinus), um die zentrale Bedeutung des göttlichen Geistes für die Bibelauslegung hervorzuheben. Dann fährt er fort: »Drum sagt eine Schrift, eine Glosse, sehr recht, daß niemand Sankt Paulus' Schrift verstehen noch lehren kann, er habe denn den Geist, in dem Sankt Paulus sprach und schrieb. Und dies ist immerfort und meine ganze Klage, daß grobsinnige Leute, die Gottes Geistes bar sind und nichts davon besitzen, nach ihrem groben menschlichen Verstand beurteilen wollen, was die hören oder lesen in der Schrift, die gesprochen und geschrieben ist vom und im Heiligen Geiste [...].« [32]

Auch an dieser Stelle bezieht Eckhart sich nach dem gesicherten Urteil von de Lubac [33], Largier und anderen auf Origenes, wie dies in seinen Schriften wiederholt geschieht. Wichtig bleibt für beide, daß sie der spirituellen beziehungsweise pneumatischen Dimension eines biblischen Textes in einer dieser entsprechenden Geisteshaltung zu begegnen suchen. Von diesem geistigen oder mystischen Sinn sagt de Lubac in seiner tiefschürfenden Monographie zu unserem Thema:

»Er mündet dort [nämlich im geistigen Leben], denn solange man nicht dahin gelangt ist, hat man die Schrift noch nicht in ihrer ganzen christlichen Bedeutung ausgelegt. Das christliche Mysterium läßt sich nicht mit Neugier betrachten wie ein rein-wissenschaftlicher Gegenstand, es muß innerlich angenommen, bejaht, gelebt werden. Seine Fülle erhält es erst, wenn es sich in den Seelen verwirklicht [...]. Ja, im Grund genommen fällt das Ereignis der geistigen Einsicht zusammen mit demjenigen der Bekehrung. Es ist dessen leuchtende Seite [...]. Der Seele, die sich dem Evangelium öffnet und Christus anhängt, erscheint die ganze Schrift in einem neuen Licht. Die ganze Schrift wird durch Christus verklärt.« [34]

Damit wäre einmal mehr zum Ausdruck gebracht, wie eng Mystik und spirituelle Bibelerkenntnis, Mystik und Lebensvollzug miteinander konkordieren. Auf einem anderen Blatt steht wiederum die Frage nach den Grenzen einer Spiritualität, die – so wie Origenes sie praktizierte – einem asketischen Rigorismus verfällt und in Lebensfeindlichkeit umzuschlagen droht. Vor diesem Problem steht die abendländische Mystik seit den Tagen Platons immer dann, wenn ihre konsequenten Vertreter den Geist (pneuma) zum Widersacher von Leib und Leben erklären, als seien diese Existenzialien minderen Wertes. Schon an dieser Stelle ist anzumerken, daß die Mystik, wenn sie nicht ausgesprochene Natur- und Schöpfungsmystik war, sich oft schwertat mit der »Ehrfurcht vor dem Leben«.

Will man sich mit mystischen Aussagen des Origenes bekannt machen, so bieten sich aus seinen zahlreichen Kommentaren aus dem Neuen Testament der zum Johannes-Evangelium und aus dem Alten Testament der zum Hohenlied an. Origenes ist der erste der christlichen Erklärer der von Metaphern der Erotik durchsetzten und damit der mystischen Interpretation besonders zugänglichen Lieddichtung Salomos. Einige Beispiele mögen zeigen, wie der Ausleger versucht, eins zu werden mit dem inspirierenden Geist, der aus den heiligen Texten spricht:

»›Wer seine Seele zu wahren sucht, wird sie verlieren, und wer sie verliert, wird sie wahren.‹ Die Märtyrer suchten ihre Seele zu wahren: darum verloren sie sie, um sie zu wahren [...]. Weiter: ›Wer dem Herrn anhängt, wird *ein* Geist (mit ihm) [Hervorhebung von mir; G.W.]. Wenn also einer seelisch-sinnlich war, durch die Verbindung mit dem Herrn geistig und ein Geist wird, so laßt denn auch unsere [sinnenhafte] Seele verlieren, um dem Herrn anhängend in den einen Geist verwandelt zu werden. – Legen wir das Bundeszelt auf den Menschen hin aus, so werden wir das Innere des Schleiers, wo die unzulänglichen Dinge verhüllt werden, als den Seelengrund deuten, der allein die Mysterien der Wahrheit empfangen kann und fähig ist der verborgenen Geheimnisse Gottes. – Wenn Gott die Seele verläßt, wird sie unfruchtbar, wirkt er aber in ihr, so wird sie Mutter. Wie man Kinder nicht zeugen kann außer mit einer Frau und der dazu gemäßen Handlung, so kann einer das und jenes nicht empfangen, wenn er nicht in einer bestimmten Gesinnung und einem bestimmten Glauben betet und vor dem Gebet ein bestimmtes Leben geführt hat. – In der geistigen Vermählung aber merke auf die Beiwohnung des Wortes [logos] als des Bräutigams [...] mit der Seele-Braut, die dem Worte angetraut ist (und sie wird von ihm nicht verletzt oder versehrt, sondern immer wenn sie ihm beiwohnt, empfängt sie Unversehrtheit), und was für Kinder aus solcher Ehe entspringen: (es sind) geistige Geburten [...].«[35]

Zwischen Gott und der Seele besteht das Verhältnis von Braut und Bräutigam. Diese Bildsprache des Hohenliedes wird bei Origenes und in den Jahrhunderten nach ihm zum Vokabular der Brautmystik. Der göttliche Logos ist der Same, den die Braut von ihrem Geliebten empfängt. Es ist derselbe Logos, der die beherrschende Mitte des Johannesevangeliums darstellt. Entscheidend ist für Origenes wie für jedes mystische Verständnis der Schrift, was in seinem Johannes-Kommentar so ausgedrückt ist: »Es gilt ganz grundsätzlich, daß man Worte von der Gottheit geistig auffassen muß [noetós eklambánein], auch wenn sie in menschlicher Ausdrucksweise ausgesprochen sind [...].«[36] Leiten läßt sich der Kommentator von der Gewißheit, die auch den Christus-Mystiker erfüllt: »Wir gehören zu ihm als dem Haupt, weil seine Auferstehung für uns Vorbildlichkeit [prototýposis] hat. Wir sind für unseren Teil seine Glieder und sein Leib, als durch den Geist zur Unsterblichkeit Wiedergeborene.«[37]

Vom Morgenland zum Abendland

Um ein eindrückliches Bild zu gebrauchen, könnte man sagen: Das Morgenland hat der abendländischen Mystik die Seele eingehaucht.

Das trifft insofern zu, als die frühesten christlich geprägten Zeugnisse innerer Erfahrung aus dem vorderasiatischen Raum stammen. Das entsprach dem allgemeinen Gang der Ausbreitung des Christentums – vom Osten nach Westen. Was aus den spirituellen Zentren Syriens, Palästinas und Kleinasiens, aus Alexandrien und den Wüstenregionen Ägyptens kam, das entfaltete sich über Jahrhunderte hinweg in den Kirchen und Klöstern der westlichen Christenheit.

Spiritueller Rigorismus, wie er sich auch bei Origenes manifestierte, bestimmte in den ersten nachchristlichen Jahrhunderten die Lebenspraxis ungezählter Männer und Frauen, die als Mönche und Nonnen, als Einsiedler oder in Kommunitäten lebend ihren Weg gegangen sind. Die einen wählten eine nichtmystische Christus-Nachahmung (imitatio): Bis in alle äußeren Vollzüge hinein wollte man dabei dem Jesus Christus ähnlich werden – im Sinne einer buchstäblichen Verwirklichung. Andere unterzogen sich geistlichen Exerzitien und erlangten hierdurch innere Erfahrungen, die sie an die jeweils jüngere Generation weitergaben: im Spruchgut der sogenannten Altväter *(Apophthegmata patrum)* und in Regelwerken *(Regula)*, bis hin zu meditativ-kontemplativen Praktiken. Der Schau des Unschaubaren teilhaft zu werden, das »Taborlicht« wahrzunehmen, war Generation um Generation das Ziel ihrer asketischen Bemühungen. Dabei konnten die theologischen Anschauungen weit auseinandergehen, je nachdem ob man eine vertiefte Gotteserkenntnis (gnosis tou theou) für möglich beziehungsweise für statthaft hielt oder nicht. Von daher ergaben sich auch Eigenart und Intensität der jeweiligen mystischen Spiritualität: bei den Mönchen in den ägyptischen Wüstenregionen mit Antonios und Makarios, in Kleinasien bei den großen Kappadoziern des 4. Jahrhunderts, unter denen markante Mystikergestalten zu finden sind: Gregor von Nyssa als der »Vater christlicher Mystik«, dann die Mönche Syriens und Palästinas, die des Sinai und des Athos, die sogenannten Hesychasten als Vertreter einer speziellen mystischen Frömmigkeit, in der bildlose Kontemplation in der Verbindung mit einer Disziplinierung von Körperhaltung und Atemrhythmus eine wichtige Rolle spielte und zur Entwicklung des »Herzensgebetes« führte. Diese ägyptisch-vorderasiatische, griechisch-byzantinische Mönchskultur hat sich je nach den lokalen und regionalen Gegebenheiten über mehr als ein Jahrtausend erstreckt. Sie strahlte nach dem römischen Westen aus, wo sich im Mittelmeerraum, in Frankreich, Italien und Spanien, eigenständige Zentren des geistlichen Lebens bildeten. Zu den überragenden Geistgestalten gehören der anonyme Autor der areopagischen Schriften Dionysius Areopagita im griechischsprachigen Osten, Augustinus im lateinischen Westen.

Als die vorwiegend volkssprachige Mystik im zweiten nachchristlichen Jahrtausend aufblüht – in Italien, Spanien, Frankreich, Deutschland, den Niederlanden, Flandern, England und Rußland –, da ist das ihr verfügbare Geisteserbe in Fülle und Vielfalt längst unüberschaubar geworden. Ursprünglich der Theologie als unverzichtbares Lebenselement zugehörig, weshalb es im Grunde nicht nötig war, gesondert von ihr zu sprechen, gab die Mystik dem philosophischen Denken und der Literatur kräftige Impulse. Auf diese Dimension der inneren Erfahrung zu verzichten, hieße, die Wirklichkeit auf ihre meßbare, zählbare, manipulierbare Seite zu reduzieren. Es hat sich gerade in unserem Jahrhundert gezeigt, welches Ausmaß an Sinnverlust eintritt, wenn Ideologen dergleichen versuchen.

Zum Wesen des Mönchtums gehört das Streben, allein lebend mit dem Grund des Seins (Gott) in Verbindung zu kommen. Dies entspricht bereits einer mystischen Grundhaltung. Die christlichen Mönche des Ostens wie die des Westens fanden jeweils ihre besondere Weise, »Mystik« zu praktizieren, ohne ihr Tun und Lassen so zu benennen. In den Zeugnissen jener Frühzeit findet man die folgende, knappe, an zen-buddhistische oder auch chassidische Anekdoten erinnernde Verdichtung dieser Spiritualität:

»Theophilos, der Erzbischof, kam einmal in die Sketis[-Wüste]. Die Brüder versammelten sich und baten Altvater Pambo: Halte vor dem Vater eine Ansprache, damit er Gewinn habe. Der Alte aber sagte zu ihnen: Wenn er aus meinem Schweigen keinen Nutzen zieht, dann kann er es auch nicht aus einer Rede. – Ein Bruder suchte Abbas Moses in der sketischen Wüste auf, um von ihm ein Wort [der Weisheit] geschenkt zu bekommen: Bleibe in deiner Zelle sitzen, antwortete der ihm, sie wird dich alles lehren. – Eine Nonne sagte: Manche von denen, die in die Berge gingen, sind verloren, denn ihr Tun blieb in der Welt. Es ist besser, unter vielen zu sein und *im Herzen* [Hervorhebung von mir; G.W.] ein einsames Leben zu führen, als allein zu sein und mit dem Herzen in der Menge zu leben. – Abbas Zacharias lag im Sterben, als Abbas Moses ihn frug, was er schaue. Vater, ist es nicht besser zu schweigen, meinte Zacharias. Und Moses antwortete: Ja, mein Kind, schweige.«[38]

Das Schweigen und das Verharren in der Stille entspricht der Herzensruhe (Hesychia). Obgleich diese im östlichen Christentum beheimatete und bis heute in den Westen ausstrahlende Spiritualität eine reiche Literatur entstehen ließ, ist ihr Wesen mit wenigen Worten zu umreißen, – sofern die geduldig vollzogene praktische Übung und die daraus erwachsende Erfahrung hinzukommen. Andernfalls ist jedes Wort der Beschreibung bald zu viel, bald zu wenig. So muß es vorweg genügen zu hören, wie Altvater Rufos die Frage nach Wesen und Nutzen der Herzensruhe beantwortet:

»Der Greis sagte: Die Herzensruhe ist, in dem Kellion [Mönchszelle] zu sitzen mit Furcht und Erkenntnis Gottes und von sich die Erinnerung an Erlittenes und den Hochmut fernzuhalten. Eine solche Ruhe ist die Mutter aller Tugenden, sie bewahrt den Mönch vor den feurigen Geschossen des Feindes [d.i. des Versuchers] und läßt ihn nicht verwundet werden. Ja, Bruder, erwirb sie, eingedenk deines Scheidens im Tode, weil du nicht weißt, zu welcher Stunde der Dieb kommt. Im übrigen also, sei wachsam bezüglich deiner eigenen Seele. – Abbas Antonio sagte: Wer in der Wüste die Herzensruhe praktiziert, hat schon drei Kämpfe bestanden: den des Hörens, den des Redens und den des Sehens. Ihm bleibt noch ein Kampf zu bestehen: der des Herzens. – Abbas Arsenios kam eines Tages zu einem Ort, wo Schilfrohr wuchs, das sich im Wind bewegte. Der Alte sagte zu seinen Brüdern: Was bewegt sich so? Sie antworteten: Schilfrohr. Darauf er: Wahrlich, wenn jemand Herzensruhe übt und hört noch einen Vogel singen, dann hat sein Herz noch keine Ruhe. Dies gilt noch viel mehr euch, die ihr das Schwanken des Schilfrohrs bemerkt.«[39]

»Hesychia«, nach Gregorios Palamas das »Stillesein des Geistes [...], das geheimnisvolle Erkennen des Höheren, das Hingeben der Gedanken an etwas Besseres, als man selber ist«, stellt einerseits eine mystisch-asketische Traditionsströmung der Ostkirche dar und umfaßt sowohl Erfahrungen der frühchristlichen Wüstenväter (und -mütter) als auch solche der bis in das geistliche Leben des alten Rußland weiterwirkenden Frömmigkeit. Andererseits läßt sie sich in einem großen Zusammenhang betrachten: als Methode beziehungsweise als Prozeß der Reifung und der Befreiung. Der Übende lernt es, alle Erscheinungsformen menschlicher Unzulänglichkeit zu bewältigen und eine ihm bisher ungeahnte, selbst den Tod einschließende Positivität zu gewinnen. Ludwig Frambach, der diesen Aspekt der Befreiung auch im Vergleich mit verwandten spirituellen Disziplinen untersucht hat, kommt zu dem Schluß:

»Das hesychastische Gebet der Kontemplation strebt einem Zustand zu, der das Selbstverständnis, die Identität des Menschen grundsätzlich wandelt. Immer wieder wird betont, daß jegliche Form von Gedanken, Vorstellungen, Bildern aufgelöst werden muß, um im ›reinen Gebet‹ Gott zu erfahren. Wie in der Auffassung des Zen steht jeglicher Objekt-Bezug des Bewußtseins, jegliches Denken der befreienden Erfahrung des Absoluten entgegen [...]. Das Ich des Menschen tritt im ›reinen Gebet‹ der Kontemplation aus dem Zentrum des Bewußtseins, und Gott wird als das alles wirkende Zentrum, das *Herz der Wirklichkeit*, auch der persönlichen, bewußt.«[40]

Gregor von Nyssa

Das vierte nachchristliche Jahrhundert war durch theologische und kirchenpolitische Entscheidungen von großer historischer Tragweite gekennzeichnet. 312/13 wurde die im römischen Weltreich bis dahin verfolgte Christenheit als gleichberechtigte Religion anerkannt. Kaiser Konstantin (306 bis 337), unter dessen Regentschaft dieser Umschwung im wesentlichen geschah, räumte der Kirche und ihren Amtträgern alsbald eine Reihe von beachtlichen Vorrechten ein. Durch diese »Konstantinische Wende« war die nachfolgende Installation der Staatskirche vorbereitet. Daran konnte das nochmalige Aufflackern heidnischer Religiosität unter Kaiser Julian (361 bis 363) nichts mehr ändern.

Der Glaube an die Gottesbotschaft Jesu geht bis in die urchristliche Zeit zurück. Ungeklärt war indes, wie sich das Göttliche in Christus zur Gottheit des Vaters verhält, und darüber brach ein heftiger theologischer Meinungsstreit aus. Der Diakon und spätere Bischof von Alexandrien, Athanasius (gestorben 373), betonte die Gott-Gleichheit Christi; Arius (gestorben 336), der Presbyter von Alexandrien, billigte dagegen dem Erlöser nur eine Gott-Ähnlichkeit zu. Die von der Staatsmacht beeinflußten ersten beiden ökumenischen Konzilien von Nicäa (325) und Konstantinopel (381) entschieden nach wechselvollem Ringen, Christus sei eines Wesens mit dem Vater-Gott. Athanasius hatte sich nach langem Hin und Her somit durchgesetzt und zur Stärkung der sich konstituierenden orthodoxen Position der Kirche beigetragen. Auch als Autor einer *Vita Antonii* machte er sich einen Namen. Er betonte darin das asketische Ideal und setzte sich in weiteren Schriften *(De incarnatione)* für eine Theologie der Vergottung des Menschen ein: »Gott ist [in Christus] Mensch geworden, damit wir durch ihn Gott werden.« [41] Auf diese Weise war dem mystischen Streben ein wichtiges Leitwort gegeben.

Im historischen Kontext aller dieser Vorgänge ist dreier Theologen besonders zu gedenken, die als die »großen Kappadozier« in die Geschichte eingegangen sind: Basilios, seit 370 Bischof von Cäsaräa im kleinasiatischen Kappadozien, dem Ostteil der heutigen Türkei. Hinzu treten sein jüngerer Bruder, Gregor von Nyssa (um 331/340 bis um 395), und sein bischöflicher Freund Gregor von Nazianz (um 330 bis 390). Alle drei haben mit unterschiedlicher Akzentsetzung in ihrer Zeit prägend gewirkt: als Kirchenpolitiker, als Klostergründer, als Theologen, als Mystiker.

Wenn an dieser Stelle Gregor von Nyssa hervorgehoben wird, dann geschieht das mit Hinblick auf seinen Beitrag als »Vater der Mystik« [42]. Anfangs, das heißt während seiner Tätigkeit als (weltlicher) Rhetor, verheiratet, trat er erst als Kleriker in den Stand des zölibatär lebenden Mystikers. Seiner Schrift über die Jungfräulichkeit *(De virginitate)* entnimmt man vorwiegend Negatives über die Ehe und ein Lob der geschlechtlichen Enthaltsamkeit. Dadurch könnte der unzutreffende Eindruck erweckt werden, christliche Mystik schließe prinzipiell die Bejahung der Leiblichkeit aus. Und in der Tat haben Asketismus und neuplatonische Philosophie hier auf Jahrhunderte hinaus tiefe Spuren gegraben ...

Auf Betreiben seines Bruders Basilios wurde Gregor zum Bischof von Nyssa in Kappadozien gewählt. In den Auseinandersetzungen mit dem Arianer Eunomios und anderen Theologen bekannte er sich zur orthodoxen Christusauffassung. Seine zahlreichen Schriften bezeugen jedoch, daß weder Kirchenpolitik noch dogmatische Festlegungen sein Leben auszufüllen vermochten. Wichtiger waren die mönchisch-asketischen Formen der Christusnachfolge, die er unter anderem mit seiner älteren, für ihn vorbildlichen Schwester Makrina teilte. Dieses nach und nach sich entfaltende Leben im Geist fand in zahlreichen exegetischen Texten, Traktaten und Homilien seinen Niederschlag. Darin fließen biblische Frömmigkeit und griechisch-neuplatonisches Denken zusammen. Der Leser gewinnt den Eindruck, Gregor wachse ausgehend von einer betont asketischen Christushingabe immer tiefer in die mystische Spiritualität hinein. Sie erfüllt sein an theologischen Streitigkeiten reiches, unruhiges Leben.

Gregor unterscheidet verschiedene Ebenen der geistlichen Erfahrung. Zunächst wird der Mensch erst dann ermächtigt, das Bildnis der göttlichen Natur in der ihr eigenen Schönheit zu schauen, wenn er eine Phase der Reinigung durchlaufen hat. Damit findet er sich, wie bekannt, in vollem Einklang mit der Überlieferung. In seinen Homilien über die Seligpreisungen (Matth. 5-7) rät er: »In euch, ihr Menschen, lebt ein Verlangen, das wahre Gute zu betrachten [...]. Es ist für euch erreichbar. In euch selbst liegt die Norm, die euch das Göttliche erfassen läßt. Denn als (Gott) euch erschuf, stattete er eure Natur zur gleichen Zeit mit dieser wunderbaren Fähigkeit aus. Gott prägte ihr das Ebenbild der Herrlichkeit seiner eigenen Natur ein, so wie eine Form in Wachs gegossen wird.«[43]

Eine solche Aussage hebt nicht etwa die Unerkennbarkeit des Transzendenten auf; im Gegenteil, sie setzt sie voraus und erzeugt daher eine beträchtliche Spannung. Denn das große Thema des Mystikers Gregor ist das Verlangen nach dem Aufstieg zu Gott und zur Schau des Unsichtbaren, Jenseitigen. So sind es nicht so sehr die frühchristlichen Wüstenväter, die ihm zum Vorbild geworden sind, sondern der Moses des Alten Testaments. Die Schrift über ihn *(Vita Moysis)* ist daher neben der Auslegung zum Hohenlied Salomonis die andere Grundschrift seiner Innenerfahrung beziehungsweise seiner Mystagogie: So wie dieser Gottesmann den Aufstieg zum Sinai vollzieht, um dort die göttliche Weisung in Gestalt der beiden Gebotstafeln zu empfangen, so hat jeder nach Gott verlangende Mensch einen spirituellen Höhenweg anzutreten. Dabei muß er sich eingestehen: die vermeintliche Annäherung führt zur Erkenntnis der Jenseitigkeit des Da-Seienden. Die Illusion ist preiszugeben, wonach die Gottesschau vom Menschen in irgendeiner Weise inszeniert werden könne.

Das Erleben der Gegenwart Gottes faßt Gregor in ein Bild aus dem Alten Testament, wo dieser inmitten einer ihn verbergenden Wolke beschrieben wird: »Das Gesuchte übersteigt jede Erkenntnis, und Unbegreiflichkeit umgibt es von allen Seiten wie eine dunkle Wolke. So sagte auch der erhabene Johannes, der in diese strahlende dunkle Wolke eingetreten war: Niemand hat Gott je gesehen, und er will mit diesem Wort feststellen, daß die Erkenntnis des göttlichen Wesens unzugänglich ist, nicht bloß für den Menschen, sondern auch für jede geistige Natur.«[44]

Die für den Mystiker zentrale Überzeugung ist die, daß dieser von der undurchdringlichen »dunklen Wolke« verhüllte Gott (deus absconditus) aus seiner Dunkelheit herausgetreten ist in Jesus Christus. So gesehen ist der Christus das Urbild jeglicher christlicher Mystik. Für die Beschreibung dieser Begegnung verwendet Gregor, wie vor ihm etwa Origenes, nach ihm ungezählte andere, Männer wie Frauen, die erotisch getönten Schilderungen des Hohenliedes, wenn die von Liebe verzehrte Seele (»Braut«) ihren Freund und Geliebten (Christus als »Bräutigam«) mit starkem Verlangen sucht:

»Unser Denken gelangt nicht glücklich zum Unfaßbaren und Grenzenlosen, wenn es nicht zuvor durch den Glauben an das Sichtbare mit fester

Faust gefaßt hat. Das Sichtbare aber ist die Fleisch-Natur. Denn wenn sie (die Braut) sagt: ›Mein Freund ist weiß und rot‹, so beschreibt sie mit dieser Mischung von Farben das Merkmal des Fleisches [...]. Unter all den Zehntausenden aber, von wannen Menschen entstanden und bis wohin die Natur sich verbreiten wird, ausfließend in den Zeugungen nachrükkender Geschlechter, ist Er der Einzige, der dieses Leben in einer neuen Art der Geburt gewann, wo zum Werden die Natur nicht mithalf, sondern bloß diente [...]. Der so Geborne wird würdig ein Erwählter aus Zehntausenden genannt [...].«[45]

Immer wieder kehrt Gregor von Nyssa zu seinem großen Thema der Gottesschau zurück. Sie erfolgt nicht in der Helle des Tags, nicht in der Weise eines unmittelbaren Betrachtens. Auch der Mystiker, gerade er, bleibt unter der »dunklen Wolke«. Darin sind Gregor einige andere Große gefolgt, etwa Dionysius Areopagita, dann der anonyme englische Autor der *Wolke des Nichtwissens*, vor allem aber der Spanier Johannes vom Kreuz. Auf eine knappe Formel gebracht: »Gott wird auf indirekte Weise geschaut in dem Spiegel, den die gereinigte Seele bildet. Doch das Verlangen treibt den Menschen zu einer immer größeren Teilhabe an Gott. Der Grund für das unaufhörliche Weiterschreiten der Seele im Verlangen nach der Angleichung an Gott ist die Unendlichkeit und Unfaßbarkeit Gottes [...].«[46]

Dieses Schauen – und geschehe es in dem Innewerden der Dunkelheit des verborgenen Gottes – kann sich demnach als Teilhabe an Gott darstellen. Es wird daher auch von der Einwohnung des göttlichen Wortes in der Seele gesprochen. Diese mystische Erfahrung bedeutet für Gregor ein fortschreitendes Bewußtwerden, dessen Inhalt die Christusgegenwart ist, die den Menschen zu sich selbst zurückführt.[47] Gotteserfahrung schließt somit Selbsterfahrung ein, ja sie ist deren eigentlicher Grund. Der Mensch kommt endlich zu sich, mithin zu dem, dem er das Sein verdankt.

Evagrius Pontikos, Makarios der Ägypter und Diadochus von Photike

Ehe von dem frömmigkeitsgeschichtlich sehr viel wirksameren Dionysius Areopagita gesprochen werden kann, ist dreier Mystiker der östlichen Kirche zu gedenken, die im 20. Jahrhundert dank der voranschreitenden Forschung zu Recht wieder stärker ins Bewußtsein gerückt worden sind. Auch sie, Evagrius Pontikos und sein Lehrmeister Makarios, sind noch unmittelbare Zeitgenossen der Kappadozier. Diadochus, angeblich Bischof in Epirus, lebt dagegen bereits in der Mitte des 5. Jahrhunderts.

Evagrius Pontikos (gestorben 399) gilt als der fruchtbarste und charakteristischste geistliche Schriftsteller der ägyptischen Wüste. Er stammt aus Ebora, einer Stadt in der römischen Provinz Pontus im Norden der heutigen Türkei. Der mit ihm befreundete Gregor von Nazianz weihte ihn in Konstantinopel zum Diakon, wo in jenen Jahren (381) das zweite ökumenische Konzil zur Klärung der Christusfrage stattfand. Nach einer abgebrochenen Liebesbeziehung zur Frau eines Magistratsbeamten zog er sich in die ägyptische Wüste zurück. Dort wurde ihm jener Makarios (gestorben um 390) zum Lehrer des Gebets, der seinerseits ein Leben in strenger Askese mit mystischer Verinnerlichung führte und dem man lange Zeit fünfzig spirituelle Homilien (homiliae spirituales) zuschrieb. Von Makarios erhielt er Unterweisungen, wie der Aufstieg der Seele zu beginnen sei, nämlich durch rückhaltlose Bekehrung und totale Hingabe, um auf diese Weise der »Einsprache« des Heiligen Geistes gewürdigt zu werden.

Das Werk des Evagrius kann in drei Gruppen von Schriften gegliedert werden, die den drei Stufen des christlichen Lebensvollzugs entsprechen. Man findet diese bereits bei Origenes, dem Evagrius in hohem Maße verpflichtet ist: Es handelt sich um das Ringen, das die Erlangung von Leidenschaftslosigkeit (apátheia) zum Ziel hat; damit verbindet sich sodann das Streben nach Gotteserkenntnis (theologia beziehungsweise gnosis pneumatiké), ihr höchstes Ziel ist die aus der Gotteserkenntnis erwachsende Anbetung (proseuché), die kontemplative Hinwendung zur göttlichen Trinität. In ihr findet der asketische Stufenweg (praktiké) sein Ziel und seine Vollendung.[48] Typisch für Evagrius ist das starke überrationale Erkenntnisbedürfnis, weshalb er in seinem Streben mit Clemens von Alexandrien, dem Leiter der berühmten Katechetenschule am Übergang zum 3. Jahrhundert verglichen werden kann. Dieses Erkenntnisbemühen schließt bei beiden eine hohe moralische Gesinnung ein: Nur wer ein vorbildliches, an den Geboten, der Gottes- wie der Menschenliebe ausgerichtetes Leben führt, steigt von der Sinneserfahrung zur intuitiven Erkenntnis empor. Der Spiegel der menschlichen Seele muß gleichsam blank sein, im Prozeß der Reinigung vorbereitet für die Schau, die das »reine«, das kontemplative, jenseits der Worte sich entfaltende Gebet darstellt. Nur der wahrhaftige Beter ist ein »Theologe« – das heißt in spiritueller Hinsicht. Theologie ist hier noch nicht als eine wissenschaftliche Disziplin verstanden. Und das Gebet entspricht dem mystischen Aufstieg zu Gott.

Makarios der Ägypter (gestorben um 390), auch der Ältere oder der Große genannt, zählt zu den Altvätern der frühen Mönche, die als Einsiedler in der sketischen Wüste lebten. Wenn ihm die Spiritualität eignet, die den erwähnten, ihm früher zugeschriebenen Homilien entspricht, dann steht diese in einem gewissen Gegensatz zur Erkenntnis-Mystik des Evagrius. Dem (Pseudo-)Makarios der Homilien ist die Erfahrung (peira) das

Entscheidende. Er schreibt: »Wir haben Gott geschmeckt, die Erfahrung ist uns zuteil geworden« und bezieht aus dieser Gewißheit die Legitimation, von Gott zu reden und ihn zu bezeugen, sei es als Lehrer, sei es als Priester und Seelsorger beziehungsweise Seelenführer.[49] Der einzig zu beschreitende Weg ist auch bei ihm das Gebet. Obwohl in den asketischen Praktiken des Wachens, des Fastens, der demütigen Selbsterniedrigung und auch des Psalmengesangs reichlich geübt, ist ihm deren Fragwürdigkeit aufgegangen: Alle diese Übungen sind letztlich nutzlose »gute Werke«, wenn die aus Gnaden zu empfangende mystische Innenerfahrung ausbleibt und nicht »geschmeckt« werden kann.[50]

Diadochus von Photike (um 400 bis 460) gilt als Autor geistlich-asketischer Schriften. Darunter befindet sich eine Centurie, das heißt ein Werk mit hundert Kapiteln, über christliche Vollkommenheit[51], die vornehmlich in der ostkirchlichen Welt, aber auch in den römischen Westen hinein gewirkt hat. In ihr sucht er Antworten auf die Frage zu geben: Wie kann ein getaufter Christ tiefer hineingeführt werden in die Gottesnähe? Die Voraussetzung dazu ist auf zwei Arten gegeben: auf naturhafte Weise durch die Gottesebenbildlichkeit des Menschen (gemäß Gen. 1,26) und auf dem Weg der Gnade durch die Reinigungs- und Erleuchtungskraft der Taufe. Darauf stützen sich alle Anstrengungen, denn Wachsamkeit (diakrisis) angesichts der Mächte des Bösen ist geboten und die Geister müssen unterschieden werden, wenn im Verlauf der Übungen etwa visionäre Erscheinungen auftreten oder sich irritierende Träume einstellen. Was nun die Unterscheidung der Geister anlangt, so ist auf die seelische Verfaßtheit besonders zu achten:

»Die Kämpfenden müssen ihr Denken ständig frei von Wogen halten, damit der Verstand die Gedanken unterscheiden kann, die auf ihn eindringen [...]. Wenn das Meer ruhig ist, dann dringt der Blick der Fischer bis zur Bewegung auf den Grund, so daß ihnen fast nichts von den Lebewesen verborgen bleibt, die dort ihre Pfade ziehen. Wenn das Meer aber von Winden aufgewühlt ist, dann verbirgt es im Dunkel der Wogen, was es im Lächeln der Windstille gerne sehen läßt [...]. Genau das aber begegnet auch dem Geist, dem Schauenden, besonders dann, wenn der Grund seiner Seele in ungerechter Erregung aufgewühlt ist.« [52]

Man könnte von einer seelischen Hygiene der Gedankenstille sprechen. Sie sucht er dadurch herzustellen, daß er sich von der Vielfalt der biblischen und der übrigen Gebetstexte zurückzieht und auf ein einziges Wort konzentriert, nämlich auf den Namen »Jesus«. Dieser wird – der hinduistischen und buddhistischen Praxis vergleichbar – wie ein zu meditierendes, in die Stille der Kontemplation hineinzunehmendes Mantram behandelt. Er dient als geistlicher Schutz gegen alle ungeordneten Regungen von innen wie von außen. Eine dieser Gefährdungen des spirituellen Lebens ist die jedem Übenden bekannte geistig-geistliche Unlust (akedía), die Trägheit erzeugt und den Schwung innerer Bewegtheit hemmt. Da gilt es, durch Konzentration und durch Erinnerung an den Grund des Seins (Gott) wieder Gewalt über sich zu gewinnen: »Wenn wir alle Ausgänge des Geistes durch die Erinnerung an Gott verstopfen, dann verlangt er unbedingt von uns eine Tätigkeit, die seinen Drang angemessen erfüllen kann. Man muß ihm deshalb den ›Herrn Jesus‹ geben als alleinige Beschäftigung, die ganz seinem Ziel entspricht [...]. Mit aller Entschiedenheit muß er dieses Wort in seinen Schatzkammern erwägen, damit er sich nicht zu Phantasiebildern hinlenken läßt. Alle, die nur diesen heiligen und ruhmreichen Namen in der Tiefe ihres Herzens ständig erwägen, können schließlich auch das Licht ihres eigenen Geistes schauen.« [53]

Diadochus von Photike gehört durch diese und ähnliche Belehrungen in den Kreis derjenigen ostkirchlichen Mystiker, die das Jesus- beziehungsweise Herzensgebet in den Mittelpunkt ihres meditativen Lebens gerückt haben. Sein Hundert-Kapitel-Buch fand daher auch Aufnahme in jener umfangreichen Sammlung mystisch-meditativer Schriften, die unter dem Namen *Philokalia* zusammengetragen sind. In ihr sind Zeugnisse geistlicher Seelenführung enthalten, die eine eintausendjährige Tradition ostkirchlicher Frömmigkeit umspannen. Texte des Makarios und des Evagrius gehören zusammen mit denen des Diadochus zu den älteren Bestandteilen dieses Werks.[54] Im Rahmen der byzantinischen wie der russischen Mystik hat es hohe Wertschätzung erfahren.

Der geheimnisvolle Dionysius vom Areopag und Maximus Confessor

»Unter den mancherlei Rätselgestalten, die die Ostkirche der ersten fünf Jahrhunderte hervorgebracht hat, ist Dionysius Areopagita wohl die bedeutsamste. Sein System, in gewaltigen Ausmaßen aufgestellt, spiegelt die Sterne Judäas und Griechenlands, die Lichthöhe Persiens und Ägyptens. Niemand hat vor ihm ausgesprochen, daß der Grundgedanke der Hierarchie eine Lehre von Erleuchtungsstufen der Engel und Priester ist, und niemand hat diesen Gedanken mit gleicher Einsicht und höherem Enthusiasmus entwickelt [...].« [55] Mit diesen Worten leitet Hugo Ball seinen Essay über den sogenannten »Pseudo«-Dionysius ein. Dabei könnte ihm kein kompetenterer als Hans Urs von Balthasar den gebührenden Beistand leisten, indem er den »allerersten Rang« und die »unabsehbare Wirkung« dieses ostkirchlichen Theologen ausdrücklich bestätigt.[56] Diese hohe Einschätzung trifft nicht zuletzt auf die Bedeutung des Dionysius für die abendländische Mystik zu. Mindestens ein Jahrtausend lang genoß er in Kirche und Theologie eine kaum bestrittene Autorität, und zwar in unmittelbarer Nähe des Apostels Paulus. Man meinte, in dem Autor des dionysischen Schriftencorpus jenen »Mann aus dem Rat« von Athen zu vernehmen, der nach der Legende an die Seite des Apostels trat, Christ und Lehrer einer Geistesschule wurde. Die moderne Literaturkritik am Ende des 19. Jahrhunderts hat die historische Unmöglichkeit dieser Annahme aufgedeckt und auf diverse Abhängigkeiten vor allem von neuplatonischen, das heißt nach Platon aufkommenden Vorstellungen aufmerksam gemacht. Nach ihrer Analyse können die im *Corpus Dionysiacum* vereinigten Schriften erst wenige Jahre vor 533 niedergeschrieben worden sein. Was in unserem Zusammenhang allerdings allein zählt, ist der für die Wirkung maßgebliche spirituelle Gehalt dieser Texte. Daß auch Dionys in den philosophischen wie theologischen Zusammenhängen seiner Zeit steht, versteht sich von selbst.

Seit dem Beginn des 6. Jahrhunderts wurden die areopagitischen Schriften verbreitet und eifrig kommentiert. Man verteidigte deren vermeintlich ehrwürdiges Alter. Gregor der Große (gestorben 604), selbst ein mystisch durchglühter Theologe, kannte die Schriften des Dionysius. Der Slavenapostel Cyrill verbreitete sie im 9. Jahrhundert, Scotus Eriugena (gestorben 877) übersetzte sie aus dem Griechischen ins Lateinische. Dadurch wurde deren Bekanntheitsgrad im Westen weiter gefördert. Die mittelalterlichen Scholastiker, allen voran Hugo von Sankt Viktor in Paris und Thomas von Aquino, bestätigten die richtungweisende Bedeutung des Dionys. 1700 Erwähnungen hat man allein im Werk des Aquinaten gezählt. Dazu kommt, daß die *Mystische Theologie* des Dionys zu einem Richtmaß der mittelalterlichen Mystik wurde. Der Franziskaner Bonaventura hat sie interpretiert. Meister Eckhart bezieht sich auf sie in wesentlichen Punkten seiner Mystologie, wenn er beispielsweise die Rückkehr zu sich selbst lehrt und das »Seelenfünklein« (funkelin; scintilla animae; apex mentis) als das Zentrum der Seele und als das dem Menschen eingeprägte Bildnis göttlicher Natur bezeichnet. Von Nikolaus von Kues (Cusanus) und dessen »gelehrtem Nichtwissen« (docta ignorantia) reicht die Wirkung zu Johannes vom Kreuz und Teresa von Ávila. Allein mit dieser, sehr begrenzten Auswahl von Namen, die durch ostkirchliche zu vermehren wäre, wird die geistige Strahlkraft des Unbekannten verdeutlicht.

Es handelt sich bei dem *Corpus Dionysiacum* um die kleine

Schrift *Mystische Theologie (Theologia mystica)*, um die *Himmlische Hierarchie (De caelesti hierarchia), Über die kirchliche Hierarchie (De ecclesiastica hierarchia)* und *Über die göttlichen Namen (De divinis nominibus)* sowie um zehn Briefe. Der hohe spirituelle Rang der areopagitischen Schriften wird heute voll anerkannt. Aus der Geschichte der abendländischen Mystik sind sie jedenfalls nicht wegzudenken.

Hatten Plotin und seine Schule gelehrt, daß alles Sein von dem »Einen« (hen on) ausgeht und schließlich wieder zu ihm zurückkehrt, so war für Proklus (um 412 bis 485), den neuplatonischen athenischen Philosophen, die Gottheit und die Tiefe allen Seins in ein undurchdringliches Mysteriendunkel gehüllt: »Alles Göttliche hat als Substanz die Einheit und die Güte: eine einigende Kraft und eine geheime Kenntnis, unfaßlich für jedes Zweite, Abgeleitete, Nicht-Göttliche, bloß durch Teilhabe Seiende [...]. Ist nun eine Erkenntnis göttlich, so ist sie auch eingestaltig und geheim.« [57] Das übergeistige Eine ist demnach letztlich unerkennbar. Diese, bereits von Plotin festgestellte Unerkennbarkeit bildet den Hintergrund jeglicher mystischer Erfahrung. Und was die verschiedenen Emanationen oder Ausflüsse anlangt, in denen sich das Eine in die Vielheit verströmt, so mißt Proklus ihnen eine gestufte Ordnung bei; er systematisiert sie. Auf diese Weise regte er christliche Denker, mithin Mystiker von der Geistesart des Dionysius Areopagita an, die geistig-geistliche Welt ebenfalls gestuft zu erleben: die göttliche Welt mit ihrer Neunheit der Engel-Ordnungen; die kirchliche Welt mit ihrer Hierarchie, dargestellt in den Sakramenten von Taufe und Eucharistie (Abendmahl), in den priesterlichen und mönchischen Weihen, die alle nach Dionys jeweils »die gleiche Grundhaltung und in ihrem hierarchischen Walten das gleiche Ziel haben«.

Dabei handelt es sich nicht etwa um ein allgemein mitzuteilendes, auch Außenstehenden zugängliches Wissen. Denn gleich am

Eingang der Schrift *Über die kirchliche Hierarchie* bringt der Autor zum Ausdruck, welcher Art die von ihm gepflegte Mystik ist. Sie unterliegt dem Prinzip des Geheimnisschutzes, der Arkandisziplin, wie wir sie aus anderen esoterischen Zusammenhängen kennen. Jede Veräußerlichung verbietet sich von selbst. Keiner der in die Mysterien der »in Gott gegründeten Wissenschaft« (Theosophie) Eingeweihten ist somit befugt, das im Raum mystischer Innenerfahrung Empfangene an Unvorbereitete, Profane weiterzugeben, – sofern das möglich wäre. Die eindringliche Mahnung lautet: »Siehe zu, daß du nicht das Allerheiligste ausplauderst (exorcheísthai). Bewahre es in Ehrfurcht und halte die Geheimnisse des verborgenen Gottes durch ein rein geistiges, allem Sichtbaren entrücktes Erfassen in Ehren. Schütze die Geheimnisse vor Mitteilung an Unberufene, damit sie nicht besudelt werden, und nur den Heiligen unter den Geheiligten teile sie – auf heilig angemessene Art – in heiliger Erleuchtung mit.«[58]

Es bedarf also einer disziplinierten oder rituellen beziehungsweise initiatischen Form der Weitergabe, nämlich der Mystagogie. Die frühchristliche Taufvorbereitung, wie sie zum Beispiel von Ambrosius von Mailand oder in den Katechesen des Cyrill von Jerusalem aufgezeichnet worden sind, entsprechen ebenfalls diesem Erfordernis. Von einer beliebigen Mitgliederwerbung oder »Missionierung« konnte in der Frühzeit der Kirche ohnehin nicht die Rede sein. Dafür aber ist dem mystisch Erfahrenen die Aufgabe einer solchen Mystagogie geboten. Dionys fährt daher fort:

»Blicken wir dergestalt zu Jesus empor, dem selig urgöttlichen Strahl, und ersteigen wir eine möglichst hohe Stufe der heiligen Schau, dann werden wir mit Erkenntnis erleuchtet, dann setzen uns die erschauten Dinge nicht bloß in den Stand, selbst einzutreten in das Heiligtum dieser mystischen Wissenschaft, sondern auch Führer [Mystagoge] dahin zu sein für andere: Wir werden dann lichtgestaltet, und wir werden dann ebenso auch in anderen lichtgestaltete Wirksamkeit entfalten. Wir werden selbst zur Vollendung gelangen und zu Lehrern der Vollkommenheit ausgebildet und befähigt und auch geweiht werden.«[59]

Die strikte Einhaltung der Arkandisziplin wird in der *Mystischen Theologie* erneut ausgesprochen. In dieser nur aus fünf kurzen Kapiteln bestehenden Schrift bringt Dionysius die Lehre von der »Dunkelheit« voll zur Geltung, denn – so schärft er seinem Schüler Timotheus ein – die Übung in mystischer Schau darf nicht mit Verstandesbetätigung verwechselt werden. Diese ist bestimmt von ihrer begrenzten Reichweite: Sie vermag sich nur in den Regionen des Sinnlichen wie des Rationalen zu bewegen. Das allein, was über Sehen und Erkennen hinausliegt, fasziniert den Areopagiten, das – könnte man es in angemessener Weise benennen – »Überseiende«. Die Symbole, die Steigerungen, die Superlative, die gemeinhin der Gottheit beigelegt wurden, sie reichen allesamt nicht aus. Mit der Vokabel »über« (hyper) beziehungsweise »jenseits von« wird das Unbeschreibliche anzudeuten versucht. Wohl geht es um einen Aufstieg. Aber das Ziel, der Gipfel ist nicht die Lichthöhe einer seligen Gotteserfahrung, sondern die Tiefe, erfüllt von Dunkelheit und Schweigen. Sie ruft Dionysius an, als schenke sie einem Irdischen das ersehnte Gehör:

»Dreieinigkeit, über alles Wesenhafte hinaus, mehr als göttlich und mehr als gut: Du, die du über alle christliche Gottesweisheit [Theosophie] wachest, führe uns nicht nur jenseits von Licht und Dunkel, sondern auch über das Unkennbare hinaus bis nahe an die höchsten Gipfel des mystisch deutenden Wortes, bis dorthin, wo die einfachen, absoluten unversehrbaren Mysterien des Gotteswissens offenbar werden und wo die Dunkelheit des Schweigens über alles Licht hinaus die Wahrheit erhellt: denn – tatsächlich! – in diesem Schweigen enthüllen sich die Geheimnisse des Dunkels. [...] O Dunkel des Schweigens! Es wäre nicht genug, von dir zu sagen, daß du vor lauter Finsternis in strahlendstem Licht aufglänzest, nicht genug, von dir zu glauben, daß dein Glanz sich immer gleich bleibe, unstörbar und unzerstörbar, nie zu sehen und nie zu erreichen. Es wäre auch nicht genug, von dir zu sagen, daß du, Dunkelheit des Urgrundes, jenen vollkommenen Geist, der die Augen des Daseins und die Augen des Seins zu schließen vermöchte, mit der Leuchtkraft deiner Fülle bis zum Bersten blendest und schöner bist als die Schönheit selbst.«[60]

Die Vokabel »schließen« (myein) spielt nochmals auf die mystische Grundhaltung der Einkehr und des Innewerdens an. Und die platonische Idee der Schönheit muß demnach auch noch überschritten, ja überwunden werden. Es geht um einen Aufstieg zur »Höhe des Nichts-mehr-Unterscheidens«, über das All hinaus, bis dicht an die Schwelle des Verschmelzens mit dem, der über jedem Wesen und über jedem Wissen ist. Voraussetzung für dieses anagogische Geschehen ist ein totaler Ego-Verzicht, der von anderen als der »mystische Tod« (»in Jesu morimur«) beschrieben wird; denn: »Erst wenn du dich von allem ganz entäußert hast, vornehmlich aber von dir selbst, unaufhaltsam und absolut, und ohne jeden Rest leer bist, erst dann wirst du dich in reinster Ekstase bis zu jenem dunkelsten Strahl erheben können, der aus der Urgottheit vor aller Erschaffung kam, jenseits von aller Welt und jenseits von allem Sein, entblößt auch noch von dem, was jedes und dich selbst erst zum Wesen macht.«[61]

Das ist die Sphäre, in der die Lichter des Seienden das dunkle Urlicht des Schöpferischen nicht mehr verstellen. Weil alle philosophisch-theologischen Begriffe versagen, müssen auch Termini wie Geist, Wesen, Leben, Idee und dergleichen preisgegeben werden. Und was die Wahrnehmung angeht, so gilt es, auf diesem spirituellen Höhenweg durch Nichtsehen zu »sehen« und durch Nichterkennen zu »erkennen« – eine im wörtlichsten Sinne paradoxale Ausdrucksweise. Dabei ist das bereits bei Gregor von Nyssa zu findende Bild des Mose, der den Gottesberg erklimmt, um dort für sein Volk die Gesetzestafeln zu erhalten, das maßgebliche Paradigma für den gemeinten »Aufstieg«. Jedem Juden wie jedem mit dem Alten Testament vertrauten Christen ist diese Schilderung (2. Mose 19) vertraut. Ihr entnimmt Dionys das Vorbild für den mystischen Dreistufen-Weg der Reinigung, der Erleuchtung und der Vollendung beziehungsweise der Unio mystica, wie Paul Rorem erläutert:

»›Mose wird zuerst gereinigt, erhebt sich dann, um den Ort zu schauen, wo Gott wohnt, und tritt in die ›Wolke des Nichtwissens‹ ein, in die Vereinigung mit Gott.‹ [...] Die Worte, die diese Reise beschreiben, [erinnern] an die Eucharistiefeier des Bischofs oder Hierarchen, dessen Prototyp Mose ist: Mose auf dem Sinai und der Hierarch in der Eucharistie sind beide ›gereinigt‹ und getrennt von der Gemeinde, sie steigen hinauf in einen abgegrenzten Ort mit ›auserwählten‹ Klerikern, um die göttlichen Dinge zu schauen [...]. Die Mose-Erzählung ist nicht einfach nur ein Beispiel allgemeinen geistlichen Aufstiegs. Sie ist präziser ein Musterbeispiel für die zwei Schritte des Pseudo-Dionysischen Aufstiegs. Zuerst werden die Symbole der Bibel und der Liturgie [...] ›anagogisch‹ [d.i. hinaufführend] interpretiert. Sie führen den Ausleger durch sinnliches Wahrnehmen aufwärts zu den in Symbolen ausgedrückten geistigen Wahrheiten. Darauf werden diese selbst negiert und verlassen in einem Aufgeben der Verstandestätigkeit und in schweigender Einheit mit der transzendenten Gottheit.« [62]

Diese emporführende Spiritualität ist es demnach, die den Areopagiten für alle jene bedeutsam werden ließ, die nicht allein als »mystisch« bezeichnete fromme Gefühlserlebnisse meinten, sondern eine auch noch das Nichterkennen durchbrechende Gotteserkenntnis, in der die Unterscheidung zwischen erkennendem Subjekt und zu erkennendem Objekt entschwunden ist. Wer daher Mystik als Inbegriff eines spirituellen Wohlgenusses ansehen möchte, der kann sich auf Dionysius nicht berufen. Und was die Erkenntnis als solche anlangt, so muß – um es nochmals zu betonen – selbst das Erkennen transzendiert werden, nämlich von der

Sphäre des als Licht Vorgestellten in jene der »göttlichen Finsternis« in ihrer Unzugänglichkeit und Unverfügbarkeit. In seinem ersten Brief an den Mönch Gaios wird der Leitgedanke dieser emporführenden areopagitischen Mystik nochmals ausgesprochen:

»Die Finsternis ist dem Lichte nicht sichtbar – und um so weniger sichtbar, je stärker das Licht ist. Erkenntnis enthüllt nicht die Geheimnisse des Unkennbaren, und enthüllt sie um so weniger, je reicher sie an Kenntnis macht. Wenn du nämlich Unkenntnis nicht im gewöhnlichen Sinne verstehst, als einen Mangel an Kenntnissen, sondern im metaphysischen Sinne [als Bewußtsein der Unkennbarkeit des Überirdischen], dann wirst du sagen können, mit einer Sicherheit, die über jedes bloße Wahr- und So-sein hinausgeht: diejenigen, die vom Licht berührt worden sind, kennen es nicht, und die das tatsächlich Seiende kennen, denen bleibt jenes tiefere Nichtwissen verborgen, das der Gottheit gemäß ist. Denn die Finsternis des Unerschaffenen entzieht sich jedem Licht, und keine Kenntnis erreicht sie. Wenn aber jemand Gott sieht, und ahnt, was er sieht, so weiß er: auch er hat nicht Gott gesehen, sondern nur etwas von dem durch Gott Seienden, das *er* aufscheinen läßt, damit es erkannt werde [...]. Begreife also du, daß jene vollkommene Unkenntnis im allerhöchsten und besten Sinne ein Wissen ist, ein Berührtwerden von dem, der erhaben ist über alles, was in den Bereich des Erkennbaren fällt.«[63]

Bevor wir uns den Zeugen mystischer Erfahrung im westlichen Raum zuwenden, soll an dieser Stelle Maximus Confessor (um 580 bis 662) genannt werden, weil er die Aufgabe zu erfüllen hatte, einen geistigen Brückenschlag zwischen der Ost- und der Westkirche zu vollziehen, zwischen der Spiritualität der griechisch-morgenländischen Welt und der lateinischen. Dazu kommt, daß er zeitlich das antike Christentum beschließt und wie in einem Sammelbecken das Traditionsgut eines Origenes, Evagrius und Dionysius Areopagita zusammenbringt und es als Ausleger der Kirche und ihrer Liturgie von neuem erschließt.

Hans Urs von Balthasar nennt ihn in ausführlicher Begründung geradezu einen Theologen der Synthese.

Der aus Konstantinopel stammende Maximus hatte sich der als orthodox bezeichneten kirchlichen Lehrbildung angeschlossen, wie sie nach den Konzilen von Nicäa (325) und Konstantinopel (381) insbesondere in Chalcedon (451) zur Christus-Frage formuliert worden ist. Die These des Athanasius von der Göttlichkeit Jesu ergänzt er mit der Feststellung: Gott wurde in Christus auch Mensch, folglich habe der ganze Mensch teil am ganzen Gott. Mit ihm ist er vereint, etwa so wie Leib und Seele eine Ganzheit verkörpern.[64] Zwar bleibt das Menschsein des Menschen gewahrt, sofern er von Natur aus der Endlichkeit unterworfen ist. Doch partizipiert er gleichzeitig (durch die Taufgnade) am Geist Christi. Von daher ist auch die Mystik des Maximus bestimmt, das heißt er betritt sowohl den ekstatischen Weg des Dionysius, wie er dem Pfad des göttlichen Lichts in der Weise des Evagrius folgt: »Der Geist ist vollkommen, wenn er dank eines wahrhaftigen Glaubens in der höchsten Unkenntnis die völlige Erkenntnis des gänzlich Unerkennbaren besitzt.« Daraus spricht Dionysius. Zum anderen hält er fest: »Eine vernünftige, geistige Natur hat am heiligen Gott teil durch ihr Sein – durch ihre Fähigkeit zur Güte und zur Weisheit – und durch das Gnadengeschenk des ewigen Seins. Durch diese Teilhabe erkennt sie Gott.«[65]

Wenn Maximus die Schau Gottes in die Mitte seiner Gedanken rückt, so ist sie ihm doch ein den Verstand bei weitem übersteigendes Geschehen, ein Mysterium. Dadurch wird die geheime Realität Gottes gewahrt und doch die Liebe (agape) zum Licht der Gotteserkenntnis (gnosis) hingeleitet. Orientiert an der biblischen Überlieferung und an den Schriften der Väter verbindet sich für ihn der alle Getauften umfassende Glaube der Christenheit mit dem individuell erfahrenen spirituell-mystischen Akt des

Aufstiegs zu Gott, einem Ereignis, das am innigsten in der erotischen Sprache des Hohenliedes artikuliert werden kann.

Augustinus und der westliche Weg

Das vom Osten nach dem Westen fortschreitende Christentum schöpft zwar aus den dort entsprungenen Quellen, findet aber immer wieder auch seine eigene Gestalt. Und so stehen dem östlichen Asketen- und Mönchtum mit seiner Mystagogie und Mystosophie im Westen in großer Zahl Väter und Mütter mystischer Erfahrung gegenüber. Die komplexe Wirkungsgeschichte kann im Rahmen dieser Darstellung nur hin und wieder angedeutet werden, so wie auch bei der Vorstellung der Zeugen mystischer Erfahrung eine Beschränkung auf die bekannteren und wirkungsvolleren erfolgen muß.

Beispielhaft für andere Anleiter zum asketisch-mystischen Leben sei daher zunächst ein Mann genannt, der an der Wende vom 4. zum 5. Jahrhundert auf seine Weise einen Übergang vom Osten zum Westen bezeichnet: Johannes Cassian (um 360 bis zwischen 430 und 435). Aus Skythien stammend, in Bethlehem ins mönchische Leben eingeführt, lernte er das ägyptische Kloster- und Eremitenwesen in seinen wegweisenden Gestalten kennen. Als er nach dem Jahre 400 über Rom nach Südfrankreich kam, wo er bei Marseille selbst je ein Kloster für Mönche und Nonnen einrichtete, unternahm er es (etwa ab 425), die im morgenländischen Bereich geübte Spiritualität in seinen berühmten *Unterredungen der Väter (Collationes patrum)* zusammenzufassen. So wurde Cassian zum Hauptvermittler für all jene, die nach ihm als Seelenführer ihre eigene Spiritualität entwickelten. Und da sind große Namen, die Begründer und Repräsentanten späterer mönchischer wie mystischer Strömungen zu nennen: Benedikt von Nursia, Dominikus, Ignatius von Loyola, Johannes vom Kreuz, Teresa von Ávila, Franz von Sales. Selbst noch in der niederländischen Devotio moderna, also ein volles Jahrtausend später, ist seine Wirkung nachweisbar.

In seiner Einführung (Institutiones) in die *Unterredungen* faßt Cassian das zusammen, was dem Herzen einzupflanzen und dem Geist einzuprägen sei, um den Höhenweg einschlagen zu können: »Der Wurzelgrund (principium) unsres Heiles und der Weisheit ist nach der Schrift die Furcht vor Gott. Aus der Gottesfurcht wird geboren die heilsame Zerknirschung über deine Sünden. Aus der Zerknirschung des Herzens wächst die Entsagung, d. h. das Nacktsein und die Lostrennung von aller Versklavung an Besitz. Aus der Blöße blüht die Demut auf. Die Demut bringt die Abtötung der selbstischen Neigungen hervor [...]. Aus dem Keim der Tugendkräfte sproßt die Reinheit des Herzens auf. In der Reinheit des Herzens aber besitzt man die Vollkommenheit der Liebe, wie sie der Apostel beschreibt.«[66] So befremdlich dieses Vokabular einem Menschen des 20. Jahrhunderts auf den ersten Blick vorkommen muß, so soll die hier geforderte Disziplinierung letztlich eine Befreiung des ganzen Menschen ermöglichen, wie sie christliche Mystik in jeder Geschichtsepoche in Aussicht stellt.

Der unmittelbare Zeitgenosse Cassians ist der Nordafrikaner Augustinus (354 bis 430), eine der bedeutendsten Gestalten des Christentums überhaupt neben den Säulen der Urchristenheit (Petrus, Paulus, Johannes). Von Origenes abgesehen, kommt keiner der Kirchenväter in West und Ost ihm gleich, wenn man seine normensetzende Kraft für das Denken und für die Glaubenspraxis, für die existenzerhellende Reflexion und für die weltgestaltende Aktion in Rechnung stellt. Selbst der größte unter den Lehrern der westlichen Kirche des Mittelalters, Thomas von Aquino, bleibt an religiöser Genialität hinter Augustinus zurück, obschon er ihn durch das Vermögen der logischen Systematisierung übertrifft. Was seine Beziehung zur Mystik anlangt, wird ihm bisweilen das Erleben eines mystischen Seelenaufstiegs aberkannt. Dennoch steht außer Frage, daß seine geistlichen Erfahrungen, angefangen bei den in seinem bedeutsamen Bekenntnisbuch *(Confessiones)* geschilderten, letztlich auf solche verweisen, wie wir sie von den Mystikern kennen.

Als Beleg sei zunächst an jene Episode erinnert, wo der Neubekehrte von seiner Mutter Monika Abschied nimmt. Beide mögen ahnen, daß ihnen vor dem baldigen Tod Monikas allerletzte Worte vergönnt sind: »Wir unterhielten uns also allein, köstlich innig, und, vergessend, was vor uns liegt, fragten wir uns im Angesicht der Wahrheit, die Du [Gott] bist, welcher Art wohl dereinst das ewige Leben der Heiligen sei [...]. Da erhoben wir uns mit heißer Inbrunst nach dem wesenhaften Sein und durchwanderten stufenweise die ganze Körperwelt, auch den Himmel [...].« Zurück bleibt das Menschliche, Irdische. Vor dem inneren Auge steht die Weisheit, das Ewige, das Eine, das Unwandelbare. Monika und Augustin erleben eine Geistesberührung, von der sie bis dahin wohl vom Lesen und Hörensagen wußten, von der sie aber noch niemals existentiell ergriffen worden waren. Denn, »während wir so redeten von dieser ewigen Weisheit, voll Sehnsucht nach ihr, da streiften wir sie leise in einem vollen Schlag des Herzens [...]«[67].

Tatsächlich hat für den späteren Bischof und Kirchenlehrer ein neues Leben begonnen. Wieder sind es die *Confessiones*, in denen der Erlebende vor sich selbst und vor anderen über das Wesen der umfassenden Gottesliebe Rechenschaft zu geben versucht. Auf die Frage, wen oder was er denn liebe, gibt er sich eine Antwort, die etwas von der totalen Umwertung aller Werte durchblicken läßt, die sich in ihm mit der Bekehrung vollzogen hat:

»Ich fragte die Erde, und sie sagte mir: Ich bin es nicht; und alles, was in ihr ist, gestand mir das gleiche. Ich fragte das Meer und seine Tiefen und das Gekrieche seiner Lebewesen, und sie gaben mir die Antwort: Wir sind dein Gott nicht; suche droben über uns. Ich fragte die wehenden Winde, und es sprach das ganze Luftreich mit seinen Bewohnern; es irrt sich Anaximenes: Ich bin nicht Gott. Ich fragte den Himmel und Sonne, Mond und Sterne: Auch wir sind nicht der Gott, den du suchest. Und ich sagte es zu allen Dingen, die um mich her sind vor den Toren meines Fleisches: So saget mir von meinem Gott, weil nicht ihr selbst es seid; saget mir von ihm doch etwas. Und sie erhoben ein Rufen mit lauter Stimme: Er ist, der uns geschaffen hat. – Meine Frage war mein Gedanke, ihre Antwort war ihre Schönheit [...], ich der *Innenmensch* [Hervorhebung von mir; G.W.] ward es inne, ich, das Seelen-Ich, durch das Sinnenwesen meines Leibes. Ich fragte die Weltenmasse nach meinem Gott, und sie gab mir zur Antwort: Ich bin es nicht, doch geschaffen hat mich Er!«[68]

Als zu dieser Weltenmasse gehörig und dennoch aus ihr herausragend, erlebt er sich nicht allein als Geschöpf Gottes wie alle anderen Kreaturen. Er erlebt sich als auf diesen Schöpfer hin geschaffen (»tu fecisti nos ad te«). Dessen inne zu werden, macht die Größe des Menschen allein aus. Und derselbe Augustin, der in seinen *Selbstgesprächen (Soliloquia)* allein begehrt, »Gott und die Seele« verstehend zu erfassen, ist ein sehnsuchterfüllter Mensch. Diese Sehnsucht nach einem spirituellen »Mehr« und »Darüberhinaus« läßt ihn nach den unerschöpflichen Wasserquellen dürsten, wenn er in seinen Psalmen-Auslegungen *(Enarrationes in Psalmos)* mit der Deutung des 41. Psalms seinem ganz individuellen mystischen Verlangen Ausdruck gibt, in dem es heißt: »Wie ein Hirsch dürstet zu den Wasserquellen, also dürstet meine Seele zu Dir, mein Gott.«[69]

Augustin spricht es deutlich aus: Auch wer die Sakramente der Kirche empfangen hat, etwa das Sakrament der Wassertaufe, dessen Begehren ist bei weitem noch nicht gestillt. Und wenn der Ausleger den Text des 35. Psalms hinzunimmt (»In Deinem

Lichte schauen wir das Licht«), dann ergibt sich für den mystisch Strebenden die Aufforderung: »Sehne dich nach diesem Licht, einem Quell, einem Licht, wie es deine Augen nicht kennen, Licht, das zu schauen das innere Auge sich bereitet, Quell, den zu schlürfen der innere Durst entbrennt [...].«[70]

Und ein weiteres Mal wendet sich der Psalmenausleger den Geschöpfen von Himmel und Erde zu, um das jeweils Zugrundeliegende, den Gottesgrund, Gott in Person zu schauen. Doch der Durst bleibt ungestillt. So fühlt er sich auf sich selbst zurückgeworfen, auf die eigene Seele, die – das muß er einräumen – auch nicht das letzte, tiefste, höchste Ziel für das menschliche Erkenntnisstreben sein kann. Auch für die Seele gibt es noch ein »Darüberhinaus«. Augustinus schildert den Fortgang seiner Suche: »Wann rührte meine Seele an das, was über meiner Seele ist, wenn nicht meine Seele über sich selbst sich ergösse? Denn bliebe sie in sich, so sähe sie nichts als sich selbst [...]. Ich suchte sein [Gottes] Wesen in meiner Seele und fand es nicht, da ersann ich aber ein Suchen meines Gottes, und durch das hindurch, was geschaffen [...], goß ich über mich meine Seele aus. Und keines bleibt mir mehr zu berühren als mein Gott. Dort nämlich wohnt mein Gott, dort über meiner Seele [...], von dorther schaut er auf mich, [...] von dorther ruft er mich, führt er mich, geleitet er mich hindurch [...].«[71]

So tastet sich Augustin Schritt um Schritt vorwärts auf seinen »Sehnsuchtswegen«, um schließlich der Gottesgegenwart immer gewisser zu werden. Aus vielen anderen Zeugnissen seiner fleißigen Feder wissen wir, wie wichtig ihm die möglichst intensive Erfahrung, das »Spüren Gottes« (sentire deum), war. Dabei ging es ihm wie vielen anderen Mystikern, nämlich daß das Erlebnisfeld der Innerlichkeit immer noch nach der Konfrontation mit einem Ganz-Anderen, Jenseitig-Inneren verlangt und gleichzeitig die Beziehung zu ihm eröffnet. In Augustins Auslegung zum 99.

Psalm ist das Gemeinte in der Weise vertieft, daß der Erfahrende, der angemessenen Worte für das innen Wahrgenommene unfähig, schließlich verstummt. Es ist jenes Verstummen, das mit dem »Schließen« (myein) des Mundes, also einer Grundgebärde der Mystik, etymologisch zusammenhängt:

»Wenn du, ein [Gott] ähnlich Gewordener, dich zu nähern und Gott hindurchzuspüren beginnst – in dem Maße, als in dir die Liebe [zu ihm] wächst, weil auch Gott die Liebe ist –, so wirst du ein Gewisses spüren, was du sagtest und doch nicht sagtest. Bevor du nämlich spürtest, wähntest du, Gott auszusagen, du beginnst Gott zu spüren, und dort spürst du, daß nicht sagbar ist, was du spürst. Wenn du aber dort gelernt, daß unsagbar ist, was du spürtest, wirst du da schweigen, – wirst du nicht loben? Wirst du also stumm sein im Lobe Gottes und keine Danksagung darbringen dem, der sich dir bekanntgeben wollte [...].«[72]

Man ginge fehl und es paßte schwerlich zu einer Psalmen-Auslegung, wenn das Verstummen angesichts des Unsagbaren nicht umschlagen würde in die Aufhebung des Schweigens, nämlich in den Ausdruck der Dankbarkeit und der enthusiastischen Freude. Das geäußerte Gotteslob ist – so gesehen – viel mehr als das, was die meist geläufigen Formeln der Rühmung bekunden, weil es aus der Unsäglichkeit und Wortlosigkeit des Erfahrenen gleichsam herausgefiltert ist.

Die Frage, ob Mystiker oder nicht, ist auch an Augustinus nicht vorübergegangen. Und wenn man ihn mit guten Gründen einen Mystologen nennen will, so bleibt bereits nach dem bisher Gesagten ein darüber hinausweisender »Rest«. Er bietet stets mehr, als von einem bloß theologisch reflektierenden Ausleger erwartet werden darf. Und was die Mystologie anlangt, so hat er nicht allein als Autobiograph und als Bibelausleger mystische Zeugnisse niedergelegt. Von ihm stammt auch »die erste systematische Schrift über Mystik« (Hans Urs von Balthasar). Sie beschließt das zwölfte Buch seiner Fragment gebliebenen Genesis-

Auslegung *(De Genesi ad litteram)*. Mit ihr, freilich mehr noch durch eine Reihe anderer Schriften und einprägsamer Sätze hat er nachhaltig auf die abendländische Mystik gewirkt. Beeinflußt hat er sowohl die, welche ihre eigenen, bisweilen von Phänomenen begleiteten ekstatischen Erfahrungen beschrieben haben, als auch jene, die wie Johannes vom Kreuz allem Erscheinungshaften skeptisch gegenüberstanden. Auf Augustinus konnte man sich am wenigsten berufen, wenn man – wie in der Kirche lange Zeit geschehen – Theologie mit bloßem Buchstabenwissen und mit zu »glaubenden«, das heißt buchstäblich für wahr zu haltenden »Lehren der Kirche« identifizierte.

Gegen diesen Dogmatismus war sein gesamtes Denken bis ins hohe Mittelalter hinein wirksam. Die Reformatoren, insbesondere Luther als ehemaliger Augustiner-Mönch und Calvin, empfingen von dem lateinischen Kirchenvater wichtige Anstöße für ihre eigene Theologie. Und was den »Mystiker Augustinus« anlangt, so kann man seine Bedeutung mit Wolfgang Wieland zusammenfassen:

»Die mittelalterliche Mystik lebt von augustinischen Grundgedanken, von der glühenden Gottsuche seines ›ruhelosen Herzens‹, seinem ›Gott und die Seele, sonst nichts‹. Vornehmlich Bernhard von Clairvaux ist es zu verdanken, daß unter Aufnahme der augustinischen ›fruitio dei‹ [Verkosten Gottes] die Mystik ihre kirchliche Sanktionierung erhielt. Die mystische Dimension des augustinischen Werks insgesamt [...] prägt Theologen wie Anselm von Canterbury, Peter Abaelard, Hugo von Sankt Victor und Petrus Lombardus. Die zunehmende Aristotelisierung der augustinischen Gedanken verdrängte jedoch diese mystische Dimension im kirchlich-theologischen Denken.«[73]

Wie stark diese Dimension, genannt und ungenannt, in den Frömmigkeitszeugnissen der folgenden Jahrhunderte gegenwärtig ist, hätte eine detaillierte Wirkungsgeschichte aufzuzeigen.

Man denke nur daran, daß Augustinus bei Meister Eckhart der am häufigsten zitierte Autor ist. Die Augustinus-Lektüre war für den in der mittelalterlichen Mystik so wichtigen Orden der Dominikaner verpflichtend. Kein Wunder daher, wenn sich Eckhart auf die von Augustin (in *De Genesi ad litteram)* vorgetragene Lehre von den drei Arten der Vision beziehungsweise der spirituell-übersinnlichen Erfahrung ausdrücklich beruft.[74] Nicht wenige sind ihm darin gefolgt und haben so die Bedeutung des großen lateinischen Kirchenvaters für die christliche Spiritualität verstärkt.

Von der christlichen Antike zum Mittelalter

Bei dem Versuch, den Entwicklungsweg der abendländischen Mystik von der Antike bis ins Mittelalter hinein zu überblicken, wird man deutlicher Unterschiede gewahr. Über lange Zeit dominierten die geistlich prägenden Vatergestalten, das weibliche Element trat eher zurück, ohne in patriarchal beherrschter Zeit jedoch völlig eliminiert werden zu können. Die außerchristliche Philosophie und Mystik des Platonismus beziehungsweise des neuplatonischen Denkens wurde von der Theologie weitgehend aufgenommen. Die Analyse zeigt, wie es dabei gelang, diesem Denken (etwa bei Augustinus) vom hebräisch-biblischen Glauben her zu begegnen und eine theologische Synthese herbeizuführen. Machte beispielsweise Augustinus unter anderem bei Platon und Plotin geistige Anleihen, so Dionysius Areopagita ebenfalls bei diesen beiden und bei dem Neuplatoniker Proklos (gestorben 485).

Eine ausgesprochene Blütezeit der Mystik entfaltete sich im 12. Jahrhundert. Aufgrund älterer Anschauungen wird sie auch heute noch von vielen als Beginn der »eigentlichen« Mystik aufgefaßt. Es treten von da an statt einiger weniger Patriarchen Männer und Frauen in großer Zahl auf, die als »die« Mystiker und Mystikerinnen schlechthin bezeichnet werden. Zwischen dieser Zeit und der christlichen Antike liegt zwar kein Abschnitt einer ausgesprochenen geistlichen Dürre, aber die veränderten weltgeschichtlichen Verhältnisse nach dem Untergang des (west)römischen Reiches rückten andere, vor allem neue Aufgaben ins Zentrum des allgemeinen wie des religiösen Interesses. Die Missionierung der keltischen, germanischen und slawischen Stämme, daran anschließend die kirchlich-kulturelle Erschließung West-, Mittel- und Nordeuropas bewirkten geographisch gesehen eine deutliche Schwerpunktverlagerung vom Mittelmeerraum in die nördlich angrenzenden Regionen. Nachdem das Griechische der Philosophen und das volkstümliche Griechisch (Koiné) der Evangelien im kultisch-sakramentalen Leben endgültig dem Latein gewichen war, dominierte dies bis in die Neuzeit hinein Frömmigkeit und Recht, Wissenschaft unf Bildung. Die volkssprachliche Mystik begann sich auf dem mitteleuropäischen Boden erst um die Mitte des 12. Jahrhunderts zu artikulieren, etwa mit dem Trudberger Hohelied-Kommentar, von dem gesondert zu sprechen ist.

Wie stellten sich aber mystische Frömmigkeit und mystische Theologie in der Zeit davor, in der zweiten Hälfte des ersten Jahrtausends dar? Die Zahl der großen Namen und der spirituell schöpferischen Gestalten hat sich in diesem Zeitraum merklich verringert. Das gilt vor allem für die westliche Kirche, die sich vor die Lösung der großen missionarischen und zivilisatorischen Probleme gestellt sah. Getreu dem benediktinischen Grundsatz »Bete und arbeite« (ora et labora) trug man zwar dem geistlichen Leben nach wie vor Rechnung. Man wurde sich aber immer stärker bewußt, daß christliche Existenz ohne aktive Weltgestaltung nicht verantwortbar sei. Meditation und Kontemplation konnten von daher gesehen nie Selbstzweck sein.

In der von der griechisch-platonischen Denkungsart wesentlich stärker bestimmten östlichen Theologie und Frömmigkeit war die weit höhere Einstufung der asketisch-monastisch gearteten Innerlichkeit nicht zu verkennen. Das liturgische Leben im umfassenden Sinn des Wortes erhielt beziehungsweise behielt den Vorzug, auf Jahrhunderte hinaus. Beide geistlichen Hemisphären, der lateinische Westen und der griechischsprachige Osten, sollen im folgenden am Beispiel repräsentativer Mystiker charakterisiert werden.

Gegen Ende der Zeit der Kirchenväter, zu denen neben Augustinus Gestalten wie die beiden Nordafrikaner Tertullian und Cyprian, Ambrosius von Mailand und der Bibelübersetzer Hieronymus gehören, taucht der Römer Gregor (540 bis 604) auf, der später den Ehrennamen »der Große« erhielt. Mit ihm findet die Reihe der Kirchenväter ihren Abschluß. Aus vornehmer Familie stammend, erhielt er zunächst eine Ausbildung als Rhetor, um sich für eine leitende Beamtentätigkeit vorzubereiten. Seine Funktion als römischer Stadtpräfekt fand aber schon nach zwei Jahren ihren Abschluß. Gregor zog sich in die Stille eines Klosters zurück. Diesen Gang in die mönchische Abgeschiedenheit vollzog er unter Aufgabe großer Teile des familiären Erbes. Später schickte ihn der Papst in schwieriger kirchenpolitischer Situation als seinen römischen Repräsentanten für einige Jahre nach Konstantinopel. Seine Bibelstudien und die Pflege des kontemplativen Lebens konnte er nach der Rückkehr wieder voll aufnehmen. Zeitlich begrenzt oder zumindest eingeschränkt wurde seine Wendung nach innen durch die Berufung zum römischen Bischof (590), dessen praktische und administrative Aufgaben den Amtsträger offensichtlich stärker in Anspruch nahmen, als seinem Frömmigkeitsstreben entsprach. Immerhin ist Gregor I. der einzige als Mystiker apostrophierte Bischof, der als Papst das höchste Kirchenamt bekleidete. Einblicke in sein Denken ermöglichen einerseits die zahlreich erhaltenen Briefe des römischen Bischofs, eine *Regula pastoralis*, die als eine Programmschrift zur Seelsorge angesehen werden kann; andererseits ein mehrteiliges schriftstellerisches Werk. Zu ihm gehören eine Reihe mystisch und asketisch ausgerichteter Bibelauslegungen, etwa die sogenannten *Moralia* zum Buche Hiob, die er noch in

Konstantinopel verfaßte, ferner Erläuterungen zum Propheten Hesekiel (Ezechiel).

Die Erfüllung seiner bischöflichen Verpflichtungen brachte es mit sich, daß er einen Ausgleich schaffen mußte zwischen der nach innen gerichteten vita contemplativa und der auf die Tagespflichten konzentrierten vita activa. Von daher ist auch Gregors aus eigenem Erleben geschöpfte, auf die Alltagswirklichkeit ausgerichtete Spiritualität bestimmt:

»Wer die Burg der Beschauung (contemplatio) zu besetzen verlangt, soll sich erst auf dem gegebenen Felde des tätigen Lebens praktisch erproben. [...] Es gibt Güter, denen wir uns ohne Unterlaß widmen könnten, und es gibt andere, die uns rasch ermüden und abgleiten lassen, so daß es eines entschiedenen Wollens bedarf, uns von Zeit zu Zeit zu erneuern. Im tätigen Leben vermag der Geist zu beharren, ohne schwach zu werden. Im beschaulichen aber erlahmt er, von seiner Schwäche besiegt. Das tätige gewinnt um so festeren Halt, je weiter es greift zum Besten des Nächsten. Das beschauliche aber strauchelt um so schneller, als es, der Schranken des Fleisches vergessen, sich über sich selbst zu schwingen versucht. Jenes läuft auf ebenem Boden, wo es den Fuß des Wirkens kräftig aufsetzen kann. Dieses aber kehrt um so schneller ermüdet zur Erde nieder, je höher es über die Schranken des Ich zu entschweben schien.«[75]

Es spricht für den Grad seiner Erfahrung, daß er sich auch über Begleiterscheinungen eines mystischen Erhobenseins keine Illusionen machte. Diese klingt unter anderem in Betrachtungen an, die sich auf den »mystischen Kampf«, das heißt auf das Ringen Jakobs mit dem Engel beziehen:

»Das kontemplative Leben erfordert eine große Anstrengung des Geistes, wenn er sich in himmlische Bereiche aufschwingt, wenn er die Seele nach geistigen Dingen hinspannt, wenn er alles leibhaft Sichtbare zu übersteigen sich anschickt, wenn er sich sammelt, um sich auszuweiten. Und manchmal besiegt und überwindet er die widerstrebenden Dunkelheiten seiner Blindheit, so daß er von dem unumgrenzten Licht einen flüchtigen Schimmer erhascht. Doch kehrt er alsbald zurückgeschlagen zu sich selbst zurück und gerät von dem Licht, zu dem er aufatmend hingeht, aufseufzend wieder in die Dunkelheiten seiner Blindheit. Worauf die heilige Geschichte treffend hinweist, wo sie vom Kampf des seligen Jakob mit dem Engel berichtet.«[76]

Gregor, der geistlich-theologisch auf den Schultern des Augustinus steht, wird in seiner Bedeutung für die weitere Entwicklung der Mystik unterschiedlich eingeschätzt. Friedrich Heiler meint, er habe »die gesamte augustinische Theologie, so auch seine Mystik, auf die Stufe des Durchschnittschristentums herabgezogen« und sei »der Schöpfer jener nüchternen und verkirchlichten Mystik, welche die offizielle römische Kirche als dem Bedürfnis der Massen angemessen propagierte«[77]. Dies entspräche der erwähnten Umorientierung der Westkirche, die sich am Ende der Kirchenväterzeit bereits abzeichnete. Andere Autoren heben auf der Basis der jüngsten Mystik-Forschung den starken Einfluß hervor, den Gregor auf die nachfolgenden Generationen ausgeübt habe, die ihn als Autorität zitieren.[78]

Es ist bezeichnend für die theologische Situation, daß nach Augustinus und Gregor ein halbes Jahrtausend vergehen mußte, ehe in der lateinischen Kirche des Westens neue überragende Vertreter christlicher Mystik auf den Plan traten. Zu den wenigen Ausnahmen gehört Johannes Scotus (jedoch nicht zu verwechseln mit Duns Scotus) beziehungsweise Johannes Eriugena, der Ire (um 810 bis 877). 845 betrat er fränkischen Boden. Seine außergewöhnliche Bildung – er beherrschte die in dieser Region noch sehr wenig bekannte Sprache des Griechischen – mochte seine Berufung an die Hofschule (Scola palatina) Karls des Kahlen unter anderem in den Königspfalzen von Compiègne und Laon angeregt haben. Als ein Lehrer der sogenannten »freien Künste« (artes liberales) hatte er philosophisches Grundlagenwissen zu vermitteln. Bekannt wurde er durch sein Werk *Einteilung der Natur* (griechisch: *Peri phýseos*, lateinisch: *De divisione naturae)*, nicht weniger durch leidenschaftlich geführte theologische Dispute, zum Beispiel über die göttliche Vorherbestimmung *(De divina praedestinatione)*. Darin stellt er sich nicht im eigentlichen Sinn als Mystiker beziehungsweise als Mystologe vor. Dagegen machte er seine Kenntnis des Griechischen dadurch fruchtbar, daß er der Aufforderung seines Königs folgte und die Schriften des Dionysius Areopagita aus dem Griechischen ins Lateinische übersetzte und auf diese Weise dem Westen erstmals zugänglich machte. Er selbst ließ sich von der Devise leiten, zu der ihn das *Corpus Areopagiticum* inspirierte: »Gott wird besser durch Nicht-Wissen gewußt, Gott, dessen Nicht-Erkennen wahre Weisheit ist.«

Bedenkt man, daß die karolingische Mitwelt des 9. Jahrhunderts, in die dieser Gedanke hineingesprochen wurde, für mystisches Erleben noch kaum vorbereitet war, dann begreift man, daß einige Jahrhunderte vergehen mußten, bis der von Eriugena ausgestreute Same aufgehen und Frucht bringen konnte, nämlich bei Meister Eckhart im 14. oder bei Nikolaus von Kues im 15. Jahrhundert.

Blickt man von hier aus nochmals ostwärts, in die klösterliche Welt der großenteils griechisch-orthodoxen Kirche, dann scheint dort die spirituelle Tradition seit den Tagen der Wüstenväter und der kontemplierenden Asketen ohne Unterbrechung weitergegangen zu sein. Wie bekannt, hat es die Ostkirche in ihrer Gesamtheit weitgehend vermieden, den nach außen gerichteten missionarischen Gang in die Welt anzutreten und fermentartig in Kultur und Gesellschaft hineinzuwirken. Wie wurde nun aber diese Überlieferung weitergebildet?

Richten wir zuerst unser Augenmerk auf Symeon (949 bis 1022), der als der »neue Theologe« in die Kirchengeschichte eingegangen ist. Ursprünglich sollte der aus vornehmem Haus stammende junge Mann einen Dienst am byzantinischen Hof übernehmen. Sein Sinn stand aber nach einem anderen, nach innen gerichteten Leben. Den Impuls dazu erhielt er durch seinen geistlichen Lehrer und eine Lichtvision, die ihm ebenfalls schon in jungen Jahren zuteil geworden war. Von da an fand der Fluß außerordentlicher spiritueller Wahrnehmungen bei ihm keine Unterbrechung mehr. Er trat ins Kloster seines Seelenführers ein, wo er als Abt bald selbst die Aufgabe der spirituellen Menschenführung zu übernehmen hatte.

Grundlage seines geistlichen Lebens waren seine Erleuchtungserlebnisse, in denen ihm das persönliche Gegenüber des im »ungeschaffenen Licht« sich offenbarenden Gottes gewahrt blieb. Wie so oft in der langen Geschichte der christlichen Mystik unterscheidet auch Symeon Stufen des geistlichen Strebens, angefangen bei der Tugendübung (praxis) über die Erkenntnis Gottes (gnosis) bis hin zur vollen Erleuchtung in Gestalt der »Schau Gottes« (theoria). Und wenn in diesen Zusammenhängen von »Theologie« die Rede ist, dann ist nicht eine im modernen Sinn zu verstehende theologische Forschung oder Reflexion gemeint, sondern die spirituelle Annäherung an den göttlichen Logos. Man muß sich immer wieder bewußt machen, daß ursprünglich die theologisch-rationale Bemühung und das Frömmigkeitsstreben eine Einheit bildeten. Symeon beschreibt seine Erfahrung so:

»Wenn wir zur Vollkommenheit gelangt sind, dann begegnet Gott uns nicht mehr wie zuvor, ohne Gestalt und ohne wahrnehmbare Erscheinung [...]. Er kommt aber in einer gewissen Gestalt, in einer Gottesgestalt: denn Gott erscheint kaum in irgendeinem Abbild oder einer Spur, sondern er zeigt sich in seiner Einfachheit, die durch das gestaltlose, unfaßliche und unaussprechliche Licht gebildet ist. Ich kann nicht mehr sagen. Er bietet sich aber klar unserem Blick dar. Er läßt sich deutlich erkennen, und er spricht und hört in einer unausdrückbaren Weise. Er, der

Gott aus seiner Natur ist, unterhält sich mit denen, die er zu Göttern aus Gnade gemacht hat, wie ein Freund sich mit seinen Freunden unterhält von Angesicht zu Angesicht [...]. Der Heilige Geist wird ihnen zu all dem, was die Schrift vom Himmelreich sagt: zur Perle, zum Senfkorn, zum Wasser, zum Feuer, zum Brot, zum Wasser des Lebens, zur Ruhestatt, zum Brautgemach. Er wird der Bräutigam, der Freund, der Bruder und der Vater. Doch was soll ich über das Unsagbare sagen? Was kein Auge je gesehen, kein Ohr je gehört hat und was in keines Menschen Herz gelangt ist, – wie könnte das in Worten ausgedrückt werden? Wenn wir auch all dies durch die Gabe Gottes in unserem eigenen Inneren erworben und empfangen haben, so können wir es doch niemals mit dem Verstand ermessen oder in Worten ausdrücken.«[79]

Man sieht, wie dem auf diese Weise Schauenden die Symbole und Gleichnisworte des Evangeliums transparent werden für die jeweils zugrundeliegende Wirklichkeit, die eben nur mit Hilfe von Bildern bezeichnet werden kann; anders ist sie unaussagbar. Symeons eigentliche aus Erfahrung (peíra) geschöpfte Lehre ist die der Gottesschau, die ihrerseits an Resultate asketischer Übung geknüpft ist, nämlich an die Leidenschaftslosigkeit (apátheia). Seine Aufgabe sah er darin, seinen Mönchen den dahin führenden Weg zu weisen. Symeons Mystik ist streng auf Christus hin ausgerichtet, sie basiert auf der göttlichen Trinität:

»Von der Inkarnation her begründet er die Möglichkeit und die Wirklichkeit der Schau. Christus ist es, mit dem er in der Vision Zwiesprache hält. Zugleich ist es das ›Phos trispóstaton‹, das dreipersönliche Licht, das sich ihm offenbart. Klar unterscheidet er zwischen der ›natürlichen Einheit‹ von Vater und Sohn in Gott und der mystischen Einigung zwischen Gott und dem Menschen aus ›Setzung und Gnade‹. Der Mensch wird in dieser Ordnung zum Abbild des Christus-Geheimnisses: Auch er ist als der irdische Mensch ›dittós‹, schwach und sündig, doch kraft der Gnade teilhaft der ›unberührbaren‹ (unerreichbaren), göttlichen Wirklichkeit.«[80]

Bleibt nur noch anzumerken, daß Symeon, dem neuen Theologen, als »Mystiker des göttlichen Lichtes« in der Ostkirche bis heute eine hohe Autorität zuerkannt wird. Er hat seinen festen Platz in ihrem Heiligenkalender. Wie stark seine Schriften sowie seine Hymnen über Jahrhunderte hinweg gewirkt haben, ist nicht zuletzt daran zu erkennen, daß zahlreiche Schriften *(Capita)* in die bis heute weit verbreitete, seit 1782 erscheinende Textsammlung *Philokalia* aufgenommen wurden. Als geistliches Handbuch ist sie in ihrer russischen Version *(Dobroduljubie)* sowie in weiteren modernen Übersetzungen – zum Teil allerdings nur auszugsweise – zugänglich.

Man kann darüber streiten, ob das mystische Erleben, das Vom-Geist-Ergriffenwerden und das höchste Erfülltsein von Gott – die alten Griechen sprachen vom »enthusiasmós« – in der Ost- wie in der Westkirche vergleichbare Züge trägt. Mystik gibt es offensichtlich in unterschiedlich geprägten Formen, in der Gestalt von »vielen Mystiken«. Daß der kulturelle Hintergrund und die jeweilige Bewußtseinsstruktur eine Rolle spielen, ganz abgesehen von theologischen Implikationen, die zu Unterscheidungen veranlassen, ergibt sich beim Vergleich der vielen Manifestationen mystischen Erlebens.

Mit Symeon, dem neuen Theologen, ist einer der wichtigen ostkirchlichen Mystiker in unsren Horizont getreten. Er gehört in einen mächtigen, von der Antike bis tief ins Mittelalter, ja bis in die Gegenwart reichenden Traditionsstrom hinein, in den des Hesychasmus (von griechisch »hesychia«, Ruhe, Stillschweigen). Diese aus strenger Askese erwachsene Mystik entspricht einem möglichst langandauernden Stillesein des Geistes und einer entschlossenen Sammlung auf »das Eine, das not tut«. Das sogenannte Herzensgebet ist eine an die östliche Mantra-Meditation erinnernde, ihr weitgehend entsprechende Übung, die sich auf den Namen »Jesus« beziehungsweise »Jesus Christus« konzentrierend verdichten kann, wobei man den Atemrhythmus mit diesen Silben in einer Weise verbindet, daß schließlich auch diese Laute mit jeglicher Vorstellung preisgegeben werden können und die wortlose Kontemplation in das »immerwährende Beten« einmündet.

Als Exponent und – selbst nicht unumstrittener – Hauptverfechter der hesychastischen Mystik gilt Gregorius Palamas (1296/97 bis 1359). Aus einer streng religiösen aristokratischen Familie stammend, trat er zwanzigjährig in das berühmte Kloster auf dem Berg Athos ein. So sehr er bestrebt war, ein Leben in der Schau des »ungeschaffenen Lichts« zuzubringen, zwangen ihn äußere Umstände, seine Zurückgezogenheit als Eremit wiederholt zu unterbrechen. Hinzu trat ein theologischer Streit über die Frage nach der Erfahrbarkeit des göttlichen Geistes. Für Palamas war das göttliche Licht eine Energie, eine Wirkweise, die derjenigen der göttlichen Weisheit und Liebe zu vergleichen sei. Ihm traten im sogenannten Hesychastenstreit mit dem kalabresischen Philosophen Barlaam jene gegenüber, die die Rechtmäßigkeit der Anwendung bestimmter Psychotechniken in Zweifel zogen. Eine sinnlich erfahrbare »Erleuchtung« dürfe reinem spirituellem Streben nicht gleichgesetzt werden. Palamas verteidigte die hesychastische Übung und deren Resultate. Das hierbei wahrgenommene »Licht« sei übernatürlicher Art und dürfe daher nicht als eine Art von Sinnestäuschung diffamiert werden. Es handle sich um ein Gewißwerden der Einheit mit Gott, um die sich zwar der Übende bemühe, die jedoch der Geist schenke. Die Sehkraft eines gesunden Auges versteht Palamas als ein Bild für die Energie des Geistes, die sich in der gereinigten Seele Mal um Mal manifestiere und damit als eine Wirklichkeit bezeuge. Dies schaffe eine Gewißheit, die von außen her weder bewiesen noch bestritten werden könne. Wer das Göttliche nicht mit den Augen des Geistes schaue, der sei auch nicht in der Lage, der Wahrheit inne zu werden.

Tatsächlich hält dieser Streit noch an: »Bis heute sind Palamiten und Antipalamiten über Gregors Bedeutung gegensätzlicher Ansicht. Nach den einen hat er die griechische Kirche zu lächerlichen Irrtümern verführt, die anderen ehren in ihm das Bollwerk der Orthodoxie gegen westliche Dekadenz.«[81] Nicht die innerbyzantinische Methodendiskussion, die sich im Streit um den Hesychasmus ausdrückt, dürfte allgemeines Interesse beanspruchen. Was diese Mystik und deren Deutung durch die spirituellen Meister der Ostkirche in der Gegenwart von neuem bedeutsam werden läßt, hängt damit zusammen, daß das Herzensgebet sich als eine reaktivierbare traditionelle Frömmigkeitsform darstellt, die auch ohne die zeitbedingten Färbungen praktiziert werden kann. Und was die Nachwirkungen anlangt, so reicht die hesychastische Tradition bis tief in den protestantischen Raum hinein. Sie läßt sich beispielsweise durch die Namen von Johann Arndt, Gottfried Arnold, Gerhard Tersteegen und John Wesley markieren.[82]

Monastische Mystik im Mittelalter

Das im Grunde unstillbare Verlangen, die volle Vereinigung mit Gott, dem Absoluten, beziehungsweise mit Christus zu finden, konnte der mittelalterliche Mensch – Mann wie Frau – allein dadurch zu befriedigen suchen, daß er sich aus der Welt zurückzog, Mönch oder Nonne beziehungsweise Einsiedler oder Einsiedlerin wurde. Diese von der Gesellschaft zwar anerkannten, jedoch von ihr streng getrennten Lebensformen bedeuteten lebenslange Verpflichtung zu Armut, Ehelosigkeit und Gehorsam. Auf diese Weise war das geistliche Leben streng diszipliniert. Gebet, Meditation und Kontemplation, die Pflege eines reichen liturgischen und sakramentalen Lebens, sie schufen die Basis für die Entfaltung der mystischen Frömmigkeit. Die Mystagogie erfolgte durch Prediger und Seelenführer, die selbst ein mönchisches Leben führten. Ehelos lebende Frauen, denen die Aufnahme in einen Nonnen-Konvent aus irgendwelchen Gründen versagt war, schlossen sich als Beginen in kleinen, ebenfalls geistlich reglementierten Lebens- und Dienstgemeinschaften zusammen. Zur Niederschrift ihrer letztlich unaussagbaren Innenerfahrungen mußten sie – wie zum Beispiel Mechthild von Magdeburg – von ihren geistlichen Beratern in der Regel erst ermutigt werden. So traten neben die allegorisch beziehungsweise spirituell gedeuteten Auslegungen der Heiligen Schrift die Lehrreden und Predigten, schließlich die Dichtungen und Visionsberichte mystisch entflammter Nonnen und Beginen. Aufschlußreich sind ferner die von Kloster zu Kloster laufenden Briefwechsel. Ihr Gepräge, ihre besondere Färbung empfingen die einzelnen Zeugnisse durch die spezielle Geistigkeit der jeweiligen Ordensgemeinschaften und deren Begründer beziehungsweise Begründerinnen.

Die Schwelle des ersten nachchristlichen Jahrtausends war überschritten, als sich dem bereits seit Jahrhunderten existierenden Benediktiner-Orden neue, auf besonderen Seelenerlebnissen basierende Communitäten an die Seite stellten, um den veränderten Bedürfnissen in Kirche und Gesellschaft zu entsprechen. Folgende Gründungen verdienen eigens hervorgehoben zu werden:

Die Gregorianische Reformbewegung des 11. und 12. Jahrhunderts sollte ursprünglich einer Rückbesinnung der Kirche auf ihre ursprüngliche, von politischer Beeinflussung freie Bestimmung dienen. Dieser Tendenz entsprach auch eine Erneuerung der benediktinischen Regel. Unter der Leitung von Robert von Molesme (gestorben 1111) und seinen 21 Mitbrüdern gewann dieser Prozeß im Kloster von Citeaux bei Dijon Gestalt. Nahmen diese *Zisterzienser* härteste Strapazen auf sich, um in körperlicher Arbeit und hingebungsvoller Nächstenliebe zu dienen, so schöpften sie die hierfür nötige Kraft aus jener verinnerlichten Gotteserkenntnis, die als »cognitio Dei experimentalis« insbesondere durch Bernhard von Clairvaux (1090 bis 1153) inspiriert wurde. Mit der Christusverehrung verband sich die gleichzeitig aufblühende Marienfrömmigkeit. Die Neueinschätzung der Frau im Rahmen der Troubadour-Dichtung und die Hohelied-Mystik stellen darüber hinaus wichtige kulturelle wie geistige Elemente in der Zeit der Kreuzzüge dar.

Ein betont mystisches Gepräge empfing der Orden der *Kartäuser.* Begründet durch Bruno von Köln (gestorben 1101) in Chartreuse bei Grenoble und in Santa Maria della Torre in Kalabrien, stellt diese Mönchsgemeinschaft eine Erneuerung des seit der Antike praktizierten Eremitentums dar. Gemäß der Devise

»soli Deo« (nur für Gott) gab man der Pflege der Innerlichkeit vor anderen Aktivitäten den Vorzug. Oft waren es Kartäuser, die sich für Abschrift und Weitergabe mystischer Schriften einsetzten. In ihren Schreibstuben sorgten die Mönche dafür, daß die reiche mystische Tradition des Mittelalters das kontemplative Leben jahrhundertelang befruchten konnte. Textausgaben und Übersetzungen entstanden, im 16. Jahrhundert zum Beispiel solche von Tauler, Seuse, Ruusbroec oder der »Evanglischen Perle« Margarita Evangelica. Ludolf von Sachsen und die Bewegung der Devotio moderna des Geert Groote und Thomas a Kempis standen dieser Spiritualität nahe und machten sich die Vermittlertätigkeit der Kartäuser zunutze.

In der ersten Hälfte des 12. Jahrhunderts entstand in dem auf dem linken Seine-Ufer bei Paris gelegenen Kloster Sankt Viktor ein Zentrum der Augustiner Chorherren. Der Deutsche Hugo, der Schotte Richard sowie Adam von Sankt Viktor haben je auf ihre Weise »Schule« gemacht. Insbesondere Hugo und Richard von Sankt Viktor haben eine auf mystischer Kontemplation gegründete Geisteshaltung eingenommen. Zum Wesen dieses Ansatzes der *Viktoriner* gehört es, daß sowohl die Natur wie die wissenschaftlich errungene Wahrheit miteinbezogen werden.

Gleichsam noch überragt werden diese Gruppierungen durch die Mystik der *Franziskaner* und der *Dominikaner* mit einer Vielzahl bedeutender Repräsentanten. Beide Gemeinschaften gelten als Bettelorden, womit allerdings nicht allein die mönchische Armut gemeint ist. Als »Bettler um Geist« (im Sinne von Matth. 5,3) stellten sie in je unterschiedlicher Akzentuierung die buchstäbliche wie die spirituelle Christusnachfolge und das daraus abgeleitete Apostolat in die Mitte ihres Lebensvollzugs. Für seine Bruderschaft wurde darüber hinaus Franz von Assisi zu einem prägenden Leitbild. Beide Orden haben weithin sichtbare Zeichen gesetzt, durch die karitative Arbeit, die philosophisch-theologische Forschung, nicht am wenigsten durch die mystische Ausrichtung von Leben und Lehre, speziell in der Seelenführung. Bedenkt man, daß Bonaventura gleichsam eine Schar franziskanischer Mystikerinnen und Mystiker anführte, daß andererseits Männer vom Rang eines Eckhart, Tauler oder Seuse dem Dominikaner-Orden angehörten, dann ist die Bedeutung dieser beiden Gemeinschaften hinreichend gekennzeichnet. Dem entspricht der sprunghafte Anstieg der Klostergründungen im 13. und 14. Jahrhundert.

Von dem nach Zahl und Qualität hohen Anteil der *Frauenmystik*[83] hat man zwar immer gewußt. Jedoch erst in den letzten Jahrzehnten vermochte die Forschung dieses Feld genauer in Augenschein zu nehmen und dem allgemeinen Bewußtsein näher zu rücken. Die feministische Bewegung hat in diesem Zusammenhang nachhaltig gewirkt, anregend und provozierend. Neben die Vielgenannten – angefangen etwa bei Hildegard von Bingen oder Mechthild von Magdeburg – treten weniger Bekannte in großer Zahl, darunter die endlich gewürdigte Begine Margarete Porète, die in den Tagen Meister Eckharts ein Opfer der kirchlichen Orthodoxie geworden ist. Margaretes Lehrbuch der Liebe *(Der Spiegel der einfachen Seelen)* wurde erst im 20. Jahrhundert allgemein zugänglich und erforscht. Es versteht sich, daß die Frauenmystik weder auf eine bestimmte Ordensgemeinschaft noch auf eine Nation beschränkt ist. Im besten Sinn des Wortes ist sie interreligiös. Entsprechend groß ist die Vielfalt ihrer Zeugnisse.

Daß der durch weithin leuchtende Gestalten des geistigen wie des mystischen Lebens ausgezeichnete Dominikaner-Orden auch das fragwürdige Vollzugsorgan der Inquisition werden sollte, sei an dieser Stelle zumindest erwähnt. Daneben waren die Dominikaner mit der Nonnenseelsorge (cura monialium) betraut und übten so generationenlang einen starken Einfluß auf die theologisch nicht oder wenig gebildeten Frauen aus. Die in diesem Zusammenhang in Predigten, Unterweisungen und Briefwechseln verwendete Volkssprache ist in ihrem Wert für die allgemeine Kultur nicht zu unterschätzen, bedenkt man, daß auf diese Weise zum Beispiel das Deutsche jene Geschmeidigkeit und Innigkeit bekam, wie sie sich später unter anderem in der Luther-Bibel niederschlug.

Bernhard von Clairvaux

Mit Bernhard von Clairvaux (1090 bis 1153), dieser überragenden Gestalt der mittelalterlichen Kirche, erreicht die monastische Mystik einen ihrer zahlreichen Höhepunkte. Das Spezifische seiner Lehre ergibt sich aus der Tatsache, daß dieser »ungekrönte Papst und Kaiser seines Jahrhunderts« nicht etwa in stiller Abgeschiedenheit klösterlich gelebt hat, ganz der Anbetung und dem seelsorgerlichen Dienst hingegeben. Vielmehr ist er als Zeitgenosse seines unruhigen Zeitalters selbst ein Rastloser, Beunruhigter, beispielsweise als Kreuzzugsprediger selbst ein Mitinitiator dieser problematischen Unternehmungen. Einerseits ernsthaft bemüht, die Gottes- und Menschenliebe so hingebungsvoll zu praktizieren, wie man dies nur von einem frommen Mönch erwarten darf, verbrauchte er sich andererseits im Vielerlei weltlicher Aufgaben und Beschäftigungen, die der Alltag eines engagierten Abtes von ihm verlangte. Hatte der Klostergründer Benedikt von Nursia einst verlangt, daß man ein Gleichgewicht von Gebet und Arbeit (ora et labora) bei sich selbst herstelle, so wurde für Bernhard dieses Doppelgebot zu einer gefahrvollen, sein Leben geradezu aufspaltenden Gratwanderung. Nicht immer war er ihr gewachsen und – dieses Ungenügens deutlich bewußt – litt darunter. Wie eine Beichte mutet daher das Geständnis an, das er einmal in einem Brief an den befreundeten Kartäuserprior Bernhard von Portes ausbreitet:

»Es ist Zeit, daß ich zu mir selbst komme. Mein ungeheuerliches Leben und mein heimgesuchtes Gewissen schreien zu Euch. Denn ich bin gleichsam die Chimäre meines Jahrhunderts. Ich lebe weder das Leben eines Mönches noch das eines Laien. Von der klösterlichen Lebensweise habe ich mich schon längst getrennt, nicht aber vom Gewand. Ich will Euch nicht dasjenige schreiben, was Ihr, wie ich meine, von anderen über mich erfahren könnt, was ich tue, um was ich mich bemühe und über welche Scheidelinien hinaus ich mich in der Welt befinde, oder besser, in welche Abgründe ich mich stürze.« [84]

Mit dieser erschütternden, zugleich die Seelenlage des modernen Menschen spiegelnden Charakteristik stand er nicht allein. Denn was er seinem Papst, Eugen III., eines Tages mit großer Dringlichkeit ans Herz legte und was auf den Schreiber selbst gemünzt sein könnte, weist in die gleiche Richtung: »Damit Deine Menschlichkeit allumfassend und vollkommen sein kann, mußt Du also nicht nur für alle andern, sondern auch für Dich selbst ein aufmerksames Herz haben. Denn was würde es Dir sonst nützen, wenn Du – nach dem Wort des Herrn [Matth. 16,26] – alle gewinnen, aber als einzigen Dich selbst verlieren würdest? Wenn also alle Menschen ein Recht auf Dich haben, dann sei auch Du selbst ein Mensch, der ein Recht auf sich selbst hat.« [85]

Worte wie diese verlangen keine besondere Interpretation. Vielmehr werfen sie ein Licht auf die Wesensart einer Spiritualität, die der Selbstbesinnung und der Achtsamkeit auf sich selbst die Ausgleichsfunktion zuweist, die auch der Mystik Bernhards zukommt. Und gerade weil er weiß, wovon er spricht, vor allem wie groß seine eigene Bedürftigkeit ist, kann er selbst noch den gestreßten Gegenwartsmenschen unmittelbar erreichen. Für einen selbstverschlossenen Asketismus, wie er in Mystikerkreisen bisweilen zum Vorschein kommt, ist jedenfalls hier ebenso wenig Platz wie für ein abgehobenes spirituelles Elite-Bewußtsein.

Was seine, wie er klagt, das Herz verhärtende Arbeitsüberlastung anlangt, so hatte er im Laufe seines Lebens nach Errichtung des Klosters Clairvaux noch weit über einhundert Tochtergründungen zu verwirklichen und verantwortlich zu leiten. Die allgemeine wie die Kirchenpolitik verlangten seine Mitwirkung. Dazu waren jeweils ausgedehnte Reisen erforderlich, neben den Aktivitäten für die Kreuzzugspropaganda. Hinzu kamen theologische Kontroversen, etwa die Auseinandersetzungen mit der scholastischen Philosophie des Petrus Abaelard (1079 bis 1142), dessen Verurteilung er durchsetzte. Nicht zu vergessen ist sein über Jahre sich erstreckender Kampf gegen (vermeintliche) Irrlehrer, gegen Arnold von Brescia in Rom sowie gegen die Häretiker Südfrankreichs. Alle diese Aufgaben verlangten einen Einsatz, der den ganzen Menschen überaus stark beanspruchte. Einen nicht geringen Teil dieses unruhevollen Lebens begleitet sein umfangreicher Briefwechsel. In der zehnbändigen lateinisch-deutschen Ausgabe seiner sämtlichen Werke sind allein drei Bände dem Briefwerk gewidmet. Diese Schreiben beglaubigen Bernhard als eine Jahrhundertgestalt mit Autorität, deren Stimme überall gehört wurde.

Vor diesem Hintergrund hebt sich Bernhard als der fromme Bibelausleger, als der Prediger, als der Mystiker, als der religiöse Schriftsteller ab. In der Brautmystik konzentriert er sich auf das alttestamentliche Hohelied Salomonis (Cantica canticorum); in der Leidensmystik stehen die Stationen der Passion Christi im Zentrum der Betrachtung. In anderen Schriften beschäftigen ihn weitere Themen und immer wieder das zentrale Thema der Gottesliebe *(De diligendo Deo).*

Mit seinen 86 Predigten über das Hohelied stellt sich Bernhard in die im Christentum seit Origenes bestehende Deutungstradition hinein. Bald ist die Geliebte, die Braut dieses von erotischen Bildern durchsetzten Liederkranzes die Kirche, bald ist es die Seele, die sich in der Sehnsucht nach Vereinigung mit Gott beziehungsweise Christus verzehrt. Wenn man von Platon her einen Stufenweg der geistigen Schau kennt, dann wird man durch Bernhard einmal mehr an den Stufencharakter des Höhenwegs erinnert, der zur Erfüllung der Gottesliebe in Freiheit führen soll. Ehe höhere Formen der Gotteserfahrung erprobt werden können, muß im »fleischlichen«, das heißt im irdisch alltäglichen Bereich begonnen werden:

»Weil wir jedoch fleischlich sind und aus der Begierlichkeit des Fleisches geboren werden, muß unser Begehren oder unsere Liebe im Fleisch beginnen. Wird diese in die rechte Ordnung gelenkt, so wird sie unter Führung der Gnade in bestimmten Stufen voranschreiten und schließlich im Geist zur höchsten Vollendung gelangen. Denn ›nicht das Geistige steht am Anfang, sondern das Fleischliche, Animalische; dann erst kommt das Geistige‹ (I. Kor. 15,46), und notwendigerweise tragen wir zuerst das Bild des Irdischen an uns und erst später das des Himmlischen. – Zunächst also liebt der Mensch sich um seiner selbst willen. Er ist Fleisch und hat an nichts anderem Geschmack als an sich selbst. Sieht er dann aber, daß er aus sich selbst nicht bestehen kann, so fängt er an, im Glauben Gott zu suchen und zu lieben, weil er ihn sozusagen notwendig für sich braucht. Und so liebt er auf der zweiten Stufe Gott, aber um seiner selbst, (noch) nicht um Gottes willen. Hat er jedoch erst einmal angefangen, aus eigenem Bedürfnis Gott zu verehren und sich an ihn zu wenden, indem er über ihn nachdenkt und liest, zu ihm betet und ihm gehorcht, dann wird er immer vertrauter mit ihm, und ganz allmählich leuchtet ihm Gott spürbar auf. Die Folge ist, daß er immer mehr Geschmack an Gott findet. Und wenn er so verkostet, wie gut der Herr ist, gelangt er auf die dritte Stufe, auf der er Gott nicht mehr um seines eigenen Gewinnes, sondern um seiner selbst willen liebt.«[86]

Wenn auch darauf hingewiesen wird, daß Bernhards Bedeutung für die Geschichte der Mystik nicht in seinem persönlichen Erleben und nicht in visionären Widerfahrnissen liege, sondern vor allem in (mystologischen) Reflexionen, so bleibt doch festzuhalten, daß er auf die weiteren Stufen und auf die Vollendung der Liebe in der mystischen Ekstase durch das Einswerden mit Gott ausdrücklich hinweist. Vorsichtig formuliert er:

»Ich weiß nicht, ob ein Mensch in diesem Leben ganz so weit kommen kann, daß er auf der vierten Stufe sich selbst nur um Gottes willen liebt. Wer darin Erfahrung hat, mag davon Zeugnis geben. Mir jedenfalls, so gestehe ich, kommt es unmöglich vor. Es wird zweifellos dann wahr werden, wenn der gute und getreue Knecht in die Freude seines Herrn eingeführt und trunken sein wird von der Fülle des Hauses Gottes. Er wird dann auf eine wunderbare Weise sozusagen ganz sich selbst vergessen, gleichsam ganz und gar sich selbst entschwinden und ganz in Gott eingehen: von da an wird er ihm anhangen und *ein* Geist mit ihm sein (vgl. I. Kor. 6,17).«[87]

Und Bernhard müßte nicht der sein, der mit der eigenen Zerrissenheit zu kämpfen hat, wenn er seinen Lesern nicht gerade aus dieser Situation tröstend und ermutigend deutlich machte, daß der Weg der Liebe im Grunde keinen ausschließt. Der Rückweg zu Gott, eben der Weg der Mystik, steht einem jeden offen. Keiner ist ausgenommen. Mag auch die Gottesebenbildlichkeit des Menschen empfindlich gestört sein, verloren ist im vornherein niemand:

»Jede Seele, mag sie auch mit Sünden belastet, von Verführungen umgarnt, im Exil gefangen, vom Leib im Gefängnis gehalten sein; mag sie am Schmutz kleben und im Kot stecken; mag sie an Händen und Füßen gebunden, von Sorgen erdrückt, von Aufgaben zerrissen, von Ängsten verkrampft, von Schmerzen gepeinigt, von Irrtümern umhergetrieben, von Befürchtungen gequält, von Mutmaßungen ruhelos gehetzt werden; mag sie schließlich als Fremdling ins Land der Feinde verschlagen sein und, nach dem Wort des Propheten (Baruch 3,11), mit den Toten verunreinigt sein und schon in der Liste derer stehen, die in der Unterwelt sind; mag sie, sage ich, sogar verdammt und bar aller Hoffnung sein, so lehren wir dennoch: selbst dann kann sie in sich spüren, daß ihr die Möglichkeit offensteht, nicht nur aufzuatmen in der Hoffnung auf Erbarmen, sondern sogar kühn nach der Vermählung mit dem Wort [verbum dei, d.i. Gott in Christus] zu verlangen; selbst dann kann sie ohne Bangen ein Bündnis mit Gott eingehen und braucht sich nicht zu scheuen, das süße Joch der Liebe mit dem König der Engel zu tragen. Denn gibt es irgend etwas, das sie nicht unbedenklich wagen könnte dem gegenüber, von dem sie weiß, daß sein Bild in ihr Wesen geprägt ist, und daß ihr der Adel verliehen ist, sein Ebenbild zu sein? Was sage ich, hat sie denn vom erhabenen Gott zu befürchten, wo sie doch von ihm abstammt und deshalb das Vertrauen haben darf, zu ihm zu gehören?«[88]

Es gibt also eine innige Vereinigung mit Gott, eine »Vermählung« im Sinne der Brautmystik. Sie darf indes nicht mit dem Streben nach einer Unio mystica gleichgesetzt werden, wie wir es von Dionysius Areopagita her kennen und dann bei Meister Eckhart fortgesetzt sehen. So war es unter anderem der Verzicht auf solche pantheistisch auslegbaren Ausführungen, der Bernhard bis in die Reformation Martin Luthers hinein bedeutsam werden ließ. Jedenfalls konnte der Wittenberger Augustiner seinem älteren zisterziensischen Bruder im Geist zustimmen, wenn dieser darauf drängte, Christus gleichförmig zu werden (conformitas), und wenn er die Öffnung des inneren Sinnes für das Verständnis der Heiligen Schrift empfahl.

Was die Wirkungsgeschichte anlangt, so war man sich schon zu Lebzeiten dieses »doctor marianus« – nach Bernhardin Schellenberger treffender: »doctor caritatis« – Bernhards Bedeutung bewußt. Hunderte von Manuskripten sammelte man; gegen 550 Briefe trug man in sorgfältiger Auswahl zusammen. Auf diese Weise war dafür Sorge getragen, daß so unterschiedliche Geister wie der Franziskaner Bonaventura, der Augustiner Luther, der Mathematiker Pascal sich je auf ihre Weise dieses geistliche Erbe zu eigen machten. Die sogenannte Herz-Jesu-Verehrung des 13.

Jahrhunderts und die »neue Frömmigkeit« (Devotio moderna) des Niederländers Geert Groote und der Brüder vom gemeinsamen Leben im 15. Jahrhundert fühlten sich ihm verpflichtet, als sie sich auf die »Nachfolge Christi« (imitatio) besannen. Mittelbar und unmittelbar reicht seine Wirkung – es darf von einem neuen Aufleben der Bernhard-Forschung gesprochen werden – bis in die Gegenwart herein.

Der protestantische Liederdichter Paul Gerhardt (1607 bis 1676) meinte einst, sein bis heute vielgesungenes Lied »O Haupt voll Blut und Wunden« unmittelbar auf Bernhard-Texte zurückführen zu können[89], auch wenn die tatsächliche Quellenlage eine andere Beurteilung verlangt. Bernhards Spiritualität atmen Gerhardts Vorlagen aber ebenso wie seine eindrücklichen, vom Geist der Christusmystik durchpulsten Verse.[90] Auch Paul Tillich beruft sich, die Epigonen Karl Barths in die Schranken weisend, ausdrücklich auf den großen Zisterzienser: »Wenn die Barthianer sagen, daß Christentum und Mystik unvereinbar seien, daß man entweder ein Christ oder ein Mystiker sei und daß der fast zweitausend Jahre alte Versuch, die Mystik zu taufen, verfehlt sei, kann man auf Bernhard hinweisen, dem vielleicht größten Vertreter der Liebesmystik; und nur wo es Liebesmystik gibt, gibt es christliche Mystik.«[91] Die fortdauernde Wirksamkeit dieses Mannes und seines Werks läßt sich mit den Worten des bedeutenden zisterziensischen Bernhard-Forschers Jean Leclercq zusammenfassen: »Seine Botschaft ist zeitlos. Vielleicht ist sie heute gefragter als zu anderen Zeiten [...]. Bernhard klagt darüber, die Chimäre seines Jahrhunderts zu sein. Wir aber müssen Gott danken, daß er ihm diesen schmerzlichen Beruf zugedacht hat. Gerade dadurch hat er uns gelehrt, wie sich alles in den Gottesdienst einbauen läßt: ganz Mensch sein und Mensch seiner Zeit sein, nichts verschmähen, was sie uns an neuen Hilfen bietet, und dabei doch der ewig jungen Wahrheit dessen treu bleiben, der der Ewige ist.«[92]

Eine Vorstellung Bernhards, sei sie auch noch so knapp, läßt sich nicht abschließen, ohne den Namen seines Freundes und ersten Biographen zu nennen: des Zisterziensers Wilhelm von Saint Thierry bei Reims (1085/90 bis 1148/49). Als bald nach Bernhards Tod (1153) unter dessen Namen die Schrift *De amore deo* den Umlauf machte, handelte es sich um drei Schriften Wilhelms, deren Wichtigkeit durch Nachdrucke bis ins 17. Jahrhundert bestätigt wird. Dabei kehren die großen Themen wieder, denen man bei Bernhard begegnet. Sie werden dort in ähnlicher, aber auch in eigenständiger Weise ausgeformt, vor allem die Brautmystik und damit zusammenklingend das beharrliche Fragen: Wie findet der Mensch einen Grad der Gottesnähe, der noch – über die Schau (visio beativica) hinausgehend – die enge Liebesgemeinschaft mit Gott (homo unum cum deo) erstrebt.[93]

Die Viktoriner

Die Geschichte der europäischen Mystik ist weder als ein additives Nacheinander noch als ein beziehungsloses Nebeneinander zu beschreiben. Das erschwert ihre Darstellung, zumal es ohne Aneinanderreihung, ohne Subsummierung oder ohne Verkürzung und willkürlich erscheinende Auswahl nicht geht. Dazu kommt, daß sich bisweilen Übergänge und Entwicklungsschübe ausmachen lassen, die sich im Zusammenhang einschneidender Epochen, etwa der Reformation, ergeben können und sich durch Umwälzungen im allgemeinen Bewußtsein manifestieren. Der Beginn des naturwissenschaftlichen Denkens und einer betont aufklärerischen Gesinnung beispielsweise wirkt auf das Verlangen nach innerer Erfahrung herausfordernd zurück. Es gibt aber auch Situationen und Prozesse, wo sich Übergänge »in so feiner Art vollziehen, daß eine Abgrenzung noch weniger als sonst im fließenden Leben mit des Messers Schneide zu vollziehen ist«[94].

Otto Karrer, der dies bemerkt, macht im übrigen darauf aufmerksam, daß man schon bei Anselm von Canterbury (1033/34 bis 1109) zweifeln könne, ob man den großen Scholastiker eine wissenschaftliche Natur mit mystischen Zügen oder einen Kontemplativen mit starken Bildungstrieben nennen soll. Karrer gibt dieser Bewertung den Vorzug, und er fährt fort:

»Vom 12. Jahrhundert an tritt das Streben nach erkenntnismäßiger Begründung des Glaubensinhalts immer deutlicher hervor und führt über Hugo und Richard von St. Viktor mit schnellem Laufe in die verstandesklare Luft der Hochscholastik, wo Thomas von Aquin den Gipfel einnimmt, – um dann ebenso rasch wieder abwärts zu gleiten und im 14., 15. Jahrhundert in den nutzlosesten Klügeleien eines ›Verstandes‹ zu versanden, der der Mystik wie der Vernunft gleich bar ist [...]. Man erkennt es an: in Wirklichkeit waren die großen Scholastiker tief religiöse Naturen, selbst Mystiker im eigentlichen Sinn (Bonaventura, Thomas), wie auch die großen Mystiker des Mittelalters (Eckhart, Seuse, Ruysbroek) Scholastiker waren. Mit den Stichworten ›Scholastik‹ und ›Mystik‹ sind eben nur die Pole angedeutet, zwischen denen das Leben flutet [...].«[95]

An der Wende vom 11. zum 12. Jahrhundert lag an der Seine bei Paris ein verfallenes Kloster. Es war dem heiligen Viktor von Marseille geweiht, der um 300 dort gelebt haben und als römischer Hauptmann im Einsatz für seine Glaubensbrüder getötet worden sein soll. Wilhelm von Champeaux (gestorben 1120) renovierte das Kloster und begründete in ihm 1108 ein Chorherrenstift der Augustiner. In ihm legte man Wert auf die Verbindung von Wissenschaftlichkeit und Spiritualität, man könnte auch sagen: von Scholastik und Mystik. Es entstand die Theologenschule der Viktoriner.

Hugo von Sankt Viktor stammte wahrscheinlich aus Sachsen, wenngleich auch Flandern und Lothringen als Heimat genannt werden. Seine erste Ausbildung erhielt er bei den Augustiner Chorherrn in Hamersleben bei Halberstadt. Etwa zwanzigjährig kam er (1115/20) nach Sankt Viktor, wo er 1133 die Leitung der Klosterschule übernahm und in platonisierender Manier eine Reihe von hermeneutisch-dogmatischen Schriften verfaßte, darunter einen Kommentar zur *Hierarchia caelestis* des Dionysius Areopagita. Wenn es auch nicht im engeren Sinn des Wortes »mystische« Traktate sind, die er schrieb, so ist das Element der spirituellen Erfahrung aus seinen Texten nicht wegzudenken. Er hebt den Stufencharakter der geistlichen Bemühung hervor, wie sie für sein eigenes Schaffen und Unterrichten konstitutiv gewesen sein muß: Studium, Betrachtung, Gebet, Wirken, Beschauung. Und in seinem als Hauptwerk deklarierten Buch *De sacramentis christianae fidei* findet man nicht nur eine systematische Darstellung der Glaubenslehre, sondern auch ausdrückliche Hinweise auf die von der Tradition her geläufigen Stadien des mystischen Wegs, nämlich: Reinigung, Erleuchtung, Einigung. Er unterscheidet zwei Arten der Beschauung: »speculatio« und »contemplatio«, wobei das Kontemplieren die im eigentlichen Sinn des Wortes mystische Grundhaltung darstellt: »Da ist das Herz ganz umgewandelt im Feuer der Liebe, und der Mensch fühlt, daß Gott alles in allem ist, und umfängt ihn mit seliger Inbrunst.«[96] Wobei die spirituelle Reichweite der Liebe größer und tiefer ist als jede Erkenntnisbemühung, eine Einschätzung, in der ihm andere Scholastiker beziehungsweise scholastische Mystiker folgen werden. Und was die Braut-Mystik des Hohenliedes anlangt, so steht er seinem Zeitgenossen Bernhard von Clairvaux, dem Interpreten dieses für die Beziehung zwischen Gott und Seele so wichtigen Grundtextes, nicht nach. Doch zunächst geht es Hugo um die Beziehung zwischen Schöpfer und Geschöpf:

»In dreifachem Sinn kann man sagen, daß Gott in seinen Geschöpfen sei: zunächst ist er in allem nach ›Macht und Wesenheit‹ – und das will dasselbe besagen, da die göttliche Macht nichts anderes ist als seine Wesenheit und umgekehrt. Aber was bedeutet es, Gott sei ›wesenhaft‹ in aller Kreatur? Manche meinen, man dürfe nicht fragen, da man in diesem Leben nichts wissen könne. Aber wenn ich etwas glaube, und weiß nicht einmal den Sinn, so ist das ein blindes Glauben und paßt nicht zu Hirten, sondern zu Eseln, die mit Rindern weiden [...]. Wie die Seele in allen Teilen des Leibes ganz ist und bei ihrem Weichen der Leib tot und zu Staub wird [...] – so ist Gott mit seiner ganzen Wesenheit in aller Kreatur, indem er ihr das Sein gibt, von dem sie sich nicht trennen könnte, ohne in völliges Nichts zu sinken [...]. Sodann ist Gott in manchen seiner Geschöpfe durch die innewohnende Gnade: in vernunftbegabten, seien es Menschen oder Engel. Schließlich ist er durch persönliche Einigung in *einem* Geschöpfe: in jener menschlichen Natur allein, die er in Christus angenommen hat.« [97]

Es folgt der Aspekt der Gottesbeziehung, wie sie sich im Gleichnis von Braut und Bräutigam im Sinne der religiösen Erotik des Hohenliedes manifestiert, als ein »süßes Ringen im Gemüte«, als ein inniger Liebesaustausch mit Christus als dem Liebhaber der Seele: »Ja, er ist es, dein Geliebter, der zu dir kommt! Doch unsichtbar kommt er, kommt verborgen, kommt unerfaßlich. Er kommt, dich zu berühren, nicht sich sehen zu lassen von dir. Er kommt, dich zu ermuntern, nicht sich greifen zu lassen von dir. Er kommt, nicht um sich ganz zu ergießen, sondern sich kosten zu lassen von dir; nicht um die Sehnsucht zu stillen, sondern sie an sich zu ziehen. Diesen Erstlingen seiner Liebe gewährt er nicht der Sättigung Fülle [...].« [98]

Diese Erfüllung ist jenseitiger Natur. Auch die immer wieder umkreiste und ersehnte »unio mystica« vermag die transzendent bleibende Vereinigung von Gott und Mensch im raumzeitlichen Leben nicht vorwegzunehmen.

Gilt Hugo als der größere Theologe, dessen Denken freilich vom Feuer der Mystik durchwärmt ist, so gilt Richard von Sankt Viktor als der größere Mystiker, ein Grund übrigens dafür, daß ihm Dante in seiner *Göttlichen Komödie* (Paradiso 10, 130) Züge des Übermenschlichen verleiht.

Aus Schottland stammend, muß Richard schon in jungen Jahren als Student ins Seine-Kloster gelangt sein. Hugo wurde sein Lehrer in der Auslegung der Bibel unter Berücksichtigung der verschiedenen Deutungsebenen eines Textes. Von daher lassen sich denn auch seine wichtigsten Werke ableiten. Darunter befinden sich *De trinitate* und seine menschenkundlichen Ausführungen über den inneren Menschen, *De statu interioris hominis.* Beschrieben werden der innere Weg der zu Gott emporsteigenden

Seele und die sechs Stufen des kontemplativen Vorankommens, wobei auffälligerweise die alttestamentliche Symbolik der Bundeslade als Ort der Gottesgegenwart mehrfach wiederkehrt. Niedergelegt hat Richard seine Einsichten über die mystische Schau in den Traktaten *Benjamin minor* und *Benjamin major*:

»Denn einmal wird sie bewirkt durch Weitung des Geistes, einmal durch Erhebung des Geistes, endlich aber durch Entäußerung des Geistes. Die Weitung des Geistes vollzieht sich dann, wenn der Blick des Geistes weiter sich dehnt und kraftvoll sich schärft, das Maß aber menschlichen Mühens keineswegs überschritten wird. Die Erhebung des Geistes vollzieht sich, wenn die lebendige Einsicht von Gott her durchstrahlt, die Maße menschlichen Mühens übersteigt, doch nicht in die Entäußerung des Geistes übergeht, so daß einerseits über ihn hinausliegt, was er sieht, er andererseits aber von den vertrauten Dingen kaum sich trennt. Die Entäußerung des Geistes schließlich geschieht dann, wenn die Erinnerung an das Gegenwärtige dem Geiste entfällt und er in einem gewissen fremden und menschlichen Mühen unzugänglichen inneren Zustand übergeht durch eine von Gott gewirkte Verklärung [...].«[99]

Damit ist klargestellt, daß wohl mancherlei entschiedene Erkenntnisbemühungen erforderlich sind, die eigentliche Krönung, die Vollendung des kontemplativen Prozesses aber außerhalb des menschlichen Erkenntnis- oder Verfügungswillens steht. Das Gelingen des Wegs, sofern es von der Beteiligung des Menschen abhängt, ist vom sittlichen Zustand, von dem Ringen um ein reines Herz (im Sinne der Bergpredigt) nicht zu trennen. Im übrigen ist auch der Liebe, gerade ihr, die hier gemeinte Erkenntniskraft zuzusprechen: »Ubi amor, ibi oculus – Gerne schauen wir an, den wir innig lieben. Keiner zweifelt, daß ein Mensch, der das Unsichtbare lieben konnte, sogleich auch zur Erkenntnis und durch sie zum Schauen strebt, und je mehr der Affekt der Liebe wächst, um so mehr erglüht die Sehnsucht nach dem Erkennen.« [100] Und so gedankenvoll Richards Ausführungen sind, unverkennbar ist auch der Respekt, die Ehrfurcht vor dem Gottesmysterium. Ihm gebührt letztlich das Schweigen von Gedanke und Wort. – Richard von Sankt Viktor ist 1173 verstorben. Die von ihm und seinem Lehrer Hugo gegebenen Impulse haben in der Schule der Viktoriner und darüber hinaus weitergewirkt.

Franz von Assisi und sein Kreis

Gilt Bernhard von Clairvaux für das 12. Jahrhundert als »ungekrönter Papst«, so könnte ähnliches von Franz von Assisi im nachfolgenden 13. gesagt werden. Dazu kommt, daß keiner der mittelalterlichen Ordensgründer einen vergleichbaren Grad an Volkstümlichkeit und Bekanntheit erlangt hat. Sein Mangel an theologischer Bildung und eloquenter Predigergabe wurde jedoch mehr als ausgeglichen durch die Strahlkraft seiner ungeschminkten, mitten in der Welt und ihren Kreaturen vollzogenen Christus-Nachfolge. Daher konnte man sich offensichtlich nicht damit begnügen, sein Leben nur durch die Aufzählung äußerer, historischer Fakten zu beschreiben, sondern ließ biographische Tatsächlichkeit und rühmende Dichtung zusammenfließen. Die Legende überformt das gelebte Leben des liebevoll »Poverello« genannten, weil er die Hochzeit mit der Frau Armut (donna povertá) entschlossen vollzogen hatte. Dabei machen sich wohl die wenigsten ein realistisches Bild von der Härte und der Schonungslosigkeit seines Alltags oder von der Unansehnlichkeit seiner realen menschlichen Gestalt. Man übersieht wohl gern, daß der Sohn der von ihm so geliebten »Mutter Erde«, der Bruder von »Schwester Wasser« und all den anderen von ihm so gepriesenen Mitgeschöpfen seinem eigenen, von Krankheiten versehrten Körper wenig geschwisterliche Zuneigung und wenig Pflege geschenkt hat. Franz von Assisi, der ursprünglich Giovanni Bernardone hieß und sich schlicht Francesco nennen ließ, lebte von 1181/82 bis 1226.

Die in diesem Zusammenhang zu stellende Frage, ob Franziskus ein Mystiker war, scheint auf den ersten Blick schwerlich bejaht werden zu können. Die umfangmäßig schmale Sammlung seiner kleinen Schriften *(Opuscula)* – man zählt wenig mehr als dreißig solcher Texte – enthält Gebete, Ermahnungen für seine Ordensbrüder und dergleichen. Von seinem spirituellen Innenleben spricht er darin nicht. Die Tatsache spiritueller Erfahrungen ist ihm aber eher ein Anlaß, derartig Erlebtes in die Praxis des alltäglichen Handelns umzusetzen und es gerade nicht an die große Glocke zu hängen und zum Gegenstand einer besonderen Erörterung zu machen. So wenig wie die Aneignung eines theologischen Wissens war ihm das Gespräch über »das Mystische« von Belang. Diese Wortlosigkeit unterstreicht, was die Zusammenschau der entscheidenden Daten seines nach außen unscheinbaren Lebens ergibt, nämlich daß erst intensive mystische Erfahrungen des Ergriffenseins und des Gewandeltwerdens dieser Biographie Tiefe und Sinn verleihen. Und solche Erlebnisse stellen geradezu die Fixpunkte im Leben des Heiligen dar.

Eine solche Begebenheit steht ganz am Anfang seines spirituellen Werdegangs: In der kleinen Kirche San Damiano, unterhalb von Assisi, betet der seines künftigen Wegs immer noch nicht recht gewisse Franz inbrünstig vor dem byzantinisch gestalteten Kruzifix: »Herr, ich bitte Dich, erleuchte mich und verscheuche die Finsternis meiner Seele!« Der so Angerufene scheint zu antworten. Für Franz keine Sinnestäuschung, sondern die unmittelbar empfundene Anrede des Christus mit der klaren Weisung: »Gehe hin, baue mir das Haus auf, das am Einstürzen ist!« Der so Beauftragte nimmt das Wort buchstäblich und geht ans Werk. Die eine um die andere Kapelle wird von ihm restauriert, jeweils ein symbolhaftes Tun, denn »das Haus Gottes« ist nicht nur ein Gebäude, es ist der mystische Leib Christi, der sich auf Erden, im eigenen Seelengrund beginnend, ausgestalten will. Eine andere Begebenheit widerfährt ihm gegen Ende seines Lebens auf dem abseits gelegenen Berg Alverna (La Verna), in dessen Wildnis sich der mit der Braut Armut Vermählte zu stiller Meditation immer wieder zurückgezogen hat. Hier erlebt der etwa Zweiundvierzigjährige schließlich die Stigmatisation. Das unablässige Streben nach dem »Gleichförmigwerden« (conformitas) mit seinem Herrn hat damit – zwei Jahre vor seinem frühen Tod – ihre besondere, tief in die Leiblichkeit eindringende Signatur empfangen.

Und wenn beim ersten Hinsehen in den Schriften des Franziskus das mystische Element in den Hintergrund gerückt scheint, so gibt es doch Belege dafür, wie traditionelle Motive den Stempel seiner individuellen Erfahrung erhalten haben: »Das gilt vor allem für die Vorstellung von der Einwohnung Gottes im menschlichen Herzen, die in Joh. 14,23, I. Kor. 3,16 f., II. Kor. 6,16 grundgelegt ist. Franziskus betrachtet sie nicht als Privileg besonders begnadeter Menschen, sondern sie ist ein Angebot an alle. In der ›Regula non bullata‹, der ohne päpstliche Bulle bestätigten Regel vom Jahr 1221, ist zu lesen: ›Machen wir ihm (Gott, dem Herrn) dort (im reinen Herzen) Sitz und Wohnung (habitaculum et mansionem), ihm, der der allmächtige Herr Gott, Vater, Sohn und der Heilige Geist ist‹.«[101] Das Streben, Gott im eigenen Herzen eine Wohnung bereiten zu wollen, spricht für das Gefühl einer innigen Lebensgemeinschaft zwischen Gott und der Seele.

Ihre spezielle mystische Ausdeutung hat die Alverna-Erfahrung durch seine nächsten Schüler erfahren, durch jene, die sein Leben und seine Spiritualität intuitiv nachgezeichnet haben. Dies geschah insbesondere im poetischen Legendenkranz der *Blümlein (Fioretti)*. So berichtet die franziskanische Überlieferung, wie sich die Schau im einzelnen gestaltet habe. Ein lichter Seraph mit sechs strahlenden Flügeln sei aus den Höhen des Himmels auf Franziskus herabgefahren. Demgegenüber meinte der jüngere

Ordensbruder des Poverello, der große Theologe und Mystiker Bonaventura, der Heilige müsse sich seinerseits erhoben haben, so wie dies seinem Frömmigkeitsstreben und seiner Gottessehnsucht entsprach. Dieses gleichzeitige Herniedersteigen und Erhobenwerden läßt sich als Ausdruck des ekstatisch verstandenen Conformitas-Prozesses verstehen. In seiner mystischen Wegbeschreibung, dem berühmten *Itinerarium*, legt Bonaventura davon Zeugnis ab, wie er den Spuren seines Ordensvorbildes äußerlich und innerlich dorthin nachgegangen sei, wo dieser den bedeutsamen Abschnitt seiner vita mystica absolviert habe.

Das eindrucksvollste und bekannteste Dokument der franziskanischen Spiritualität stellt zweifellos der vielzitierte *Sonnengesang (Canticum fratris Solis vel Laudes Creaturarum)* dar, in dem der gottestrunkene Ordensgründer das Allverschwistertsein der ganzen Schöpfung besingt:

»Höchster allmächtiger guter Herr
Dir sei das Lied die Herrlichkeit die Ehre
Und aller Segen
Dir allein Höchster kommen sie zu
Kein Mensch ist würdig Dich zu nennen.

Lob sei Dir mein Herr mit Deiner ganzen Schöpfung
Vor allem mit der Herrin Schwester Sonne
Sie bringt uns den Tag
Und spendet uns Licht
Schön ist sie und strahlend mit großem Glanz
Von Dir Höchster ein Zeichen.

Lob sei Dir mein Herr durch Bruder Mond
Und die Sterne
Am Himmel formtest Du sie
Glänzend kostbar und schön.

Lob sei Dir mein Herr durch Bruder Wind
Durch Luft und Wolken
Durch heiteres und jegliches Wetter
Durch sie gibst Du Deiner Schöpfung Leben.

Lob sei Dir mein Herr durch Schwester Wasser
Sehr nützlich ist sie demütig kostbar und rein.

Lob sei Dir mein Herr durch Bruder Feuer
Durch ihn ist die Nacht erhellt
Schön ist er fröhlich stark und mächtig.

Lob sei Dir mein Herr durch unsere Schwester
Mutter Erde
Sie belebt und lenkt uns
Sie erzeugt viele Früchte
Farbige Blumen und Gräser.

Lob sei Dir mein Herr durch alle
Die um Deiner Liebe willen vergeben
Durch alle die Schwachheit und Not ertragen
Glücklich die aushalten in Frieden
Du Höchster wirst sie krönen.

Lob sei Dir mein Herr durch unsern Bruder
Den leiblichen Tod
Kein lebender Mensch kann ihm entrinnen
Weh denen die in tödlicher Schuld sterben
Glücklich die er findet in Deinem heiligsten Willen
Der zweite Tod tut ihnen nichts Böses.

Lobt und segnet meinen Herrn
Dankt und dient ihm in großer Demut.« [102]

Das naturmystische Element liegt wohl darin, daß sich der Sänger nicht allein als Mitkreatur der göttlichen Schöpfung erlebt; er steht nicht etwa neben den Himmelslichtern und Erdenelementen, »sondern er weilt und wirkt dauernd in ihnen«:

»Darum nehmen die Geschöpfe irgendwie an der Gotteskindschaft teil und werden somit in Christus, unserem Bruder, den Menschen zu Brüdern und Schwestern. Mit den Zeitgenossen weiß der Poverello zudem um die Aufgabe der Kreatur, ›sinnhaltiger Zeigestab auf den geistig-persönlichen Gott‹ (M. Scheler) zu sein. Zum einzigartig-persönlichen Charakter der Naturbeziehung mögen die höchst empfindsame Anlage des umbrischen Dichters, der von der Provence ausgehende Minnesang und die Kenntnis der Naturgleichnisse Jesu bei den Synoptikern beigetragen haben [...]. Es war unleugbar eine mystische Erfahrung – begünstigt von der passiven Grundhaltung der oboedientia (Gehorsam), vom unablässig geübten Gotteslob in den Geschöpfen und vom engen Naturkontakt während der Wanderpredigt –, die beim Poverello zur ›Liebesmystik des Allerbarmens‹ und zu ›dem kosmovitalen Einsgefühl mit dem Sein und Leben der Natur‹ (M. Scheler) geführt hat.« [103]

Bei allem Aufweis der geistesgeschichtlichen Bezüge, auch des poetisch-ästhetischen Aspekts seiner Dichtung, ist nicht zu vergessen, aus welcher existentiellen Verfaßtheit heraus dieser Mystiker geschrieben hat. Er leidet an vielen Krankheiten: an einer schmerzhaften tropischen Augenkrankheit, die ihn fast erblinden läßt, an einer chronischen Malaria, die Schüttelfrost, Übelkeit, Kopfweh, Lustlosigkeit und Resignation erzeugt, an einer schweren Anämie, die ihm alle Kräfte raubt, an einem Milztumor, einer Lebervergrößerung, Darm- und Magengeschwüren, an den Wundmalen und an seiner eigenen Seele, die sich verurteilt und gescheitert fühlt, sowie am Geschick seines Ordens, der nicht mehr seine Wege gehen will. [104]

Und brachen auch im Franziskaner-Orden schon zu seinen Lebzeiten ernsthafte Unstimmigkeiten darüber auf, wie das geistliche Vermächtnis dieses Mannes umgesetzt werden solle, – im Bewußtsein, auf eine geistliche Führergestalt zu blicken, waren sich die streitenden Parteien einig, nicht am wenigsten die seinen Rigorismus teilenden Brüder unter den Franziskaner-Spirituellen. Sie waren von der Überzeugung durchdrungen, Franziskus sei jener ungenannte Führer (dux), der in den neuen Weltzustand, ins »Reich des Heiligen Geistes« hineingeleiten werde, von dem der kalabresische Seher-Abt Joachim von Fiore (gestorben um 1202) im Rahmen seiner Drei-Zeiten-Lehre gesprochen hat. Durch Franz von Assisi schien die »Ecclesia Spiritualis«, die Kirche neuer Ordnung, wenn nicht schon angebrochen, so doch angezeigt zu sein.[105]

Es spricht für die tief gegründete, zugleich breit angelegte Frömmigkeitsstruktur, die Franz seiner Mönchsgemeinschaft mitgab, daß diese fähig war, unterschiedliche Positionen zu entwickeln und den sich ergebenden Meinungsstreit als ein theologie- und geistesgeschichtlich bedeutender Orden zu überleben. Das Anliegen von Franziskus bestand im wesentlichen darin, das Evangelium unverkürzt und wortgetreu zu praktizieren. Subtile Interpretationen, hermeneutische Finessen waren seine Sache nicht. Dafür fehlten ihm schon die bildungsmäßigen Voraussetzungen. Daß die auf ihn sich berufenden Brüder der folgenden Generationen große Theologen und Philosophen stellen und die wichtigen Lehrstühle der gerade sich etablierenden Universitäten, allen voran Paris und Oxford, beschicken würden, konnte er nicht nur nicht ahnen, er hätte diese Entwicklung wohl mit Skepsis und Unwillen beantwortet. Seine einzigen Bücher waren das »Buch der Natur«, die Schöpfung Gottes in ihrer Unmittelbarkeit, und das »Buch der Bücher«, die Bibel. Diese aber war für ihn kein Objekt des gelehrten Studiums. Was er von ihr wußte, das war nicht das selbst gelesene Buch, sondern vornehmlich das im Gottesdienst gehörte Wort der Schrift. Andere Normen konnte und mußte es für ihn nicht geben. Die ersten Satzungen des Ordens spiegeln diese elementaren Prinzipien.

Doch spirituelle Aufbrüche, geistig-religiöse Bewegungen lassen sich nicht beliebig konservieren. Auf das Franziskanertum bezogen, wich diese elementare Innenerfahrung ihres Gründers einer Theoretisierung und Literarisierung des Mystischen bei seinen Nachfolgern, etwa von der zweiten Generation an. Die, soweit sie theologisch gebildet waren, mit dem Traditionsstrom weit besser vertrauten Jünger des Franziskus verstanden es, das spirituelle Überlieferungsgut mit ihren Eigenerfahrungen und Reflexionen zu verschmelzen. Es formierte sich die eigenen Grundsätzen und Zielen folgende »Franziskanerschule« [106].

Für die weitere Ausbildung der franziskanischen Geistigkeit und Mystik sollte vor allem Bonaventura (1221 bis 1274), der »seraphische Lehrer« (doctor seraphicus), wichtig werden. Mit ihm tritt einer der geistig wie geistlich profiliertesten Franziskaner der zweiten Generation auf den Plan. Johannes Fidenza – so sein ursprünglicher Name – stammte aus Bagnorea in der Nähe von Orvieto beziehungsweise Viterbo. Etwa zweiundzwanzigjährig trat er dem Orden in Paris bei, das heißt: er selbst erlebte den Ordensvater nicht mehr, aber die Erinnerung an ihn war durch eine Reihe seiner ersten Brüder noch lebendig. Die Legendenbildung, Ausdruck der spirituellen Wertschätzung des unscheinbaren Poverello, war in vollem Gang und wirkte normsetzend. Schon vor seinem Eintritt hatte Bonaventura den Grad eines Meisters der sogenannten »freien Künste« (magister artium) erlangt. Bald stieg er zu weiteren akademischen Graden auf, unter anderem als Ausleger biblischer Texte, bis ihn der Orden nach langjähriger Hochschultätigkeit zum Generalminister ernannte (1257). Dieses hohe Leitungsamt hatte er in einer Zeit zu bekleiden, in der die Mitgliedschaft rasch wuchs. Das bedeutete eine Zunahme der Verantwortung, zumal in der Gemeinschaft der Mönche auch mancherlei innere Probleme aufbrachen, darunter der sogenannte Joachimismus, eine einseitige Ausdeutung der Drei-Zeiten-Lehre des Joachim von Fiore. Hinzu kam die Ernennung zum Erzbischof von York und die Übertragung der Kardinalswürde. Die Fülle der damit verbundenen Aufgaben brachte Bonaventura zeitweilig in eine ähnliche Situation wie Bernhard von Clairvaux.

Auch für ihn stellte diese eine Aufforderung dar, das geistliche Leben zu intensivieren, um auf diese Weise ein Gegengewicht zu den Belastungen des Alltags zu schaffen. In Franziskus hatte er in dieser Hinsicht das wichtigste geistliche Vorbild. So zog sich auch Bonaventura in die einsame Höhe jenes Alverna-Berges zurück, wo jener die Stigmata Christi empfangen hatte. Dabei war er sich klar, daß die entscheidende Wendung stets »innen« vollzogen werden müsse. Mystik erschöpft sich nicht in einem äußeren Ortswechsel, in einem Rückzug aus der unruhigen Welt, auch wenn dabei an ein großes Leitbild angeknüpft werden kann. Eine solche Bergbesteigung kann nur Hinweis sein auf einen geistig-geistlichen Aufstieg (ascensio mentalis). Es zeichnet nun den mystischen beziehungsweise mystologischen Schriftsteller Bonaventura aus, daß er dem zu begehenden Übungsweg eine entsprechende Formung gab, unter anderem in dem *Alleingespräch über die vier geistlichen Übungen (Soliloquium de quatuor mentalibus exercitiis).* Einem inneren Drängen nachgebend, versucht er dort in dialogartiger Darstellung zu zeigen, worin »die Länge und die Breite, die Höhe und die Tiefe der göttlichen Liebe besteht, damit wir so zu ihm gelangen, der aller Sehnsucht Ziel und Erfüllung ist« [107].

Einen unmittelbaren Anschluß an die Franziskus-Mystik – bei Bonaventura kommt stets auch die Vertrautheit mit dem theologischen Erbe des Augustinus zur Geltung – stellt zweifellos sein Büchlein über die Grade des inneren Weges *Itinerarium mentis in Deum* dar. Dieses *Pilgerbuch der Seele zu Gott* führt den betrachtenden Leser zum Alverna, auf dem er selbst geweilt hat.

Dem Innenweg seines Ordensvaters folgend, zeigt er sechs nach oben führende Stufen auf. Dabei hat er die sechsflügelige Gestalt des Seraphs im Sinn, der dem Träger der Wundmale von oben her begegnet sein soll. Bonaventura spricht von »sechs Erleuchtungsgraden«, durch welche die Seele befähigt werde, »durch die ekstatischen Entrückungen christlicher Weisheit zum Frieden zu gelangen«[108].

So hat man bei der Vertiefung in den Text mit einer Doppelbewegung zu rechnen: Der aus den Niederungen der körperlichen Welt emporstrebende Mensch soll auf den achten, der ihm aus der oberen Welt entgegentritt. Ziel des Aufstiegs ist das Verlangen, dem allerhöchsten geistigen Sein (primum principium, quod est spiritualissimum) immer näher zu kommen, bis schließlich auf der sechsten Stufe das absolut Gute erreicht ist und die Seele den Höhepunkt der angestrebten Vollendung erreicht hat. Auch wenn man dem mystologischen Autor – im Gegensatz zu manchen Forschern – ein gewisses Maß an Eigenerfahrung zuerkennt, wird man den spekulativen Charakter seiner trinitarisch ausgerichteten Deutung nicht übersehen. Aber, so konstruiert und schematisiert seine Ausführungen erscheinen, ihm geht es offensichtlich darum, eine gedankliche Annäherung zu bieten, Stoff zur individuellen Meditation. Über deren letzte Stufe schreibt er:

»Wenn die sechs Betrachtungen gleichsam wie sechs Stufen zum Thron des wahren Salomon(-Tempels) durchschritten sind, dann gelangt man zum Frieden, wo der wahrhaft Friedvolle in tiefer Ruhe der Seele wie im inneren Jerusalem Rast hält. Sie gleichen den sechs Cherubsflügeln, auf denen die Seele des wahrhaft Beschaulichen (mens veri contemplativi) ganz erfüllt von den Erleuchtungen überirdischer Weisheit, sich emporzuschwingen vermag. Sie sind aber auch den sechs ersten Tagen vergleichbar, an denen die Seele sich abmühen muß, um endlich zum Sabbat der Ruhe zu gelangen. Nachdem unser Geist Gott erkannt hat [...], ist er endlich auf der sechsten Stufe dahin gelangt, daß er im höchsten Urprinzip (in principio primo et summo) und im Mittler zwischen Gott und den Menschen, in Jesus Christus, das erschaut, was in ähnlicher Art in den Geschöpfen auf keine Weise gefunden werden kann und was allen Scharfsinn der menschlichen Vernunft übersteigt [...]. Dabei ist Christus Weg und Tür, Leiter und Gefährt, gleichsam die Sühnestätte über der Bundeslade und das von Ewigkeit her verborgene Geheimnis (sacramentum a saeculis absconditum).« [109]

Was das spekulative Verfahren betrifft, das Bonaventura anwendet, so entfernt er sich darin weit von der schlichten, eher naiv zu nennenden Frömmigkeitshaltung seines Ordensvaters. Gleichwohl fühlt auch er sich vom Feuer des Christus-Geistes im Innersten durchglüht und von der mystischen Weisheit (mystica sapientia) erfüllt. Er weiß, daß dazu die menschliche Natur nichts vermag (nihil potest natura) und das wohl erforderliche eigene Bemühen nur wenig bewirkt. Orientiert an der mystischen Theologie des Dionysius Areopagita, will er sich »über sich selbst und über alle Dinge in unfaßbarer und absoluter Geistesentrückung« erheben, – gewiß ein überaus kühner Entschluß, der gegen Selbsttäuschung und Hybris kaum abgesichert erscheint. Mit diesem Einwand muß der gelehrte Bonaventura gerechnet haben. Deshalb schließt er sein geistliches Pilgerbuch mit dem Hinweis: »Willst du aber wissen, wie das geschieht, dann frage die Gnade, nicht die Wissenschaft; die Sehnsucht, nicht den Verstand; das Seufzen des Gebetes, nicht das forschende Lesen; den Bräutigam, nicht den Lehrer (magister); Gott, nicht den Menschen; die Dunkelheit, nicht die Helle; nicht das Licht, sondern jenes Feuer, das ganz und gar entflammt und durch mystische Salbung und brennendste Liebe in Gott umgestaltet. Dieses Feuer ist Gott, und sein Herd ist in Jerusalem: Christus aber hat es entzündet mit der Glut seines bittersten Leidens [...].« [110]

Keine Frage: Damit hat – bei aller Hochschätzung der theologischen Denkbemühung – der Kontemplative, der Mystiker über den dozierenden Magister gesiegt. So ist es auch verständlich, daß gerade Bonaventuras *Itinerarium*, von den Vertretern der volkssprachigen Mystik abgesehen, in den nachfolgenden Generationen innerhalb wie außerhalb des Franziskaner-Ordens vielfältige Zustimmung gefunden hat.

Exkurs: Kabbala – die mystische Tradition im Judentum

Die Umrisse der abendländischen Mystik sind nicht zu zeichnen, ohne auch die breit gefächerte jüdische Tradition zu berücksichtigen, die nach Abschluß des alttestamentlichen Kanons (spätestens um 100 nach Christus) im Zuge der rabbinischen Lehrentwicklung entstand. Gegen Ende des 12. Jahrhunderts, also in zeitlicher Nähe zur christlichen Mystik des Mittelalters, entfaltete sich die für die Folgezeit wichtige kabbalistische Strömung in der Provence und in Spanien. Im Laufe der nachfolgenden Jahrhunderte fand diese Entwicklung verschiedene Ausgestaltungen, teils innerhalb des Judentums, teils im Kontakt mit dem Islam. In der Renaissance begann die Aufnahme der Kabbala in die christliche Kultur, als man in humanistischer Gesinnung zu den Quellen (ad fontes) der Überlieferung vordrang und dabei die vor- beziehungsweise außerchristliche Spiritualität bewußt einbezog. Für Jahrhunderte stellte diese Mystik eine Art Ferment dar, das Theosophen und auch »Magier« (im 16. Jahrhundert zum Beispiel Agrippa von Nettesheim und Trithemius von Sponheim) für ihre Ideenbildungen und Spekulationen verwendeten. Auch bei nachreformatorischen Mystikern ist mit der Rezeption jüdischer Mystik zu rechnen, insbesondere bei Jakob Böhme und seiner Schule im 17. und 18. Jahrhundert.

Unter »Kabbala« (von hebräisch »kibbel«: empfangen) versteht man bei wörtlicher Begriffsbestimmung zunächst die Überlieferung alter jüdischer Weisheitsgüter und Glaubenslehren, die hier freilich esoterische Bedeutung erhielten. Ein der Allgemeinheit vorenthaltener verborgener Sinn der Tora soll ergründet und an solche Gläubige weitergegeben werden, die würdig sind, in die Geheimnisse der Gottheit eingeweiht zu werden. Hierzu der Kabbalaforscher Gershom Scholem:

»Die mystische Religion sucht den Gott, der ihr in den spezifischen religiösen Vorstellungen der Gemeinschaft entgegentritt, in der sie sich entwickelt, aus einem Objekt des Wissens und der Dogmatik zu einer neuen und lebendigen Erfahrung zu machen. Sie sucht darüber hinaus diese Erfahrungen in einer neuen Weise zu interpretieren. Ihre praktische Seite, die Realisierung und das Innewerden Gottes und die Lehren über den Weg zu Gott, sind daher, besonders in den entwickelteren Formen mystischen Bewußtseins, oft eng verbunden mit einer Ideologie [...]. Die jüdische Mystik in ihren verschiedenen Gestalten stellt den Versuch dar, die religiösen Werte des Judentums selbst als mystische Werte zu verstehen. Sie versenkt sich in die Vorstellung des lebendigen Gottes, der sich in Schöpfung, Offenbarung und Erlösung manifestiert, und sie treibt diese ihre Versenkung so weit, daß ihr aus diesem Bezirk des lebendigen Gottes eine ganze Welt göttlichen Lebens ersteht, die im Geheimen in allem Seienden gegenwärtig ist und wirkt.« [111]

Gleichzeitig ist jüdische Mystik in hohem Maße weltverbunden, auf die Geheimnisse des Lebens und der Lebenserneuerung ausgerichtet. Der einzelne wird immer im großen Zusammenhang gesehen, und Erlösung (Tikkun) ist nicht allein Sache der Einzelseele, sondern immer des kosmischen Ganzen. Der Mensch ist aufgerufen, an dem Werk Gottes in dieser Welt mitschaffend, selbst miterlösend teilzunehmen.

Drei Quellenwerke unterschiedlicher Herkunft, unterschiedlichen Inhalts und Umfangs prägen diese jüdische Tradition. Um 1180 taucht als erste kabbalistische Schrift im engeren Sinn das *Buch Bahir (Sefer ha-Bahir)* in Südfrankreich auf, eine Sammlung pseudonymer Bibelauslegungen. Als Hauptwerk gilt das im 13.

Jahrhundert verfaßte *Buch Sohar (Sefer ha-Sohar)*. Beide entwikkeln die sogenannte »Sefirot«-Mystik (von hebräisch »sefira«: Zahl, Buchstabe) weiter, die auf dem noch älteren Buch *Sefer Jesira* fußt, dessen Entstehungszeit zwischen dem 3. und 6. Jahrhundert gesucht wird. In Anlehnung an ein Bild aus dem *Buch Bahir* spricht die kabbalistische Tradition vom sogenannten »Sefirot«-Baum, dessen zehn, in bestimmter Weise graphisch angeordnete »Sefirot« die »Abglänze« oder »Potenzen« symbolisieren, durch die der jenseitige, verborgene Gott (En Sof) aus sich heraustritt, indem er sich entfaltet: in einer oberen Dreiheit, bestehend aus den Sefirot Krone, Weisheit und Einsicht, dann in einer unteren Siebenheit als Liebe, Stärke, Schönheit, Dauer, Majestät, Bestand und Königreich. Der Kabbalaforscher Gershom Scholem spricht von »Archetypen des Seins«, die als Ausdruck der im Bilde des schaffenden und erlösenden Gottes dynamisch vorgestellten Totalität sowohl das Lichte als auch das Dunkel, sowohl das Männliche als auch das Weibliche in sich enthalten. Von daher besteht für den Kabbalisten ein viele Aspekte eröffnender Geheimniszusammenhang von Wechselbezügen, durch den sich einerseits das lebendige Miteinander von Gott und Mensch, andererseits die Entsprechungen zwischen der »oberen« Welt und der raumzeitlichen Sphäre ergeben. So sind die zehn Sefirot durch 22 »Wege« miteinander verbunden. Spätere Interpreten haben allerlei Bezüge herausgefunden, zum Beispiel zu den Großen Arkana des Tarot.

Nimmt man – Scholem folgend – zur Kenntnis, daß die Sefirot-Potenzen nicht etwa Zwischenwesen zwischen Gott und der Schöpfung darstellen, sondern einen Prozeß veranschaulichen, der *in Gott selber* abläuft, dann ist in ihm die Vereinigung der polaren Gegensätze in »heiliger Hochzeit« bereits erreicht. Die Aufgabe des mystisch Frommen ist es, diesen Akt ebenfalls zu vollziehen, und zwar spirituell und leibhaft. Von daher ist die in rechter Hinneigung und Sammlung (Kawwana) vollzogene eheliche Vereinigung ein Mittel, um die männlichen und die weiblichen Sefirot zusammenzuführen. Der alte hermetische Grundsatz »wie oben, so unten« gilt auch hier: Der auf die mystische Gotteshingabe bedachte Mensch bewirkt in der oberen Welt, was er in der unteren Welt realsymbolisch vollzieht. Darauf deuten die *Sohar*-Verse:

»Wann spricht man von ›Vereinigung‹ beim Menschen? – Wenn der Mann zusammen mit der Frau und höchst geheiligt ist und eifrig Heiligung begehrt. Dann und nur dann wird er ›eins‹ genannt ohne irgendeinen Mangel. Somit sollen ein Mann und seine Frau eine einzige Neigung haben in der Stunde ihrer Vereinigung. Der Mann sollte sich mit seiner Frau freuen, sich an sie mit Zuneigung binden. So zusammen bilden sie eine Seele und einen Körper. Eine einzige Seele durch ihre Zuneigung. Ein einziger Körper sein, denn nur, wenn Mann und Frau verbunden sind, bilden sie einen einzigen Körper. – Wenn Mann und Frau verbunden sind, wohnt Gott auf dem ›Einen‹ und schenkt ihm einen heiligen Geist.« [112]

Die Sefirot-Mystik hat im Laufe der Jahrhunderte durch seherisch beziehungsweise spekulativ begabte Kabbalisten immer neue Ausgestaltungen und Deutungen erfahren. Die grundlegende, zugleich umfangreichste Hauptschrift der jüdischen Mystik ist, wie bereits erwähnt, das »Buch des Glanzes« *(Sefer ha-Sohar)*, das im Text selbst dem berühmten jüdischen Midrasch-Gelehrten Rabbi Simon ben Jochai aus dem 2. Jahrhundert zugeschrieben wird. In Wirklichkeit handelt es sich um einen pseudepigraphischen, aramäisch abgefaßten Text, der ein volles Jahrtausend später in Kastilien niedergeschrieben beziehungsweise kompiliert worden ist, und die Verfasserschaft wird dem spanischen Kabbalisten Moses de Leon (um 1240 bis 1305) zugesprochen. Die Buchausgabe umfaßt etwa 2400 eng bedruckte Seiten. Mit einer Unzahl oft überraschender Interpretationen der Tora, in denen er die Gotteswelt, den Kosmos und die Wesenheit des Menschen in ihrer spirituellen Tiefe beleuchtet, erlangte der *Sohar* im Laufe der Zeit in nichtorthodoxen Kreisen des Judentums eine nahezu kanonische Bedeutung, gleichsam als Pendant zur Bibel.

Überaus bemerkenswert ist die mystische Bibeldeutung des *Sohar*. Sie unterscheidet sich von jeder anderen vorwissenschaftlichen Auslegung insofern, als ihr einzelne Worte, Buchstaben und Zahlenwerte oft wichtiger zu sein scheinen als der wörtliche Sinn von Sätzen oder Abschnitten. Kein Wunder, wenn der an Gottesdienst und Gesetzesvollzug Interessierte für derlei Esoterik kein Verständnis zu entwickeln vermag und sie als unorthodox-ketzerisch von sich weist. Streng genommen ist hier auch der Bereich mystischer Innenschau verlassen. Die auf Erfahrung gestützte Gotteserkenntnis ist zur Theosophie geworden, zu einer »Lehre oder Tendenz, die ein vorborgenes Leben der wirkenden Gottheit ahnen, erfassen oder beschreiben zu können glaubt«[113]. Dafür, daß Mystik und Theosophie bisweilen ineinander greifen können, stellt die Geschichte der abendländischen Mystik allerdings einige Beispiele bereit. So hat der »theosophische Gott des Sohar« im Werk Jakob Böhmes eine eigentümliche Wiedergeburt erlebt. Scholem hat die Vermutung geäußert, daß der zentrale von Böhme verwendete Terminus »Ungrund« geradezu eine Übersetzung des Wortes »En Sof« sein könnte, die für den unoffenbaren, transzendenten Gott steht.[114]

Die folgenden, etwas ausführlicheren Zitate mögen die spezifische Art des *Sohar*, Bibeltexte auszulegen, anschaulich machen. Anhand der Schöpfungsworte »Am Anfang schuf Gott ...« (Bereschit bara Elohim ...) werden die zentralen Themen des verborgenen, aber in der Schöpfung aus sich heraustretenden Gottes behandelt:

»*Am Anfang* – als der Wille des Königs zu wirken begann, grub er Zeichen in die himmlische Aura (die ihn umstrahlte). Eine dunkle Flamme entsprang im allerverborgensten Bereich aus dem Geheimnis des ›Ungrunds‹ *En Sof*, wie ein Nebel, der sich im Gestaltlosen bildet, eingelassen in den Ring (jener Aura), nicht weiß und nicht schwarz, nicht rot und nicht grün und von keiner Farbe überhaupt. Erst als jene Flamme Maß und Ausdehnung annahm, brachte sie leuchtende Farben hervor. Ganz im Innersten der Flamme nämlich entsprang ein Quell, aus dem Farben auf alles Untere sich ergossen, verborgen in den geheimnisvollen Verborgenheiten des *En Sof*. Der Quell durchbrach und durchbrach doch nicht den ihn umgebenden Äther (der Aura) und war ganz unerkennbar, bis infolge der Wucht seines Durchbruchs ein verborgener höchster Punkt aufleuchtete. Über diesen Punkt hinaus ist nichts erkennbar, und darum heißt er *Reschit*, Anfang, das erste Schöpfungswort (von jenen zehn, durch die) das All (geschaffen ist).« [115]

Von den sich anschließenden Entfaltungen, in denen der »Anfang« sich geistig-schöpferisch auswirkt, sei aus der Erschaffung des Himmels zitiert, da in diesem Textstück sowohl die Buchstaben- als auch die Sexualmystik der Kabbala deutlich wird:

»*Mit dem Anfang* – das ist das Urgeheimnis (des ersten Schöpfungsaktes), *schuf er* – das deutet auf jenes verborgenste Geheimnis (des namenlosen Er), aus dem alles sich entfaltet, *Elohim* – das ist das Geheimnis, durch das alles Untere besteht, *den Himmel* – das bedeutet das Verbot, das männliche und weibliche Prinzip, die (in der geheimen Welt) Eines bilden, von einander zu trennen. Als er alle Buchstaben nahm, da bildeten Anfang und Ende des (hebräischen) Alphabets das Wort ›et‹ als Inbegriff aller Buchstaben. Dann wurde der Buchstabe ›He‹ zugefügt, um alle Buchstaben mit ›He‹ vereinigt sein zu lassen, und es hieß nun ›ata‹, Du, und darum heißt es: Du verleihst allem Leben (Nehemja 9,6). ›Et‹ ist (seiner verborgenen Bedeutung nach) das Geheimnis des Gottesnamens ›Adonai‹ und heißt so und wird so gelesen.« [116]

Im Zeichen der Androgynität verweist das kabbalistische Denken auf ein ganzheitliches Gottes- und Menschenbild, wie es in dieser Weise in der älteren christlichen Mystik, und übrigens auch im rabbinischen Judentum, undenkbar gewesen wäre. Die erotische Bildsprache des Hohenliedes wurde bei Origenes, Gregor dem Großen, Bernhard von Clairvaux und anderen mystischen Theologen ausschließlich spirituell verstanden. Ihre asketische und betont leibfeindliche Grundhaltung hatte sich von einer positiven Einstellung allem Geschöpflichen gegenüber weit entfernt.

Dennoch gingen von der Kabbala nachhaltige Impulse auf das Christentum aus. Es ist bekannt, daß der Renaissance-Philosoph Giovanni Pico de la Mirandola (1463 bis 1494) sich durch einen sizilianischen Juden in die jüdische Mystik einführen ließ. Doch die Anfänge einer christlichen Rezeption liegen noch früher. So meinte man, mit den Konzepten des esoterischen Judentums lasse sich die christliche Trinitätslehre stützen. In den Schriften des Humanisten Johannes Reuchlin (1455 bis 1522) wird die jüdische Kabbala, ähnlich wie die etwa gleichzeitig wiederentdeckten hermetischen Schriften des Hermes Trismegistos, als eine Uroffenbarung der Menschheit betrachtet, die allerdings erst in und durch Christus ihre Krönung erhalten habe. Die auf diese Weise gegebenen Anstöße haben sich in der Folge allerdings manchmal bis zur Unkenntlichkeit mit pseudokabbalistischen Elementen vermengt.

Zu den wichtigsten Vertretern einer »christlichen Kabbala« gehört der evangelische Theologe Christian Knorr von Rosenroth (1636 bis 1689), der in der Begegnung mit Vertretern der platonisierenden Schule von Cambridge, Henry More (1614 bis 1687) und Franciscus Mercurius van Helmont (1618 bis 1699), auf die jüdische Mystik stieß. Als Kanzler am Hofe des geistig wie religiös toleranten Pfalzgrafen Herzog Christian August zu Sulzbach stand er mit führenden Geistern seines Jahrhunderts, unter ihnen Leibniz, in Verbindung. Wissenschaftliches Verdienst erwarb er sich durch die Übersetzung großer Teile des Sohar ins Lateinische (*Cabbala Denudata*, 1677 bis 1684).

Daß kabbalistische Vorstellungen Jakob Böhme erreicht haben, wurde bereits angedeutet. Unter seinen Schülern trat besonders der universell gebildete württembergische Prälat und Theosoph Friedrich Christoph Oetinger (1702 bis 1782) als Interpret eines wichtigen Dokuments der christlichen Kabbala hervor. Es handelt sich um die berühmte Lehrtafel der Prinzessin Antonia von Württemberg, die im 17. Jahrhundert in der evangelischen Dreifaltigkeitskirche in Bad Teinach Aufstellung fand und deren biblische Darstellungen mit der Sefirot-Mystik in Beziehung gesetzt werden.[117]

Leopold Ziegler spricht in seinem dialogisch angelegten Spätwerk *Das Lehrgespräch vom allgemeinen Menschen* (1955), in dem er, die jüdische Mystik einbeziehend, auf dreieinhalb Jahrtausende verweist, die von den chaldäischen Abrahamiden bis zu den ostjüdischen Chassidim reichen, von dem »Geistraum einer Völkeroffenbarung, der die christliche Offenbarung, zumindest nach der Möglichkeit, einschließt und in sich schließt, statt auszuschließen [...]. Wobei ich meine ganze Hoffnung auf jenen Versöhnungstag setze, da eine schuldhaft entzweite Judenheit-Christenheit ihre gemeinsame Wurzel im Zeichen der Umkehr gemeinsam bejahen, gemeinsam bekennen wird.«[118] Daß hierzu am wenigsten Fundamentalisten, am ehesten jedoch Mystiker berufen und befähigt sein dürften, steht außer Frage.

Als Weiterentwicklung der Lehren der Kabbala innerhalb des Judentums läßt sich der Chassidismus auffassen, der, im 18. Jahrhundert entstanden, in Polen, Rumänien und der Ukraine zur beherrschenden Form der jüdischen Volksfrömmigkeit wurde. Zur Zeit seiner Entstehung hatten die in wirtschaftlicher und gesellschaftlicher Abhängigkeit gehaltenen Juden im Osten nicht nur eine Reihe von Pogromen durchzustehen, innere Krisen traten hinzu. Die Endzeitprophezeiung unter anderem des Pseudo-Messias Sabbatei Zwi (1626 bis 1676) versetzten weite Kreise auch dann noch in Unruhe, als der angebliche Erfüller der jüdischen Messias-Hoffnung zum Islam konvertiert war.

Vor diesem Hintergrund innerer und äußerer Not entstand der Chassidismus als eine Volksbewegung. Ihr Stifter, Israel ben Elieser, später Baal-Schem-Tow (abgekürzt: Bescht) genannt, lebte von 1700 bis 1760, erst als Kinderschullehrer, dann als Synagogendiener in schlichten Verhältnissen. Von ihm ging auf die einfachen Menschen eine starke Faszination aus. Seine Sendung sah er darin, dem verzweifelten und resignierten Volk einen Weg zu zeigen, wie es zu sich und zu Gott finden könne. Die reiche, sich aus diesem Geist entwickelnde Volkskultur wurde durch die systematischen Judenvernichtungen des Zweiten Weltkrieges an ihren Ursprungsorten nahezu ausgelöscht.

Es ist das besondere, freilich von der historischen Kritik nicht unangefochtene Verdienst Martin Bubers (1878 bis 1965), die chassidische Botschaft, vor allem in den unnachahmlichen *Erzählungen der Chassidim*, der Welt zugänglich gemacht zu haben:

»Der Chassidismus ist die Ethos gewordene Kabbala. Aber das Leben, das er lehrt, ist nicht Askese, sondern Freude in Gott. Das Wort ›Chassid‹ bezeichnet einen ›Frommen‹, aber es ist eine Weltfrömmigkeit, die hier gemeint ist. Der Chassidismus ist kein Pietismus. Er entbehrt aller Sentimentalität und Gefühlsostentation. Er nimmt das Jenseits ins Diesseits herüber und läßt es in ihm walten und es formen, wie die Seele den Körper formt. Sein Kern ist eine höchst realistische Anleitung zur Ekstase als zu dem Gipfel des Daseins. Aber die Ekstase ist hier nicht, wie etwa bei der deutschen Mystik, ein ›Entwerden‹ der Seele, sondern deren Entfaltung, nicht die sich beschränkende und entäußernde, sondern die sich vollendende Seele mündet ins Unbedingte [...].« [119]

Jedes Tun, das in ungeteilter Hingabe und im Aufblick zu Gott geschieht, auch »Essen, Trinken, Beischlaf und Unterredungen über leibliche Dinge mit seinen Gefährten« [120] kann zum Mittel der Einung mit Gott werden. Auch die (scheinbar) profanste Handlung kann »in Heiligkeit« getan werden. Und wer sie so vollzieht, hat an der Erlösung (Tikkun) der Welt mittätigen Anteil. Nach kabbalistischer Anschauung gilt es nämlich, die in den Dingen verborgenen »Funken« aus ihren stofflichen Schalen zu befreien, damit sie zu ihrem göttlichen Ursprung zurückkehren können. Es bedarf demnach keiner Abwendung von der »Welt«, sondern gerade einer neuen, aufmerksamen Zuwendung zu den allgemeinsten Lebensvollzügen, denen durch diese Form der Mystik eine neue, wesentliche Dimension hinzugefügt wird.

Zwischenbemerkung: Volkssprachliche Mystik

Die mystische Erfahrung stellt sich nicht als indifferentes oder diffuses Einerlei dar, das unabhängig von Ort und Zeit, von gesellschaftlicher Situation, vom kulturellen Kontext, schließlich unabhängig von individuellen Schicksalen und Erlebnismöglichkeiten ist. Allein die Verschiedenheit der von Mystikern benutzten Sprachen führt zu jeweils eigenen Ausprägungen:

»Erfahrung ist erfaßbar nur in Sprache. Und selbst wenn zuzugeben ist, daß die vom Mystiker gegebene Interpretation für seine Erfahrung unzulänglich, ja verfälschend sein kann, muß die aller menschlichen Erfahrungen innewohnende Tendenz nach Artikulation in Sprache gesehen und anerkannt werden, ganz abgesehen von der wichtigen Möglichkeit, daß sozial und religiös angeeignete Interpretationen von Erfahrungen immer wieder neue Erfahrungen anderer Menschen strukturieren. Wie kaum in einem andern Sprachbereich bekommen so in der mystischen Sprache die Bilder und Bildmodelle, in denen die Vereinigung des Menschen mit Gott dargestellt wird, entscheidendes Gewicht [...].« [121]

Es ist auch nicht gleichgültig, ob der Kultusvollzug in einer abgehobenen Priester- oder Gelehrtensprache, etwa lateinisch, erfolgt, oder ob »Gott« in die Alltäglichkeit der Menschen hineinspricht und auf diese Weise alle Saiten seelischen Empfindens zum Schwingen bringt. Die Entwicklungsgeschichte der Christenheit ist über weite Strecken gekennzeichnet durch ein immer wieder neu ansetzendes Ringen um die konkrete »Leibwerdung des Wortes«. So ging es Luther mit seiner Bibelübersetzung nicht allein um eine breitenwirksame Popularisierung, er versprach sich von der Volkssprache auch eine emotionale Vertiefung, wollte nicht nur »den Leuten aufs Maul« sehen, sondern auch »allen Heiligen ins Herz« [122]. Wie wichtig für ihn selbst dieser Aspekt war, ist unter anderem seiner Vorrede zur *Theologia Deutsch (Eyn deutsch Theologia)*, jener anonymen Grundschrift der deutschen Mystik, zu entnehmen, die er als erster (1516 beziehungsweise 1518) herausgab: »Ich danke Gott, daß ich in deutscher Zunge meinen Gott also höre und finde, als ich und sie mit mir bisher nicht gefunden haben, weder in lateinischer, griechischer noch hebräischer Zunge [...].« [123] Der besondere Aussage- und Erlebniswert volkssprachlicher religiöser Texte besteht in der durch die Gelehrtensprache Latein im Grunde nicht zu vermittelnde Botschaft von der Nähe Gottes.

Entsprechend tritt in den mystischen Zeugnissen etwa vom 13. Jahrhundert an eine Verschiebung ein, namentlich in West- und Mitteleuropa, ein Übergang vom Lateinischen in die werdenden Nationalsprachen. Dieser Wandel ermöglicht es, daß zu den dem Klerus und dem Mönchtum angehörenden Mystikern in wachsendem Maße auch Frauen hinzukommen können, die ihrerseits wichtige Beiträge zur Entstehung der volkssprachlichen Kultur leisten. Wie bekannt, wurde dem Nichtkleriker, zumal der Frau, von wenigen Ausnahmen abgesehen, Jahrhunderte hindurch die akademische Bildung vorenthalten. Die Lateinkenntnisse waren – selbst bei einer Frau vom Rang einer Hildegard von Bingen – auf den Gebrauch des Kirchenlateins beschränkt. An gelehrten Disputationen konnte sie nicht teilnehmen. Die wachsende Beteiligung der Frau an der volkssprachlichen Mystik und deren Volksnähe führten in der auf Rechtgläubigkeit bedachten patriarchalen Priesterkirche immer wieder zu dem Argwohn, die Volkssprache leiste der Ketzerei Vorschub und Mystik stelle geradezu ein häretisches Potential dar, das notfalls mit Gewalt eingedämmt werden müsse. Daß Priester und Ordensleute auch weiterhin dem Lateinischen den Vorzug geben, versteht sich von selbst. Wo sie sich jedoch an »Ungebildete«, an Frauen wenden und wo diese selbst ihre Erfahrungen bekunden, da tritt die Volkssprache immer stärker in ihr Recht.

Russische Mystik

Als man 1988 das tausendjährige Bestehen der russischen Kirche feierte, erinnerte man daran, daß es das Erlebnis eines mystischen Erhobenseins, eines Herausgerissenseins (raptus) aus den Begrenzungen des physischen Leibes und des alltäglichen Bewußtseins gewesen war, das an ihrem Anfang stand: Abgesandte des Prinzen Wladimir von Kiew hatten erstmals an einem christlichen Gottesdienst in der Hagia Sophia in Konstantinopel teilgenommen. In ihre Heimat zurückgekehrt, berichteten sie, wie die Liturgie ihr Gemüt ergriff, wie das Beten und Singen ihre Seele geradezu emporriß, daß sie nicht mehr wußten, »ob sie noch auf der Erde oder schon im Himmel« weilten. Die erste russische Chronik – in Deutschland *Nestor-Chronik* genannt – behauptet, dieses Erleben habe letztlich den Ausschlag gegeben, daß das Christentum nicht in römischer, sondern in byzantinischer Gestalt angenommen wurde.

Unnötig hinzuzufügen, daß dies nicht nur ein einmaliges Ereignis für wenige bleiben konnte, also keine Ausnahmesituation für besonders religiös Begabte. Dieses Initialerlebnis ist vielmehr bis heute prägend für eine Auffassung des Gottesdienstes als Mysterienfeier: Der einmal Getaufte ist zu einem fortdauernden Prozeß der »Gottwerdung« (theosis) berufen. Im göttlichen Mahl wird die Teilhabe an dem lebendigen Christus täglich erneuert; und zwar bis in das physische Essen und Trinken hinein. Die Elemente der Erde (Wasser, Brot, Wein) sind somit einbezogen, eingeheiligt. Von daher hat diese Mystik eine welthafte

Frömmigkeitsbasis. Auch die Zeit ist durch die Liturgie des Kirchenjahres mit dem ihm eigenen Rhythmus gestaltet und erfüllt. Da wie dort ist das Innewerden des in machtvollen Bildern (Ikonen) und Symbolen Aufbewahrten und Vergegenwärtigten das Ferment der christlichen Spiritualität. Der Übergang – sofern es einen solchen gibt – von einer vermeintlich nichtmystischen zur mystischen Frömmigkeit ist naturgemäß fließend. Zweifellos gibt es aber Grade der Intensität, mit der gebetet wird, mit der die Sakramente vollzogen werden; Grade der Intensität, mit der die Gottesgegenwart erlebt wird.

Deutlich läßt die russische Frömmigkeit das Erbe der frühen Ostkirche erkennen, Vorbilder sind neben den Asketen und Hesychasten vom Berg Athos vor allem die geistlichen Vätergestalten Ägyptens und Syriens. Die spirituelle Führung der russischen Kirche liegt in den Händen berufener Mönche, den sogenannten Starzen (von kirchenslawisch »Starez«: der Alte). Väter dieser Art haben nicht die Aufgabe eines Oberen zu erfüllen, der auf die Durchsetzung von Gemeinschaftsregeln und ethischen Normen zu dringen hat. Ihnen geht es vornehmlich darum, bei den sich an sie wendenden Mönchen oder Laien einen Prozeß der inneren Reifung in Gang zu halten, in Krisensituationen zu raten und sich schließlich wieder entbehrlich zu machen, sobald der oder die Geführte in Kontakt mit dem »inneren Meister« (Christus) gekommen ist.

Dieser inneren Sammlung dient in erster Linie das sogenannte »Herzensgebet«, dessen Praxis von den ostkirchlichen Mönchen her bereits bekannt ist.[124] Die grundlegende Schrift ist auch hier die *Philokalia* (russisch: *Dobrotoljubie)*, eine Sammlung von Anleitungen, Betrachtungen und Erfahrungsberichten aus der Welt des Herzensgebetes, an der ungefähr dreißig geistliche Autoren mitgewirkt haben. Ähnlich der Mantra-Meditation des Ostens, konzentriert sich die ungeteilte Aufmerksamkeit und Hingabe auf den Namen Jesu; Einatmen und Ausatmen verbinden sich so mit ihm, daß sich sein spiritueller Gehalt – losgelöst von irgendwelchen theologischen Überlegungen – mit der menschlichen Rhythmik verbindet: ein psychosomatisches Geschehen, das formend, wandelnd in die Ganzheit der Person – auch in ihr Denken – hineingreift.

»Gedanken und Empfindungen des Jesus-Gebetes nähern uns Christus, machen mit ihm gleichsam vertraut, verbinden mit ihm. Das unentwegte Gedenken Gottes wird zum inneren Wächter, der nichts Unreines oder Unwürdiges in uns zuläßt. Es bewacht das Denken vor müßigen Hirngespinsten, schützt das Herz vor unreinen Regungen. Diese innere Ordnung spiegelt sich in allen äußeren Worten und Handlungen des Menschen. Folgt der Mensch im Inneren dem Willen Gottes und seinen Geboten nicht, so vermag er ihn auch im Äußeren nicht zu befolgen. Bei diesem Wichtigsten, der Herrschaft über unser Inneres, erweist uns eine unschätzbare Hilfe das Jesus-Gebet, oder Christus selbst, der durch das Gebet zu einem steten Bewohner unseres Herzens wird.« [125]

Während die erste gedruckte Ausgabe der *Philokalia* 1782 in Venedig die Presse verließ, war es die von dem Starzen Paisius Welitschkowsky und einigen Mönchen ins Kirchenslawische übersetzte, 1793 in Sankt Petersburg in zwei Foliobänden erschienen, die im russischen Sprachraum weite Verbreitung erfuhr. Sie erlebte mehrere Neuauflagen, auch die Übersetzung ins Russische. Igor Smolitsch, dessen Arbeiten über die russischen Starzen in der westlichen Welt wichtig geworden sind, hat darauf aufmerksam gemacht, daß es dabei zu einer Verwurzelung des Mystischen in der russischen Mentalität kam, die noch heute spürbar ist:

»Die russische Frömmigkeit kann man nicht richtig deuten und verstehen, wenn man den asketisch-mystischen Geist der Dobrotoljubie nicht berücksichtigt und kennt. Das Festhalten an diesen in der Philokalie enthaltenen Überlieferungen erklärt manche Eigenart der Frömmigkeit der Ostkirche und besonders der der russischen Kirche. Die Einstellung der Gläubigen zu ihrer sozialen Umwelt und zu den politischen Ereignissen ihrer Zeit wurde ja stark beeinflußt durch ihre asketischen Anschauungen. Sie aber empfingen sie zum großen Teil aus der Grundhaltung der Philokalie. In den persönlichen Nöten und Sorgen sucht der Ostchrist eine Antwort bei den Vätern, die Jahrhunderte vor ihm lebten. Er hat die Überzeugung, daß die Lehre Christi in ihrer praktischen Auslegung am besten und sichersten bei den Vätern zu finden ist, denn er folgert weiter, daß der Lauf der Geschichte die grundsätzlichen Pflichten der Christen Gott gegenüber nicht ändern kann. Diese unerschütterliche Überzeugung hat immer den gläubigen Russen tief beeindruckt, und darum liebt er die Philokalie, seine Dobrotoljubie.« [126]

Von ähnlicher Bedeutung waren später die nicht minder weit verbreiteten *Aufrichtigen Erzählungen eines russischen Pilgers.* In der zweiten Hälfte des 19. Jahrhunderts kam der erste Teil des Textes in einer Abschrift vom Athos nach Rußland, nachdem er schon zuvor anonym im Umlauf gewesen war. Der zweite Teil des Manuskripts fand sich im Nachlaß des Starez Ambrosij von Optina (gestorben 1891). Das wird hier deshalb erwähnt, weil Dostojewskij ihn zum Vorbild für die Gestalt des Starez Sossima in seinem Roman *Die Brüder Karamasoff* genommen hat. Dort sagt Sossima zu dem jungen Alexej Fjodorowitsch Karamasoff: »Jüngling, vergiß nicht des Gebets. Jedesmal wird während des Gebets, wenn es aufrichtig ist, eine neue Empfindung in dir aufleuchten und damit auch ein neuer Gedanke, den du zuvor nicht gekannt hast und der dich wieder ermutigen wird; und du wirst begreifen, daß Gebet Erziehung ist.« Damit spielt der vom Herzensgebet offensichtlich ganz persönlich angerührte Dichter auf den Übungscharakter dieser Frömmigkeit an, die Wendung nach innen, von wo Licht ausstrahlen kann auf das Leben der Menschen, die in der Welt stehen.

In den *Erzählungen des russischen Pilgers* sind es letztlich die mystischen Stadien der Läuterung, der Erleuchtung und der Vergeistigung, die der Protagonist durchläuft, während ihn sein oft pfadloser Weg durch die Weiten Rußlands führt. Voll Bewunderung nimmt er die Dürftigkeit seiner Armut hin als ein Beschenkter, dem sich die Schöpfung und in ihr Gott selbst zeigt, immer wieder erschlossen durchs Gebet. Es vergegenwärtigt ihm Mal um Mal das »Reich der Himmel«, das nur innen zu finden ist. Dabei ist er sich wohl bewußt, daß auch diese Askese – so wie jedes intensiv vollzogene spirituelle Exerzitium – Gefahren birgt, weil sie den Übenden vor geistlicher Überheblichkeit und vor Illusionen nicht schützt. Die von den frühen Wüstenvätern und von den Athosmönchen geübte Hesychia, das Stillesein in der Gottesgegenwart, ist zugleich als eine Übung der Wachheit und des Nüchternseins geboten, – in Rußland und wo immer es sein mag. Die Praktiker wissen, daß es hierzu keines besonderen Ortes bedarf. Die Stille einer Mönchszelle oder der sibirischen Wüste, sie liegen letztlich im menschlichen Herzen.

Daß diese Formen und Gebetsweisen der russischen Frömmigkeit schon lange nicht mehr auf den Bereich der orthodoxen Kirchen des Ostens beschränkt sind, ist bekannt. Seit der Mitte des 20. Jahrhunderts zeigt sich auch im Westen ein zunehmendes Interesse an dieser Mystik, insbesondere an der Übung des Herzensgebets.

Italienische Mystik

Es bedarf keiner besonderen Begründung, daß die Mystiker und Mystikerinnen der verschiedenen italienischen Regionen des Mittelalters und der beginnenden Neuzeit in einer großen Tradition stehen. Das ergibt sich einerseits aus dem Erbe, das die römische Kirche von ihren frühchristlichen Anfängen her bietet. Auf der Schwelle zum Mittelalter war der römische Bischof Gregor der Große der Mystik zugeneigt. Andererseits hatte der Benediktiner-Orden vom 6. Jahrhundert an von seinem Stammkloster auf dem Monte Cassino aus begonnen, Europa spirituell zu befruchten: Der kulturgestalterischen »vita activa« hatte stets die auf geistliche Sammlung gerichtete »vita meditativa«, das kontemplative Leben, vorauszugehen. Auch der Franziskaner-Orden gab starke Impulse für die Entwicklung der mystischen Frömmigkeit: Das inspirierende, anfeuernde Vorbild des Poverello war noch lebendig in der Erinnerung und die mystagogische Wegweisung seiner Schüler noch wirksam, als in der Folgezeit ungezählte andere zum Leben in mystischer Hingabe bereite Menschen auftraten, unter ihnen auffallend viele Frauen. Um die Konturen zu wahren, ist im Folgenden eine knappe Auswahl geboten.

Ohne im strengen Sinn des Wortes ein Mystiker zu sein, muß Dante Alighieri (1265 bis 1321) als Italiens bedeutendster Dichter das mystische Leben hoch eingeschätzt haben. Die Entscheidung darüber, ob und in welchem Grade er selbst derartige innere Erfahrungen gemacht hat, mag umstritten bleiben. Dafür sprechen indes – will man nicht sein ganzes Werk als die dichterisch-mystagogische Gestaltung einer Weg-Führung durch die Regionen der jenseitigen Welt ansehen – jene Passagen seines Hauptwerks, der *Göttlichen Komödie (Divina Commedia)*, in denen er ausdrücklich hiervon Zeugnis ablegt. Tatsächlich geht es nicht nur um den Aufweis einzelner, »mystisch« zu nennender Motive. Die auf die göttliche Dreifaltigkeit hin ausgerichtete Dichtung ist selbst nach der Dreizahl gegliedert, bis in die Versgestaltung hinein.

Die hier beschriebene Pilgerschaft durch Hölle und Paradies, die der Protagonist in der Mitte seines Lebens in der Passionswoche beginnt, entspricht einer von Erschütterungen und eindrücklichen Begegnungen erfüllten Reise durch die Finsternisse und Erleuchtungen der menschlichen Seele. Die Handlung verläuft als Aufstieg der Seele, beginnend mit dem *Inferno*, dann den Läuterungsort *(Purgatorio)* durchlaufend, ehe sich dem Pilger im Paradies das Ziel der Reise, die beseligende Gottesschau (visio beatifica) eröffnet. Dem Aufstiegsschema entsprechen auch die Gestalten der Seelenführung: Am Anfang des Wegs wird Dante von dem heidnischen Dichter Vergil geleitet, der, wenngleich ein Großer im Geist der römischen Antike, für den noch unerleuchteten Verstand steht. Göttliche Erleuchtung spricht sodann aus der Führerin Beatrice, einer Verkörperung der göttlichen Weisheit (sophia). Indem der Dichter zu seinem Seelenführer für den entscheidenden letzten Wegabschnitt Bernhard von Clairvaux wählt, bringt er zum Ausdruck, daß das mystische Element die Krönung jeder menschlichen Bemühung auf dem Weg zum Licht darstellt.

Diese Wertschätzung ist auf vielfache Weise in die *Göttliche Komödie* eingegangen: »Die Trilogie reflektiert so neben zahlreichen Motiven der älteren Visionsliteratur Elemente der theoretischen Mystik des Mittelaters. Bernhard von Clairvaux, Richard von St. Viktor, Joachim von Fiore, Franz von Assisi werden genannt oder ›geschaut‹. Theologisch ist Dante besonders Pseudo-Dionysius, Bonaventura, Albertus Magnus, mehr noch Thomas von Aquin verpflichtet, wenngleich seine Deutung der Liebe als der das All bewegenden Urkraft eher franziskanisch bestimmt erscheint.« [127] Darüber hinaus weist Dante selbst auf eine esoterische Deutungsmöglichkeit seines Werks hin, indem er die spirituell-anagogische Interpretation gerade auch für die *Göttliche Komödie* verlangt, um deren Tiefendimension zu erschließen.

Im abschließenden 33. Gesang des *Paradiso* kommt es zur Gottesschau des Dichters am Ende seines Weges. Die Schilderung enthält die konstitutiven Elemente der mystischen Erfahrung: Läuterung, Leidenschaftslosigkeit, Herausgerissensein, Versenkung und schließlich das Unvermögen, das Geschaute in Worte zu fassen:

»Dem Ziel, zu dem sich alle Wünsche wenden,
Mich nähernd, fühlt in meinem Innern ich,
So wie ich mußte, jede Sehnsucht enden. [...]

O überreiche Gnad, ich durft es wagen,
Fest zu durchschaun des ewgen Lichtes Schein,
Bis zum Versinken drein den Blick zu tragen.

In seiner Tiefe sah im Drei-Verein
Die Ding ich, die im Weltall sich entfalten,
Und Liebe faßt in diesem Bund sie ein.

Wesen und Zufall, ihre Weis, ihr Walten –
Wie dies verschmolz in eines Lichtes Glanz:
Nur Stammeln kann davon mein Lied enthalten [...]

Da ward mein Geist von einem Blitz durchdrungen,
Der, was die Seel ersehnt hat, ihr verlieh.
Hier war die Macht der Phantasie bezwungen,

Schon aber folgten Will und Wünschen gerne,
Gleichwie ein Rad, gleichmäßig umgeschwungen,
Der Liebe, die beweget Sonn und Sterne.« [128]

Angela von Foligno, um 1248 in Foligno, einer kleinen umbrischen Bischofsstadt südöstlich von Assisi, geboren, gehört als eine der bekannteren Mystikerinnen in die Geschichte der franziskanischen Frauenbewegung hinein. Über die Landes- und Konfessionsgrenzen hinweg fand sie schon vor Jahrhunderten Beachtung: Im Protestantismus haben sich so profilierte Männer wie der Lutheraner Johann Arndt (1555 bis 1621) und der niederdeutsche Mystiker Gerhard Tersteegen (1697 bis 1769) auf sie berufen. So gesehen, muß es verwundern, wie wenig von Angela heute selbst in religiösen Kreisen bekannt ist. Erst die Belebung der Frage nach Wesen und Bedeutung der Frauenmystik hat auch sie von neuem in Erinnerung gebracht.

Die verheiratete junge Frau und Mutter mehrerer Kinder entwickelte ein überstarkes Empfinden, schuldig und von großer Sünde behaftet zu sein. In ihrem Heiligungsstreben ging sie so weit, alles Irdische als ein Hindernis anzusehen, selbst ihre nächsten Familiengehörigen, deren Tod sie geradezu als eine Befreiung empfand. In ihrer Trostbedürftigkeit trat sie in den Dritten Orden der Franziskanerinnen ein. Auf dem Weg nach Assisi stellten sich Offenbarungen in Bild und Wort ein, die sie auf Veranlassung ihres Beichtvaters im Bewußtsein der eigenen Nichtigkeit angesichts der Größe und Vollkommenheit Gottes niederzuschreiben begann. Angela versenkt sich in das Leiden Christi. Der Gekreuzigte wird ihr zum Inbegriff der Selbsterkenntnis wie der Gottesschau, das Kreuz der einzigartige Weg zu Gott. Sie berichtet von ihrer nichtgegenständlichen Schau:

»In dem Augenblick, da ich in die Anschauung [des höchsten] Gutes versunken bin, habe ich keine Erinnerung mehr an die Menschheit Christi oder an den Gottmenschen oder sonst eine Gestalt. Und dennoch schaue ich alles, während ich nichts schaue [...]. Und er zieht die Seele an sich mit einer Milde, als wollte er sagen: Du bist ich, und ich bin du: – Ich schaue jene Augen, jenes ruhige Antlitz, das die Seele durchdringt und unwiderstehlich anzieht mit seiner Kraft. Und was aus diesen Augen, was aus diesem Antlitz leuchtet, es ist jenes Gut, das ich in der Finsternis schaue, das aus dem Innern strömt, das mich dermaßen entzückt, daß ich es nicht zu sagen vermag [...].«[129]

Zusätzlich zu ihrer Verehrung des Gekreuzigten ist hervorzuheben, wie stark Franziskus ihr Leben bestimmt hat und für ihren Dienst an Hilfsbedürftigen, an Aussätzigen als Vorbild diente. Als Angela 1309 starb, hinterließ sie das von dem Schreiber Arnold aufgezeichnete *Memoriale*, eine Schilderung ihres Wegs, ferner eine Sammlung der *Instructiones*, deretwegen Angela von Foligno als »magistra theologorum« gilt.

Fragt man nach Beispielen für Frauen, die im Mittelalter im kirchlichen wie im öffentlichen Leben Einfluß gewinnen konnten, dann muß Katharina von Siena (1347 bis 1380) genannt werden. Die Tochter eines Färbers schloß sich vermutlich mit siebzehn Jahren dem nicht an Klosterregeln gebundenen Dritten Orden der Dominikanerinnen an. Franz von Assisi hätte schon deshalb nicht ihr bestimmendes Vorbild werden können, weil es nicht ihrer Wesensart entsprach, sich stets nur demütig zu verhalten. Sie setzte eher darauf, ein durch strenge Askese gezügeltes Ego, einen ungeteilten Willen in den Dienst ihres Herrn zu stellen. Ihre Biographen schildern sie als einen Menschen, dessen innerer Weg schon in früher Kindheit begonnen haben muß. Stationen dieses Weges sind das Erlebnis des mystischen Todes, die Vermählung mit Christus. Als geistliche Mutter bildete sie den Mittelpunkt einer kleinen Gemeinschaft von Frauen, wurde aber bald über ihre Vaterstadt hinaus aktiv. Die Tatsache, eine durch keine Klosterregel gebundene Tertiarierin zu sein, gab ihr die Freiheit, die sie für ihren Lebensauftrag nötig hatte. So begab sie sich um 1370 nach Avignon, dem zeitweiligen Sitz des Papstes, stellte sich auf seine Seite, redete den Kirchenoberen ins Gewissen, wirkte im Sinne der längst fälligen Kirchenreform und setzte sich für die Durchführung des Kreuzzugs ein.

Die politisch tätige Dominikanerin blieb allerdings in einem intensiven spirituellen Leben verankert. In ihrem Hauptwerk *Libro della divina dottrina* (1377/78) spricht sie sich über die dialogische Beziehung von Gott und Seele aus; in ihren zahlreichen, größtenteils in Abschriften erhaltenen Briefen kommt die kirchenpolitisch aktive Frau zu Wort. Die Tatsache ihrer Autorenschaft wird nicht dadurch gemindert, daß Katharina kaum lesen und schreiben konnte: sie diktierte kundig, weitsichtig und bestimmt, was sie zu sagen hatte. Und das immer in dem Bewußtsein, bei allem geschuldeten formalen Respekt vor Würdenträgern, als Frau dem Mann als Ebenbild Gottes ebenbürtig zu sein.

Statt weitere Mystiker vorzustellen, zum Beispiel aus der Gefolgschaft des Franziskus Ägidius von Assisi, dann Jacobone von Todi und Philipp Neri oder die aus Schweden stammende, dann in Rom als franziskanische Tertiarierin tätige Birgitta, sei noch eine Persönlichkeit aufgeführt, die im Rahmen der italienischen Mystik eine Sonderstellung beanspruchen kann. Bei der aus böhmischem Adel stammenden Guglielma (Vilemina oder Wilhelmine) von Böhmen kann deutlich werden, wie stark das Verlangen vieler Frauen des 13. Jahrhunderts war, sich dem frei waltenden Geist zu öffnen, ohne durch den Klerus der patriarchalisch beherrschten Kirche in die engen Schranken des »Nur-Frau«-Seins verwiesen und vom Priesteramt ausgeschlossen zu werden.

Es war der Zisterzienser-Abt Joachim von Fiore, der das Reich des Heiligen Geistes prophezeite und das Jahr 1260 als Anbruch der in diesem Geist sich erneuernden Kirche (ecclesia spiritualis) angab. Etwa zu dieser Zeit trat Guglielma in Mailand öffentlich in Erscheinung. Die mit den Stigmata Christi gezeichnete Frau scharte im Sinne dieser Erneuerung Gleichgesinnte um sich, unter ihnen auch Männer. In diesem Kreis war man überzeugt, daß Guglielma Trägerin, ja Verkörperung des Heiligen Geistes sei. Im Bewußtsein dieser Vollmacht fühlten sich die Guglielmiten der Papstkirche entwachsen: Nicht ein Mann, sondern eine charismatisch begabte Frau sollte an der Spitze der neuen Kirche stehen. Damit war für die katholische Christenheit das Faktum einer gefährlichen Ketzerei geschaffen. Guglielma wurde noch nach ihrem Tod (1279) ein Fall für die Inquisition. Man grub ihre Gebeine aus und verbrannte sie. Aber die Hoffnung auf die Leitung der Kirche durch eine mystisch inspirierte Frau war geweckt, und Guglielma ist bis heute nicht völlig vergessen, obwohl sie selbst in umfassenden kirchenhistorischen Handbüchern kaum erwähnt wird. Sie kann als Vertreterin einer »feministischen Häresie« gelten.[130]

Spanische Mystik

Die Frage nach dem Wesen der spanischen Mystik schließt eine andere ein: Was ist »spanisch« an der spanischen Mystik? Dies bezieht sich auf die Tatsache, daß die iberische Halbinsel im Mittelalter eine einzigartige geistig-religiöse Symbiose erlebt hat, die Begegnung von Judentum, Christentum und Islam. In diesen drei Religionen haben sich eigenständige mystische Bewegungen entwickelt, und die christliche Mystik lebte auf in einem Land, das im Norden Zentren der Kabbala beherbergte und wo der islamische Sufismus Fuß fassen konnte. Betont werden muß allerdings auch, daß sie alle auf strenge Abgrenzungen gegeneinander achteten. Ein starker Einfluß auf die abendländische Mystik kam auf einem anderen Weg über den islamischen Kulturkreis: Erst durch die Vermittlertätigkeit der Muslime und die Übersetzerschulen Spaniens wurde Aristoteles als der maßgeblichen philosophischen Autorität der Scholastik der Weg ins westliche Europa gebahnt.

Mit Ramon Llull, dem ehemaligen Ritter, Troubadour, Prinzenerzieher und Ehemann nimmt die hier zu betrachtende spanische Mystik ihren Anfang. Kurz nach der Rückeroberung Mallorcas aus maurischer Besetzung wurde er dort um 1232 geboren. Als »Troubadour Christi« suchte er nach einer inneren Kehre die Botschaft Christi unter seinen Landsleuten, Getauften und Ungetauften, Muslimen und Juden, in Wort und Schrift zu verbreiten. Seine umfangreiche literarische Hinterlassenschaft – man zählte 27.000 Manuskriptseiten – ist teils lateinisch, teils arabisch, teils in seiner katalanischen Muttersprache abgefaßt und zeugt von einer für seine Zeit erstaunlichen Toleranz gegenüber Andersgläubigen. Etwa 300 Bücher aus seiner Feder beschäftigten sich mit verschiedenen Wissensbereichen. In ihnen kommt der Lyriker und der Sachbuchautor, aber auch gerade der spirituelle, der mystische Schriftsteller zu Wort. Angesichts eines solchen Umfangs wird man weder der Qualität noch der Quantität seines Lebenswerks gerecht, wenn man nur auf wenige seiner zahlreichen Schriften verweist, etwa auf sein großes Kontemplationsbuch *(Libre de Contemplació en Déu*, 1271/73), das an Dantes *Göttliche Komödie* erinnert, oder auf seinen Bildungsroman *Blanquerna.* Die Schriften *Das Buch vom Liebenden und Geliebten (Libre d'amic e d'amat*, 1281) und *Das Buch vom Heiden und den drei Weisen (Libre del gentil e los tres savis*, 1273) haben das Bild von Ramons Spiritualität in weiten Kreisen bestimmt. Alles in allem muß die Feststellung des Franziskaners Longpré genügen, wonach es Ramon als »doctor illuminatus« verdient, von der spirituellen Theologie wie von der literarischen Kritik dem großen kontemplativen Autor Bonaventura an die Seite gestellt zu werden.

Dafür spricht unter anderem die Tatsache, daß er zwar die christliche wie die muslimische Tradition genau kennt, – einerseits Augustinus, Dionysius Areopagita und Thomas von Aquin, die großen Franziskaner und die Zisterzienser, andererseits die arabisch schreibenden Neuplatoniker und Aristoteliker –, daß er aber auf Eigenständigkeit bedacht bleibt: »Er möchte sich gerade nicht auf Autoritäten stützen, sondern auf die Kulturen verbindende Unmittelbarkeit der Erfahrung und auf die Überzeugungskraft unwiderleglicher Argumente.« [131]

Das bestimmende Thema der allumfassenden Gottesliebe kommt im *Buch vom Liebenden und Geliebten* zum Ausdruck. Alle darin enthaltenen 366 lyrisch-spirituellen Aphorismen wollen mit Blick auf die Beziehung zwischen Gott und Seele gelesen, betrachtet und meditiert werden, etwa:

»Das Herz des Freundes schwang sich empor
zu den Höhen des Geliebten, damit sein Lieben
nicht beengt sei vom Abgrund dieser Welt.
Und als das Herz den Geliebten erreichte,
schaute es ihn in Süße und Glück.
Doch der Geliebte sandte es wieder
hinab in die Welt, damit es ihn schaue
in Sehnsuchtsleid und Bedrängnis (56).

Der Freund sprach zu seinem Geliebten:
Du bist alles, bist überall,
bist in allem und mit allem.
Ich will dich ganz mit allem,
damit in mir alles mein sei.
Da antwortete der Geliebte:
Ich kann nicht ganz dein sein,
wenn du nicht ganz mein bist. -
Da sprach der Freund:
Nimm mich ganz und sei ganz mein!
Der Geliebte fragte: Und was bleibt
für deinen Sohn, deinen Bruder, deinen Vater?
Der Freund antwortete:
Du bist so sehr alles,
daß du jedem ganz in Fülle gehören kannst,
der sich dir gänzlich gibt (68).« [132]

Die in diesen Aphorismen verwendeten Bilder, Vergleiche und Motive schließen sich eng an die Lebens- und Empfindungswelt der islamischen Gesprächspartner an. Das will Verständnis wekken für den in Gott entbrannten Menschen, welchen Glaubens er auch sein mag:

»Durchgehend ist [...] in der Sufi-Mystik Allah der Geliebte, der Mystiker aber der Liebende oder, wo der Ton mehr auf Denken und gnadenhafter Erkenntnis liegt, der Freund. Llulls Hauptperson ist der Freund, die Liebenden erscheinen mehr als Randfiguren, vielleicht, weil für ihn Erkennen und Lieben einander bedingten, das Erkennen aber noch schneller war, vielleicht noch mehr, weil das arabische Wort für Freund, ›wali‹, zugleich ›Heiliger‹ bedeutet, ›jemand, der unter speziellem Schutz steht‹, wie Annemarie Schimmel übersetzt. Damit war das Mauren und Christen gemeinsame Ziel der Heiligkeit angegeben. Vor allem aber unterscheidet sich der Freund, der ›amic‹, dadurch von Gott, dem ›amat‹, daß Gott zuerst und unmittelbar die Liebe zukommt, die der Freund erst teils erlernen, teils sich schenken lassen muß und darf.« [133]

Das Bemühen Llulls, die Menschen verschiedenen Glaubens einander aufzuschließen, ist im *Buch vom Heiden und den drei Weisen* ausdrücklich thematisiert. Drei Gelehrte – ein Christ, ein Jude und ein Moslem – treffen sich vor den Toren einer Stadt. Sie kommen überein, an einem ruhigen Ort über religiöse Fragen zu sprechen. In einem Wald begegnet ihnen ein heidnischer Philosoph. Bald sind die vier in tiefgehende Gespräche verwickelt. Auch wenn es nicht zu der gewünschten Klärung kommt, so ist doch der Wille beachtlich, dem jeweils Andersdenkenden respektvoll und unter Verzicht auf beleidigende Äußerungen zu begegnen. So ist die bis heute brennend aktuelle Aufgabe der religiösen Verständigung vielleicht am ehesten aus dem Geist der Mystik anzugehen.

Ignatius von Loyola (1491 bis 1556), der Begründer des Jesuiten-Ordens, ist als Autor der *Exercitia spiritualia* aus der mystischen Tradition nicht herauszulösen. Nachdem die erhoffte Karriere infolge einer schweren Kriegsverletzung vorzeitig beendet war, fand der junge Offizier durch die Lektüre spiritueller Bücher eine neue Orientierung. Dazu gehörte die *Vita Christi* des deutschen Dominikaners, dann Kartäusers Ludolf von Sachsen (um

1300 bis 1378). Dieses Buch enthält unter anderem Anleitungen, auf welche Weise man einen Evangelientext imaginierend vergegenwärtigen kann. Bei Ignatius kehrt in den Anleitungen zu seinen Exerzitien diese Praxis wieder. Bei seiner Suche nach einem Weg der Christusnachfolge wurde er auch mit der niederländisch-niederdeutschen Bewegung der Devotio moderna bekannt. Es geschah insbesondere während seines Aufenthaltes bei den Benediktinern auf dem Montserrat. Deren Abt Garcia Jiménez (genannt nach seinem Geburtsort: Cisneros) stützte sich bei seinen Bemühungen um die Klosterreform auf Grundgedanken eben jener »modernen«, zugleich volkstümlichen Frömmigkeit, die den Nachvollzug des Lebens Christi (imitatio) anstrebte. Eines seiner Werke dürfte zumindest titelgebend für die *Exercitia spiritualia* der Jesuiten gewesen sein.

Ihren Höhepunkt erreicht die spanische Mystik im 16. Jahrhundert mit Teresa von Ávila und Johannes vom Kreuz, die beide dem Karmeliten-Orden angehörten. Auch Teresa (1515 bis 1582) vertiefte sich immer wieder in das *Leben Christi* des Ludolf von Sachsen. Wichtig wurde für sie neben einer Reihe weiterer, in der spanischen Mystik einflußreicher Gestalten vor allem der Franziskaner Francisco de Osuna (1492 bis 1542). Sein berühmtes *Abecedario*, also ABC oder Kompendium des geistlichen Lebens, weist ihn als einen Erfahrenen des kontemplativen Gebets aus, dem auch Johannes vom Kreuz Entscheidendes verdankt.

Teresa, die väterlicherseits aus einer jüdischen Konvertitenfamilie, mütterlicherseits aus altkastilischem Adel stammte, müssen wir uns als eine überaus rührige, in der Reform karmelitischer Klöster aktive, zugleich leidenschaftliche Frau vorstellen, der es gegeben war, in Wort und Schrift die Fülle ihrer mystischen Erfahrung zu vermitteln.

Abgesehen von ihren Briefen, ihren Schriften zur Klosterorganisation, auch ihrer Vita *(Libro de su vida*, 1562 bis 1565), ist als wichtiges Dokument der spanischen Mystik Teresas *Innere Burg (Las Moradas del Castillo interrior*, 1577) anzusehen.

Die höchste Anerkennung erhielt Teresas nicht unumstrittene Lebensleistung 1970, als Papst Paul VI. sie zusammen mit Katharina von Siena zur Kirchenlehrerin erhob.

Ihr Leben war geprägt von Zeiten schwerer Krankheit und tiefgreifenden inneren Erlebnissen, zum Beispiel der Erschütterung, die sie beim Anblick einer Statue des leidenden Christus 1554 erlebte. Als sie auf Veranlassung ihres engsten Vertrauten und Beichtvaters Jerónimo Gracián ihr Hauptwerk niederschrieb, hatte die mittlerweile zweiundsechzigjährige Nonne die Stadien jenes spirituellen Prozesses selber durchlaufen, was ihrer Darstellung jene Autorität verleiht, die sie bis heute besitzt.

In den *Moradas* ist es der Mensch selbst, dessen innere Regionen auf dem Gebetsweg zu erschließen sind. Im Zentrum der in sieben konzentrischen Kreisen angeordneten Seelenburg liegt der Mysterienort, in dem die Begegnung Gottes mit dem Menschen stattfindet:

»Machen wir uns klar, daß die Seelenvermögen und Sinne, die eigentlich in die Burg gehören, draußen mit Fremden herumwandern, Tage und Jahre mit Feinden der Burg und des Guten. Erkennen sie aber dabei ihre Verlorenheit, so kommen sie der Burg wieder näher, wenn sie es auch nicht schaffen, hineinzugehen, denn die Gewohnheit des Umherschweifens ist eine hartnäckige Sache. Aber sie sind doch keine Abtrünnigen mehr und umkreisen die Burg. Sieht nun der große König im Inneren ihren guten Willen, so will er sie in seiner großen Barmherzigkeit wieder zu sich holen [...].

Sie erkennen die Stimme, die bewirkt, daß sie nicht mehr herumirren, sondern sich seiner Wohnung zuwenden [...].« [134]

Und weil oft nach den »Inhalten« der göttlich-geistigen Schau gefragt wird, ist es wichtig zu sehen, wie Teresa die Versuche einer Vergegenständlichung des Geschauten vorsichtig zurückweist:

»Befindet sich die Seele in diesem Zustand, so kann der Herr es für gut halten, ihr einige seiner Geheimnisse zu zeigen, sei es als bildhafte Erscheinung, von der sie nachher berichten kann, sei es als unbildliche oder geistige Vision (visión intelectual), die sich nicht mit Worten wiedergeben läßt. Aber wie kann man sich dann ihrer erinnern? Das verstehe ich auch nicht. Aber ich weiß, daß, auch wer nicht durch den Glauben von Gott wüßte, ihn von dem Augenblick dieser Erfahrung an verehren und anbeten würde [...].«[135]

Kein anderer als der 27 Jahre jüngere Johannes vom Kreuz (Juan de la Cruz, 1542 bis 1592) vermochte sie in ihrem geistlichen Streben, auch in der Deutung ihres Schauens zu ergänzen. Bevor er die Priesterweihe empfing, war er Handwerker, Krankenpfleger, Schüler bei den Jesuiten gewesen, dann Karmelit. Bestimmend aber sollte für ihn das kontemplative Leben werden, begleitet von den Schriften des Dionysius Areopagita und Gregors des Großen. Heftige grundsätzliche Auseinandersetzungen mit Ordensangehörigen über den hierbei zu beschreitenden Weg führten zur monatelangen Inhaftierung unter unwürdigsten Verhältnissen, die seine Gesundheit ernsthaft gefährdeten. Angesichts dieser Dunkelheiten seines Lebens wurde Johannes zum Dichter, dessen Hauptwerk, die *Dunkle Nacht der Seele*, nicht mystologische Prosa, sondern von mystischer Ergriffenheit durchglühte Lyrik ist, wie schon die Anfangszeilen zeigen: »In einer dunklen Nacht, / entflammt von Liebessehnen, / o seliges Geschick! / entfloh ich unbemerkt, / da nun mein Haus in Ruhe lag [...]«.

Johannes Boldt bemerkte in seiner Interpretation der Verse dazu: »Die ›Nächte‹ des Johannes vom Kreuz sind Momente einer Bewegung im geistigen Fortschritt, in der die menschliche Seele steht. Die ›Nacht‹ lichtet sich um so mehr, je mehr der freie Wille in seiner Sehnsucht und seinem Begehren die ›Gnade des

Glaubens‹ angenommen hat. Gott kann dabei im Menschen lebendig gegenwärtig erfahren werden. Nach jedem Grad der Läuterung erahnt der Suchende ein neues Licht [...].«[136]

Der Dichter spricht in ihm von der »dunklen Nacht der Sinne«, sodann von der »dunklen Nacht des Geistes« als Phasen eines Reinigungsprozesses, den die menschliche Seele zu durchlaufen hat, um zur »eingegossenen Beschauung« (contemplación infusa) zu gelangen, während Gott sie im Verborgenen belehrt. Die Reinigung mündet ein in die Erleuchtung, schließlich in die Liebesvereinigung mit Gott.

Diesem zentralen Thema hat Johannes vom Kreuz seine wichtigsten Schriften gewidmet: Das Gedicht *In einer dunklen Nacht* und der *Geistliche Lobgesang (Cántico espiritual)* entstanden noch im Gefängnis, *Lebendige Liebesflamme (Llama de amor vivo)* folgte 1584. Es bedurfte der Aufforderung seiner engsten Vertrauten, daß er dazu kommentierende Traktate verfaßte, so das Buch *Aufstieg zum Berge Karmel (La subida al monte Carmelo*; 1578 bis 1583) und *Dunkle Nacht der Seele (Noche oscura del alma*, 1583 bis 1585). Eine wichtige Feststellung dieser Kommentare besteht darin, daß letztlich alle Gottesvorstellungen gelöscht werden müssen, um beim Voranschreiten auf dem inneren Weg ein Haftenbleiben an Gegenständlichem beziehungsweise Menschlichem zu vermeiden. In diesem Zusammenhang kann man mit Hans Urs von Balthasar die Frage stellen, ob angesichts der Inkarnation Christi rein geistige Visionen oder Erfahrungen noch höher zu bewerten sind als solche mit einer sinnlichen Basis und ob »diese spiritualistische Tendenz nicht schon durch Juans nie verleugneten Hang zur Poesie widerlegt [wird], zum sinnlichen Bild als symbolischem Träger auch noch höchster mystischer Erfahrung«[137]. Der aufmerksame Leser der *Dunklen Nacht der Seele* wird die darauf gültige Antwort vom Autor selbst erhalten, geht es ihm doch darum, daß der auf dem Weg Befindliche sich gerade auch davon befreit, Mystik mit geistlicher Genußsucht, mit Gefühlsschwelgerei oder Trägewerden zu verwechseln. Dergleichen wäre Mystizismus und entspräche einem »spirituellen Materialismus«. Gleichzeitig wollen seine Aufzeichnungen eine Hilfe geben, wie man sich in der »dunklen Nacht der Sinne und des Geistes« verhalten soll.

Weder Teresa noch Johannes waren vor Verdächtigungen und Verfolgung sicher. Ins Visier hatten die spanischen Inquisitoren jene »Erleuchteten« (Alumbrados, Illuminados) genommen. Sie lebten – wie andernorts die »Brüder und Schwestern vom freien Geiste« – eine Spiritualität, die auf klerikale Bevormundung und Beichtdisziplin bewußt verzichtete. Eine solche individuelle Frömmigkeit, die Pflege des inneren Gebets und eine damit verbundene Bibellektüre reichten aus, um Argwohn zu wecken, und die Bezeichnung »Alumbrado« wurde zu einer Brandmarkung für angebliche Ketzer.

In diesem Zusammenhang ist auch auf den spanischen Theologen Miguel de Molinos (1628 bis 1696) zu verweisen. Mit seiner mystisch beziehungsweise quietistisch ausgerichteten Frömmigkeit berief er sich zwar auf Teresa und auf Juan de la Cruz, die beide im Laufe der Zeit offiziell anerkannt wurden. Aber als Seelenführer (director espiritual), der suchende Menschen auf dem inneren Weg begleitet, kam er in Mißkredit. Die Inquisition verhaftete den zu dieser Zeit in Rom tätigen Theologen 1685 unter dem Vorwurf, Irrlehren verbreitet zu haben und bei seinen Anhängern einem unmoralischen Lebenswandel Vorschub zu leisten. Mit lebenslanger Haft bestraft, starb er nach neunjähriger Gefangenschaft im römischen Kerker. »Die Gründe für seine scharfe Verurteilung, die einen schweren Schlag gegen die katholische Mystik insgesamt darstellte, sind heute schwer nachvollziehbar, weil die verurteilten 68 Thesen aus seinen Schriften nicht belegt, seine zahlreichen, im Prozeß herangezogenen Briefe nicht erhalten und die Akten des Inquisitionsprozesses wohl 1797/99 verbrannt worden sind. Das Verfahren gegen Molinos muß daher als Stellvertreterprozeß gegen zeitgenössische, stark quietistische Strömungen u. a. in Italien verstanden werden, die um 1680 der kirchlichen Autorität zu entgleiten drohten.« [138]

Sein in zahlreichen Auflagen verbreitetes Hauptwerk, der *Geistliche Wegweiser (Guia espiritual*, 1675), erinnert in mancher Hinsicht an die *Nachfolge Christi* des Thomas a Kempis. Und die Tendenz zu weitgehender Übergabe des Eigenwillens an die göttliche Führung sowie die Bevorzugung des stillen Gebetes vor jeder anderen Andachtsform sind auch von späteren Vertretern des Quietismus, zum Beispiel Madame Guyon, bekannt.

Französische Mystik

Geistiges wie geistliches Leben pflanzt sich nicht allein innerhalb von Länder- und Sprachgrenzen fort. Die Traditionslinien folgen ihren eigenen Gesetzen der Rezeption, der Beeinflussung und der Abwandlung des Empfangenen durch die jeweilige innere Erfahrung.

Waren es in Frankreich im Mittelalter vor allem Vertreter von Mönchsorden gewesen, die aus dem augustinischen wie aus dem dionysisch-areopagischen Erbe schöpften, und kamen später Impulse aus der rheinischen und niederländischen Mystik (Jan Ruusbroec) hinzu, so erfuhr die mystische Bewegung in der Nachreformationszeit eine Neubelebung mit kirchenreformerischen Tendenzen. Ein Zentrum solcher Bestrebungen bildeten Zusammenkünfte bei Barbe Acarie (1566 bis 1618). Die Ehefrau und Mutter von sechs Kindern trat nach dem Tod ihres Ehemanns in den Orden der Karmelitinnen ein und nannte sich fortan Maria von der Inkarnation. Zu dem Pariser Kreis gehörten ihr Vetter, der Priester und Autor mystischer Schriften Pierre Berulle (1575 bis 1629) sowie der aus England stammende, konvertierte und in den Kapuziner-Orden eingetretene Benedikt von Canfield (1562 bis 1610). In diesem Kreis verbanden sich christozentrische Vorstellungen mit dem mystischen, zum Quietismus tendierenden Verlangen eines Zu-nichts-Werdens.[139] Nachhaltig wirkte auch das Beispiel, das Teresa von Ávila mit dem inneren Gebet (oraison mentale) gegeben hatte. Die Werke der Spanierin wurden wie bereits zuvor die Werke Ruusbroecs ins Französische übersetzt.

Das 17. Jahrhundert gilt als das klassische Zeitalter (siècle classique) des sich als Folge des Konzils von Trient (1546 bis 1563) entwickelnden Reformkatholizismus. Der aus savoyischem Adelsgeschlecht stammende Jurist Franz von Sales (François de Sales, 1567 bis 1622), seit 1602 Bischof im calvinistisch dominierten Genf, hatte die Übernahme der spanischen Mystik im Geiste der Teresa von Ávila gefördert. Ihm lag daran, das ursprünglich den Ordensangehörigen vorbehaltene mystische Leben durch Predigt und individuelle Seelenführung auch sogenannten Laien zugänglich zu machen. Unterstützt wurde er dabei von der mit ihm befreundeten Jeanne de Chantal (1572 bis 1641), deren Seelsorger er war. Nach dem Tod ihres Mannes begründete sie (1610) in Annecy den Orden der Heimsuchung beziehungsweise der Salesianerinnen. Weitere Klostergründungen folgten.

Niedergelegt sind die spirituellen Leitlinien des Franz von Sales vor allem in den Schriften *Philothea oder Einführung in das Frömmigkeitsleben (Introduction à la vie dévote*, 1608) und *Timotheus oder Traktat von der Gottesliebe (Traité de l'amour de Dieu*; 1616). Das innere, »geistige Gebet« (oraison mentale) besteht bei ihm aus einer vorbereitenden Stufe des aktiven Betens und der passiven, in die Kontemplation überleitenden Stufe, in der die Sammlung (recueillement) und das Ruhen (quiétude) in Gott zu vollziehen sind, um schließlich das Vereintwerden (union) mit der göttlichen Liebe zu empfangen. Diese Praxis der Versenkung ist zentral für seine Anschauungen: »Inneres Gebet und mystische Theologie sind eins. Beschäftigt sich die Schultheologie mit der Göttlichkeit des höchsten Gutes, so betrachtet die mystische Theologie seine Schönheit und Güte. Die Schultheologie spricht zu den Menschen von Gott, die mystische Theologie spricht mit Gott von Gott. Die Schultheologie will zur Gotteserkenntnis führen, die mystische Theologie zur Gottesliebe.« [140] Mystisch nennt Franz von Sales diese Theologie, weil der Vorgang des inneren Betens dem Zugriff einer sich wichtig nehmenden Formulierungskunst entzogen ist. Es handelt sich deshalb nicht weniger um »Zwiesprache«, aber das Gebet erfolgt »in der Tiefe des Herzens«, also in einem inneren Bereich, in der geheimen Wesensmitte des Menschen.

Dabei gilt es jedoch, »dämonische Täuschung und Blendwerk« nicht mit »heiliger Ekstase« zu verwechseln: »Franz von Sales zeigt [...], wie nahe sich echte und dämonische Mystik vom Phänomen her stehen. Aber er zeigt dann weiterhin, daß das wirkliche Kriterium für die Echtheit der Gottesmystik Liebe und Leben, nicht also Erfahrung und Verkosten, ist.« [141] Josef Sudbrack verweist in diesem Zusammenhang auf den italienischen Jesuiten Giovanni Battista Scaramelli (1687 bis 1752) [142], der auf der Basis der biblischen wie der scholastischen Theologie unter Berufung auf Teresa und Johannes vom Kreuz all denen eine Erkenntnis- und Unterscheidungshilfe geben will, die mit Grenzphänomenen mystischen Erlebens konfrontiert sind.

Ähnlich wie in Spanien trat auch in Frankreich der Quietismus als spirituelle Strömung im 17. Jahrhundert erneut in den Vordergrund. Vor allem zwei Persönlichkeiten bestimmten hier sein Profil: der Priester und spätere Erzbischof von Cambrai, François de Salignac de La Mothe-Fénelon (1651 bis 1715), und Jeanne-Marie Guyon, geborene Bouvier da la Mothe (1648 bis 1717), eine früh verwitwete Mutter von fünf Kindern und produktive Autorin spiritueller Schriften.

Als geistlicher Prinzenerzieher am Hof Ludwig XIV. und als Autor des Erziehungsromans *Telemachs Abenteuer (Les Aventures de Télémaque*, 1699) hatte sich Fénelon bereits einen Namen gemacht, als er Madame Guyon kennenlernte. Diese beschuldigte man, die quietistische Lehren Miguel de Molinos zu verbreiten. Von dem Molinismus grenzte sich zwar auch Fénelon ab, aber die überzeugende Art, wie seine Seelenfreundin die Mystik lebte, übte auf ihn, den intellektuell versierten Theologen, einen nachhaltigen Eindruck aus. J.B. Bossuet, der ihm anfangs gewogene Bischof von Meaux, erwies sich als ein entschiedener Gegner dieser Frömmigkeitsrichtung. Madame Guyon verlor durch seine Intervention nicht nur ihren Einfluß bei Hofe, sondern wurde schließlich, von 1695 bis 1703, inhaftiert. Dabei setzte sich Fénelon für die Diffamierte ein. Insbesondere in seinem Buch *Erklärung der Maximen der Heiligen über das innere Leben (Explication des maximes des saints sur la vie intérieure)* bejaht er ein Gebetsleben, das auf der rückhaltlosen Gottesliebe (pur amour) basiert. Der Mensch als Inbegriff des Nichts sehnt sich nach dem Sein Gottes und unterstellt sich damit dem göttlichen Willen total. Ihm »gleichförmig« zu werden, bemüht er sich, ein Streben, das in völlige Gelassenheit einmündet. Seine Anschauungen suchte Fénelon durch eingehendes, bis in die patristische Literatur vordringendes Studium der Mystik zu stützen.

Jeanne-Marie Guyon emfing ihrerseits wesentliche Eindrücke durch geistliches Schrifttum, zum Beispiel die *Philothea* des Franz von Sales oder *Das verborgene Leben mit Christo in Gott*[143] des Jean de Bernières-Louvigny (1602 bis 1657). Seit früher Jugend vertiefte sie sich aber vor allem in die Bibel, zu deren Büchern sie ausführliche Kommentare verfaßte. Entscheidend aber blieben für sie die eigenen Erfahrungen, die sie auf den Weg des inneren Schweigens führten. Dem bisweilen erhobenen Vorwurf, die erwähnte Passivität entspreche einer bequemen Lässigkeit, tritt die Guyon entgegen:

»Die Seele, die ganz ihrem Gott zugewandt ist und sich in diesem tiefen und starken Akt befindet, nimmt diesen inneren Akt nicht wahr, weil er unmittelbar und nicht reflektiert ist. So kommt es, daß ein solcher Mensch, wenn er sich nicht gut ausdrückt, sagt, daß er gar nicht mehr handelt. Aber er irrt sich, er handelt nie besser, nie wirksamer. Er müßte sagen: Ich unterscheide keine einzelnen Akte mehr, und nicht: ich vollziehe keinerlei Akte [...]. Es ist ungenau ausgedrückt, wenn man sagt, man handle überhaupt nicht. Alle handeln, aber nicht alle auf die gleiche Weise. Das Mißverständnis kommt daher, daß alle die, die wissen, daß man Akte setzen muß, sie deutlich unterscheiden und wahrnehmbar haben möchten. Das geht nicht. Wahrnehmbare Akte sind für den Anfänger, und die anderen sind für die fortgeschrittenen Seelen.« [144]

Beide, Fénelon und Madame Guyon, konnten trotz der erwähnten Behinderungen von kirchlicher Seite einen nachhaltigen, die Grenzen Frankreichs überschreitenden Einfluß ausüben, was durch den überkonfessionellen Charakter der mystisch-quietistischen Einstellung zweifellos erleichtert wurde. Pietistische Kreise sorgten für die Übersetzung und Verbreitung ihrer Schriften: Im 18. Jahrhundert übertrug Matthias Claudius *Fénelons Werke religiösen Inhalts* ins Deutsche. Von Madame Guyon zirkuliert noch heute ein Großteil ihrer Bücher in Form von Typoskriptdrucken, angefangen bei der Autobiographie über die geistlichen Briefe bis hin zu ihren Bibelauslegungen.

Hatten in der christlich bestimmten Kultur des Mittelalters gerade die Ordensleute einen bedeutenden und vielbeachteten Anteil an der Ausbildung der französischen Mystik gehabt, so reduzierte sich mit der Zeit das mystische Element auf das religiöse Leben hinter den Klostermauern, wenngleich das Erlebte auch von dort ausstrahlte, zumindest innerhalb der römisch-katholischen Kirche. Als Beispiel sei hier die bereits mit 25 Jahren verstorbene Karmelitin Theresia von Lisieux (1872 bis 1897) angeführt, die 1925 heiliggesprochen wurde. In der Einschätzung dieser angeblich »größten Mystikerin der modernen Zeit«, die die Konfrontation mit dem Nichts bis hin zu gefährlichen psychischen Grenzerfahrungen zu bestehen hatte, gehen die Meinungen der Forschung auseinander.

Unter ganz anderen Aspekten, nämlich die Beziehung von Naturwissenschaft und Spiritualität betreffend, entwickelte sich eine Kontroverse über den Jesuiten Pierre Teilhard de Chardin (1881 bis 1955). Infolge des späten Bekanntwerdens seines Gesamtwerks wurde diese Diskussion jedoch erst nach seinem Tod ausgetragen. Neben wissenschaftlichen Arbeiten als Paläoanthropologe und den umstrittenen theologischen Abhandlungen ist der Anteil von Gedanken zur Mystik in seinem Schaffen beträchtlich. Für Teilhard ist Mystik »die große Wissenschaft und die große Kunst«, er definiert sie allgemein »als Sinn und Vorahnung der totalen und letzten Einheit der Welt durch die gegenwärtige und fühlbare Vielheit hindurch: ein kosmischer Sinn des Einsseins (oneness). Das gilt für den Hindu und Sufi genauso wie für den Christen. Das erlaubt, den ›mystischen Gehalt‹ eines Textes oder Lebens zu messen.« [145]

Trotz Erwähnung östlicher Religiosität läßt er jedoch keinen Zweifel darüber aufkommen, welche zentrale Stellung Christus in seiner kosmischen Schau eingeräumt ist, die nicht von der erkennenden Person des Menschen her denkt, sondern von der Totalität dessen, was in einem universellen Evolutionsprozeß geworden ist: Dessen Ziel ist die Vollendung in Christus (Christification), dem Alpha und Omega der Schöpfung. Mystiker ist für Teilhard, wer sich dieses gewaltigen Evolutionsstroms bewußt wird, an dem er selbst partizipiert. Ihm ist vorgeworfen worden, daß diese Versenkung zu einer Vernachlässigung des konkreten Lebens führen müsse. Für Teilhard gibt es jedoch eine Vereinigung mit dem Göttlichen (Unio mystica) im Handeln. In seinem dieser großen Thematik gewidmeten Buch *Der göttliche Bereich (Le milieu divin*, 1926) hat er hierzu Näheres ausgeführt:

»Da jedes Werk eine mehr oder weniger ferne und unmittelbare Rückwirkung auf die geistige Welt hat, trägt es dazu bei, Christus in seiner mystischen Ganzheit zu vollenden [...]. Weil die Menschwerdung Christi fortdauert, durchdringt das Göttliche unsere geschöpflichen Kräfte so vollständig, daß wir keinen geeigneteren Bereich als unser eigenes Handeln finden könnten, um den Göttlichen zu begegnen und es zu erfassen. Im Handeln schließe ich mich der Schöpferkraft Gottes an, ich falle mit ihr zusammen, ich werde nicht bloß ihr Instrument, sondern ihre lebendige Verlängerung. Und da es in einem Wesen nichts Innerlicheres gibt als seinen Willen, so werde ich auf gewisse Weise durch mein Herz mit dem Herzen Gottes eins [...]. Der lebendige und fleischgewordene Gott ist nicht weit von uns. Er ist nicht außerhalb der greifbaren Sphäre. Er erwartet uns vielmehr jederzeit im Handeln, im Werk des Augenblickes [...].«[146]

Die Mystologie Teilhards steht damit in einer großen Tradition. Sie reicht über seinen Ordensvater Ignatius, über Meister Eckhart (»Gott in allen Dingen ergreifen«) bis hin zum Apostel Paulus und seiner Schau des kosmischen Christus, wie er speziell im Epheser- und Kolosserbrief vorgestellt wird. Nicht unerwähnt darf bleiben, daß Teilhard insbesondere als ein den ganzen Werdeprozeß des Kosmos einbeziehender Mystiker bis in den marxistisch-atheistischen Bereich hinein Beachtung gefunden hat.[147] Weitere interessante Aspekte ergeben sich, wenn man das evolutive Denken und den integralen Yoga des Inders Sri Aurobindo (1872 bis 1950) einbezieht.

Englische Mystik

Auch in England trat im Verlauf des ausgehenden Mittelalters neben die lateinische Bildungssprache in immer stärker werdendem Maße die Volkssprache. Im 14. Jahrhundert, als die gotischen Kathedralen emporwuchsen und »typisch englische« Wesensart erstmals in Chaucers *Canterbury Tales* eine dichterische Gestaltung fand, wurde das Englische (Middle English) zum Medium für Lesekundige, die weder einem Orden noch dem lateinisch zelebrierenden Klerus angehörten, aber spirituelle Vertiefung suchten. Auf dem Festland, zum Beispiel im deutschen und niederländischen Sprachbereich, stand um diese Zeit die volkssprachliche Mystik mit Meister Eckhart, Tauler, Seuse, Ruusbroec und nicht am wenigsten mit der zum Teil noch früher einsetzenden Frauenmystik in voller Blüte. Nun wurden auch in England religiöse Texte aus dem Lateinischen beziehungsweise aus dem Altfranzösischen übersetzt. Eigene volkssprachliche Schriften entstanden. Damit waren die sprachlichen Voraussetzungen für die englische Mystik dieser Epoche gegeben. Man zählt hierzu Richard Rolle, sodann den unbekannten Autor der *Wolke des Nichtwissens*, Walter Hilton, Juliane von Norwich, Margery Kempe und den zum Katholizismus konvertierten Baptisten Augustine Baker. Der hier zu besprechende Zeitabschnitt erstreckt sich somit vom Beginn des 14. bis etwa zur Mitte des 17. Jahrhunderts.

Am Anfang der als englisch zu bezeichnenden Mystik steht Richard Rolle (um 1300 bis 1349). Einen Übergang markiert er insofern, als er seine Dichtungen und religiös-asketischen Texte nach dem Studium in Oxford zunächst lateinisch und erst später englisch niederschrieb. Als ein früher Meister seiner Muttersprache und gründlicher Kenner der traditionellen wie der neueren Autoritäten des geistlichen Lebens ist er bis heute anerkannt:

»Seine Kommentare zum Buche Job und zu den Psalmen wie auch seine englisch geschriebenen Briefe und kleineren Traktate sind von einer theologischen Beweiskraft und Gründlichkeit, die jeden Leser erstaunen wird [...]. Während seine Vorgänger und Gewährsmänner, selber Mönche, fast ausschließlich für Klausurierte geschrieben hatten und seine unmittelbaren Nachfolger, der Verfasser der ›Wolke‹ und Hilton, ein begrenztes, esoterisches Ziel verfolgten und sich an eine kleine Elite wandten, schrieb Rolle für seine Schüler, Männer und Frauen, und für alle Frommen, wo immer sie sein mochten, und wenn er für eine Reklusin (Einsiedlerin) schrieb, dann tat er es, um jemanden, der außerhalb des geregelten Klosterlebens stand, allgemeine geistliche Ratschläge zu geben.« [148]

Unklar bleibt, in welchem Ausmaß er über eigene spirituelle Erfahrungen verfügte, die er weitergeben konnte, ob er also eher ein Mystologe war als ein Mystiker im strengen Sinn des Wortes. Immerhin führt er nach bewegten Studentenjahren und einem Bekehrungserlebnis als etwa Zwanzigjähriger zeitweise die Existenz eines Priesters und Einsiedlers. Seinen Weg der Läuterung und der Askese beschreibt er in *Feuer der Liebe (Incendium amoris*, um 1340) und in der Schrift *Von der Verbesserung des Lebens (De ementatione vitae)*, einer später ins Englische *(The Mending of Life*, 1434) übersetzten Anleitung für die religiöse beziehungsweise mystische Praxis, sowie in weiteren volkssprachlich abgefaßten Traktaten. Sie fanden eine so nachhaltige Aufnahme in breiten Schichten, daß man später meinte, dem fruchtbaren Autor noch eine Reihe weiterer Werke zuschreiben zu dürfen. Tatsächlich beeinflußte er die späteren mystischen Autoren und Autorinnen, selbst den unbekannten Verfasser der *Wolke des*

Nichtwissens. Gleichzeitig reichte er Traditionsgut von Augustinus, Bernhard, Franziskus sowie von den Viktorinern weiter. Kennzeichnend für seine Schriften ist die sinnenhafte Charakterisierung der religiösen Erfahrung, etwa durch die Termini »calor« (Glut), »dulcor et canor« (Süße beziehungsweise Wonne und Gesang), um die Innigkeit des Betens und der sehnsuchtsvollen Liebe zu Christus, der als Gefährte (spouse) der Seele erscheint, auszudrücken:

»Weiterhin habe ich, nach bestem Vermögen in der Heiligen Schrift forschend, entdeckt und erkannt, daß die höchste Liebe zu Christus in einem Dreifachen besteht: in der Glut, im Gesang und in der Wonne [...]. Ich nenne es Glut, wenn der Geist wahrhaft von ewiger Liebe entflammt ist und das Herz gleicherweise das Brennen der Liebe nicht nur empfindet, sondern wirklich erfährt. Denn ein Herz, das in Feuer verwandelt wird, fühlt die Feuerflamme der Liebe. Gesang nenne ich es, wenn die Seele die Wonne des ewigen Lobpreises mit überströmender Liebe in sich aufnimmt und das Denken sich in ein Lied wandelt und der Geist in einer lieblichen Melodie verweilt. Beide werden nicht in müßigem Dahinleben wahrgenommen, sondern in der vollkommenen Hingabe an Gott, und aus ihnen erwächst ein drittes, nämlich unermeßliche Wonne.« [149]

Gleichzeitg weist Richard Rolle darauf hin, daß Kontemplation, das heißt die praktische Mystik, keine Sache für Ungeduldige ist, die schon binnen kurzer Zeit der Sammlung kostbare Früchte ernten wollen. »Es ist nicht anzunehmen, daß jemand gleich am Anfang seiner Bekehrung die Höhen des kontemplativen Lebens erreicht oder es in seiner ganzen Wonne erfährt, wenn es doch feststeht, daß die Kontemplation erst nach langer Zeit und vieler Mühe erlangt und nicht sofort und ohne Unterschied jedem Beliebigen gegeben wird [...]. Denn es steht nicht in der Macht des Menschen, sie zu erhalten, auch kann sie keiner durch noch so ausdauernde Anstrengung verdienen. Nein, aus Gottes Güte wird sie denen gegeben, die ihn wahrhaft lieben.« [150]

Walter Hilton, von dem wir nur das ungefähre Todesjahr (1396) wissen, hat (vermutlich in Paris) Theologie studiert und dann in seiner Heimat Lincolnshire als Einsiedler gelebt, ehe er sich den Augustiner Chorherren in Nottinghamshire anschloß. So wenig von seiner Biographie bekannt ist, als Autor der *Stufen zur Vollkommenheit (The Scale of Perfection*, auch: *Ladder of Perfection)* nimmt er einen wichtigen Platz in der Geschichte der christlichen Mystik ein. Das in Mittelenglisch abgefaßte Buch wurde – zusammen mit der *Wolke des Nichtwissens* – zu einem in England weit verbreiteten Standardwerk und – wie dieses – in verschiedene Sprachen übersetzt.

Auch bei Hilton begegnet man den Vätern der mystischen Überlieferung (Augustin, Cassian, Gregor dem Großen, der Schule Bernhards und den Viktorinern), es mischen sich platonische und christliche, philosophische und theologisch-spirituelle Elemente. Als spezifische Ausprägung hebt Hans Urs von Balthasar Hiltons Betonung der schonungslosen Selbsterkenntnis hervor: »Der Mensch soll in sich selber einkehren, ›um seine Seele und ihre Kräfte, ihre Reinheit und ihre Befleckung zu erkennen‹. Er soll beides sehen: ›die Würde und den Adel der Seele aufgrund ihrer ursprünglichen Erschaffung, und dann das Elend und die Verkommenheit, der sie durch die Sünde verfallen ist‹. Der ›geheimnisvolle Weg nach innen‹ enthüllt beides: das Verlorene, das aus eigener Kraft unwiederbringlich ist, und das Besessene, das nunmehr als das Unerträgliche erscheint [...].«[151]

In den *Stufen der Vollkommenheit* unterscheidet Walter Hilton drei Stufen der Kontemplation: Zur ersten Stufe gehören die herkömmlichen Frömmigkeitsübungen wie Bibellesen, Gebet und die Nachfolge Christi. Daraus ergibt sich auf der zweiten Stufe die »Abkehr von der Welt«. Beide verlangen den tätigen Vollzug des Menschen. Erst bei der darüber sich erhebenden dritten Stufe liegt die Aktivität nicht mehr beim Menschen, er wird nun vielmehr der Empfänger der Gnade Gottes (intused contemplation), der er sich in Gelassenheit, also passiv, öffnet. Auch bei Hilton ist es das innere Gebet, das auf diesen Weg führt:

»Diese Gebetsart geht im Herzen vor sich, ohne Worte, und wenn Leib und Seele sehr ruhig und still sind. Die so beten wollen, müssen ein lauteres Herz besitzen [...]. Wenn du ins Gebet gehst, lenke vorerst deine Absicht und deinen Willen so restlos und so lauter auf Gott hin, als du es in Kürze im Geist zu tun vermagst, dann fange an und tue, was du kannst, wenn du deinem ursprünglichen Willen entgegen noch so viele Zerstreuungen hast, so sei nicht zu ängstlich, nicht zu ärgerlich über dich selbst und nicht zu ungeduldig mit Gott, weil er dir [etwa] das Verkosten und die geistliche süße Andacht vorenthält, die er deiner Meinung nach anderen schenkt [...].« [152]

Diese und ähnliche Ratschläge sind in der Erfahrung begründet, daß man die Energie seiner Aufmerksamkeit nicht unnützerweise auf Wünsche, auch nicht auf eigene Fehler und Mängel lenke, sondern jene Gelassenheit walten lasse, die die mystische Praxis auszeichnet: »Dulde, daß unser Herr gibt, was er will, und belehre ihn nicht ...«

In einer nicht unwesentlichen geistigen Verwandtschaft zu Hiltons *Stufen* steht das Werk eines unbekannten Autors, das zu den wichtigen mystagogischen Lehr- und Schulungsbüchern des Mittelalters zählt: *Die Wolke des Nichtwissens (Cloud of Unknowing)*. Ende des 14. Jahrhunderts wurde das Buch im mittelenglischen Dialekt niedergeschrieben. Sein Verfasser weist sich als ein theologisch gebildeter Praktiker des kontemplativen Lebens aus, der es versteht, in die Mysterien der geistlichen Übung einzuführen und Unerfahrene auf Besonderheiten wie auf Gefahren aufmerksam zu machen. In den 75 Kapiteln seiner Schrift wendet sich der Autor ganz persönlich an einen ebenfalls ungenannten Empfänger, einen jungen Menschen, der offenbar nicht geistlichen Standes ist. Es ist die Zeit, in der man in weiten Kreisen zu der Einsicht gelangt ist, daß man weder Theologe oder Priester noch Ordensangehöriger sein muß, um sich dem inneren Leben zuzuwenden. Freilich bedarf es einer klaren Entschiedenheit, daß man auch als »Laie« seine ganze Willenskraft und Umsicht darauf konzentriert, den Weg der Nachfolge zu gehen.

»Gib also nicht auf, sondern gib dir solange Mühe damit, bis du Verlangen danach empfindest. Denn zu Beginn deiner Übung bemerkst du nichts als eine Finsternis, sozusagen eine *Wolke des Nichtwissens.* Genau weißt du nicht, was das ist, außer daß du in deinem Willen ein von allem entblößtes Verlangen nach Gott spürst. Du magst dich bemühen wie du willst, dennoch bleiben diese Dunkelheit und diese Wolke zwischen dir und deinem Gott und hindern dich, ihn mit dem Lichte deiner geistigen Verstandeskraft in deiner Vernunft deutlich zu erkennen oder in seliger Liebe in deinem Herzen zu spüren. Mache dich deshalb bereit, in dieser Dunkelheit so lange wie möglich zu verweilen und immerfort nach dem, den du liebst (Hoheslied 3,1, 5,6), zu rufen. Denn wenn du ihn je fühlen oder sehen können wirst – sofern dies hienieden möglich ist –, so kann dies doch immer nur in jener Wolke und Dunkelheit geschehen. Wenn du dich indes eifrig in diesem Werk bemühst, so wie ich es dir rate, glaube ich wohl, daß Gott in seiner Gnade dir diese erwähnte Schau gewährt.« [153]

Das Motiv der Wolke erinnert an das Erleben des Volkes Israel bei seiner Wanderung durch die Wüste zum verheißenen Land, aber auch an die Erfahrung des Mose, der zum Gottesberg emporsteigt, um dort die göttliche Weisung, »das Gesetz« zu empfangen. In der Geschichte der Mystik – etwa seit Gregor von Nyssa – ist das Bild der Wolke immer wieder aufgetaucht, sowohl als Ausdruck der Verborgenheit als auch der Gegenwart Gottes. Jene »dunkle Nacht der Seele«, wie sie Jahrhunderte später bei Johannes vom Kreuz genannt wird, gehört zum Erfahrungsbereich des mystischen Erlebens in seiner existentiellen Tiefe.

Bis hin zu einzelnen Ratschlägen, versucht der englische Seelenführer seinem Geistesschüler zu zeigen, daß es die Inbrunst der Gottesliebe ist, die das Unmögliche, nämlich das Hindurchdringen durch die Wolke des Nichtwissens, ermöglicht. Was der menschlichen Vernunft, auch der härtesten Askese nicht gelingt, das erlangt die Liebe spontan, in einem Augenblick, eben durch Gnade. Und dafür gibt es eine methodische Hilfe. Es ist das Gebet, das die vielen Worte und Vorstellungen beiseite läßt, selbst so zentrale Meditationsbilder wie die der Passion Christi. Die vom Autor empfohlene Form der Andacht bewegt sich gleichsam auf dem schmalen Grat zwischen totalem Schweigen und wortreicher Litanei: Wenn man nicht in schweigender Anbetung verharren will, dann sind möglichst kurze, einsilbige Gebetsworte zu verwenden, und darauf ist die ganze Hingabe zu konzentrieren. Zwei solcher Worte nennt er als Beispiel: »Gott« und »Sünde« (sin). Durch beide Worte werden gleichsam die Pole der menschlichen Existenz markiert: das Sündigsein als Ausdruck für die Nichtigkeit des Menschen, der in der Sehnsucht nach dem höchsten Gut geradezu vergehen möchte, und – auf der anderen Seite – die Fülle dessen, was ist, Gott. Verpönt ist jedenfalls jede auf Selbstgefälligkeit zurückzuführende schöne Formulierung, selbst der Gottesgedanke der theologischen Reflexion kann hinderlich sein. So ergeben sich eine Reihe methodischer Ratschläge des Seelenführers:

»Willst du also stehen und nicht fallen, so schwäche die Stärke deines Willens niemals ab, sondern haue beständig mit dem spitzen Speer der sehnenden Liebe auf diese Wolke des Nichtwissens ein, die zwischen dir und deinem Gott hängt. Empfinde Abscheu davor, an irgend etwas anderes als an Gott zu denken, und gib diesen Gedanken nicht auf, was dir auch widerfahren mag. Denn nur dieses Werk besitzt die Eigenschaft, den Grund und die Wurzel der Sünde schlechthin zu vernichten. Wenn du noch so viel fastest, noch so lange wachst, noch so früh aufstehst, noch so hart liegst, ein noch so härenes Gewand trägst [...] und deinem Körper jede erdenkliche Pein zufügen würdest, so hülfe dir dies gar nichts [...].«[154]

Damit ist der in Mystikerkreisen immer wieder auftauchenden gewaltsamen Askese eine klare Absage erteilt. Das hier gemeinte »Werk« ist innerer Natur, alle Aktivitäten oder Leidensformen, wie sie als besondere Leistungen der »Heiligen« gerühmt werden, sind preiszugeben. Demut und Liebe wiegen alles andere auf. Auf diese Weise ist die Seele befähigt, Gott zu »fassen«, freilich immer in dem nüchternen Wissen, daß die Geschöpflichkeit des Menschen bestehen bleibt. Auch der gotterfahrene Mensch bleibt zeitlebens der Mensch »unter Gott«. Aber ein bestimmtes »Etwas« lebt in dem Hingabebereiten, das von nun an seine Geschicke lenkt.

»Laß dieses wirkende Etwas mit dir tun, was es will, und dich führen, wohin es will. Laß es das Wirkende sein und laß sein Tun an dir geschehen [...]. Sei du nur das Haus und laß es den Hausherrn sein, der darin wohnt. Sei blind während der Dauer (dieses Werks), und entledige dich aller Wißbegierde, denn sie hindert mehr, als daß sie hilft. Es genüge dir, daß du dich von einem Etwas freudig bewegt fühlst, von dem du nicht weißt, was es ist, du weißt nur, daß du bei deiner Regung an nichts Geringeres als an Gott denkst und daß dein Verlangen bloß und unmittelbar auf ihn gerichtet ist.«[155]

Diese und ähnliche Formulierungen geben Grund zu der Annahme, daß der Mystiker der *Wolke* das unpersönliche »Etwas« der wirkenden Gotteskraft aus eigener Erfahrung gekannt hat. Dieser scheinbare Widerspruch wird von der »negativen« Mystik des Dionysius Areopagita herkommend verständlich: Der transzendente Gott ist durch menschliche Kategorien nicht zu erfassen, durch kein Gleichnis, vor allem durch keinen Superlativ zu

»ermessen«. Und doch gibt es für den christlichen Mystiker das personale Du der Anrede Gottes.

Die Wirkungsgeschichte der *Wolke des Nichtwissens* reicht von der späten mittelalterlichen Frömmigkeit über Augustine Baker bis in die Gegenwart. 1871 konnte die erste gedruckte Buchausgabe erscheinen. In der zweiten Hälfte des 20. Jahrhunderts hat das Interesse im Zeichen des Vergleichs mit zen-buddhistischen Praktiken stark zugenommen. Aber auch »wenn es richtig ist, daß gewisse Ähnlichkeiten [mit Zen] nicht zu übersehen sind, wäre es trotzdem grundfalsch, unseren Text sozusagen in die buddhistische Spiritualität einzuordnen [...]. Die ›Wolke‹ ist viel mehr als ein Meditationstext, der den Yoga ermöglicht. Durch das in ihr beschriebene ›Werk‹ vermag der Leser eine göttliche Seinserfahrung zu erlangen, ohne den Umweg über die dem westlichen Menschen nicht vertraute buddhistische Geistigkeit gehen zu müssen. Jedoch kann die ›Wolke‹ andererseits sehr wohl dazu dienen, den Dialog zwischen den Religionen zu fördern.« [156]

Ging es Walter Hilton und dem Autor der *Wolke* in ihren Schriften darum, nach Art von spirituellen Lehrbüchern zu beschreiben, wie der innere Weg begangen werden kann, so berichtet Juliana von Norwich (um 1342 bis 1420) in ihren *Offenbarungen der göttlichen Liebe (Revelations of Divine Love)* von persönlichen visionären Erfahrungen. Traditionell unterscheidet man verschiedene Arten von Visionen, etwa solche mit körperlichen Erscheinungen (visio corporalis), mit inneren Bildern verbundene (visio imaginaria, visio spiritualis), schließlich ungegenständliche, bildlose Schau (visio intellectualis), als rein geistiges Vernehmen, das sich jeder Beschreibung entzieht. In der Nachfolge des Dionysius Areopagita hielten auch Hilton und der Autor der *Wolke* die letzte Form für das zu erreichende Ziel. Entsprechend hatten es Visionärinnen wie Juliane schwer, ihre eindrücklichen, von starken Gefühlen begleiteten Erlebnisse einzugestehen. Sie lebte als Einsiedlerin bei der Kirche von St. Julian in Norwich, und ungezählte Zeitgenossen, Männer wie Frauen, darunter Margery Kempe, empfingen von der Einsiedlerin Antwort auf ihre Fragen nach religiöser Vertiefung. Ihre Visionen hat sie selbst auf den 8. Mai 1373 datiert, als sie das dreißigste Lebensjahr und damit das Lebensalter Jesu erreicht hatte, dessen Passion ihr spontan gegenwärtig wurde.

Die Eigenart ihrer Mystik ist zum einen dadurch gekennzeichnet, daß die Schau des Leidenden in ihr nicht nur ein intensives Mitleiden auslöste, sondern ebenso intensive Freude angesichts der Erlösungstat. Das andere Kennzeichen der trinitarisch ausgerichteten Gottesschau Julianas ist das Erleben Gottes im Bild der Mütterlichkeit:

»Juliana sieht – in Anlehnung an eine lange Tradition christlich spekulativer Theologie – in der Trinintät die drei ›propertes‹ der Vaterschaft, der ›faderhed‹, der ›motherhed‹ und der ›lordschyppe‹ vereint. Das väterliche Attribut wird von Gott-Vater als dem Allmächtigen, Richter und Gesetzgeber repräsentiert, das mütterliche Prinzip von Christus, der ›Mutter‹ des neuen Menschen, während der Heilige Geist allegorisch als ›Herr‹ gesehen wird, der den ihm in Treue, Gehorsam und Liebe ergebenen Menschen mit Liebe und Gnadengeschenken belohnt [...]. Juliana sieht insbesondere in der Mutter-Kind-Beziehung ein Analogon (sowohl im moralischen wie auch im anagogischen Sinne) zu der Beziehung zwischen Christus und dem Menschen.« [157]

Als Exponentin der englischen Frauenmystik, als Visionärin, ja selbst als »Lehrerin der Kirche«, zu der sie sich ausdrücklich bekennt, um mit zeitgenössischen Irrgeistern nicht verwechselt zu werden, hat Juliana bis heute hohes Ansehen erlangt. Sie hebt sich durch Nüchternheit und maßvolles Gefühlsleben von der jüngeren Margery Kempe (um 1374 bis 1438) deutlich ab. Dieser Ehefrau eines Kaufmanns und Mutter von 14 Kindern, die fast alle bereits im Kindesalter starben, wurde auf dem Krankenlager eine Christusvision zuteil. Die dabei erlebte Spontanheilung gab ihrem weiteren Leben als »Gottesbraut« eine völlig neue Wendung. In bestürzender Fülle brachen Gesichte über sie herein, Visionen in Form von Begegnungen mit biblischen Gestalten, solche, die der Minnemystik zuzurechnen sind, und schließlich die Erfahrung der mystischen Hochzeit. Für Margery und ihre Mitwelt waren die damit verbundenen ekstatisch-ungezügelten Gefühlsausbrüche belastend. Seelischen Beistand suchend, wandte sich die exzentrische Frau daher an Juliana. In ihrer Autobiographie, die seit ihrer Entdeckung 1934 als erste volkssprachliche dieser Art gilt, hat sie wortreich von alledem berichtet.

Auch darin unterscheidet sich die stark nach außen gekehrte Margery von ihrer Meisterin, denn von ihrer Person und ihren Lebensumständen als Reklusin vertraute Juliana ihren Schilderungen kaum etwas an. So gesehen, steht Margery Kempe am Rande der Mystik-Bewegung. Entsprechend kontrovers hat sich die Forschung zu ihr und zu ihren Zeugnissen geäußert. Die Anerkennung einer tiefen religiösen Sensibilität und aufrichtiger Frömmigkeit konnte man der psychisch offensichtlich sehr belasteten Frau aber nicht versagen.

Mit Augustine David Baker (1575 bis 1641), dem aus baptistischer Familie stammenden, zum Katholizismus konvertierten Benediktinermönch ist die mittelalterliche Epoche verlassen. Der spirituelle Weg Bakers verlief zunächst nicht mit der zu erwartenden Gradlinigkeit. Nach mehrjähriger juristischer Tätigkeit bedurfte es einer »zweiten«, ja einer »dritten Bekehrung«, um seinen Lebensauftrag als Seelenführer und als Autor einschlägiger Schriften zu erfüllen. Aufgrund der Verfolgung der englischen Katholiken ging er ins französische Exil, in den Benediktinerkonvikt von Cambrai, dann nach Douai, wo ihm jeweils die Nonnenseelsorge oblag. Seine Anleitungen zur Meditation und zu disziplinierter geistlicher Übung stießen auf den Widerstand seiner Oberen, weshalb er 1638 nach England zurückkehrte, wo er seine Tätigkeit fortsetzte.

Sein jüngerer Ordensbruder Serenus Cressy stellte einen Großteil von Bakers zahlreichen Abhandlungen unter dem Titel *Sancta Sophia. Holy Wisdom or Directions for the Prayer of Contemplation* zusammen. Es handelt sich um Unterweisungen, die sich in erster Linie an Mönche und Nonnen wenden, um eine »Schule des Betens« unter besonderer Berücksichtigung des inneren Gebets. Seine Kritiker legen Baker bei voller Anerkennung seiner mystagogischen Qualitäten freilich eine gewisse »Begriffsverwirrung« hinsichtlich der Stufen des geistlichen Lebens und der Prinzipien der mystischen Theologie zur Last, zumal er die ältere Tradition seit Dionysius, vor allem auch Johannes vom Kreuz kannte. Er habe sich beispielsweise zu wenig um die Klärung dessen bemüht, was mit Kontemplation, folglich mit mystischer Erfahrung gemeint sei. Dazu gehöre unter anderem der Verzicht auf willentliche Anstrengungen dort, wo die meditative Sammlung in die von allem Streben befreite, dem Walten Gottes sich hingebende Kontemplation übergeht. David Knowles, selber Benediktiner und ausgewiesener Kenner der englischen Mystik, kritisiert hier zwar eine »Begriffsverwirrung«, versäumt aber auch nicht, die besonderen Qualitäten Augustine Bakers herauszustellen. Er tut dies, indem er sagt, wie weit seine geistliche Führungskraft reicht und wo deren Grenze verläuft: »Alles in allem bleibt Father Baker einer der Großen, ein ›Gipfel‹ [...]. [*Sancta Sophia*] ist tatsächlich ein Buch, das auf den Anfänger im geistlichen Leben eine starke Wirkung ausübt, und darüber hinaus ein Werk, das jeden Leser ein Stück Weges führen wird und manchem für einen sehr großen Teil seines Lebens genügen kann. Doch ›nemo dat quod non habet‹ (niemand kann geben, was er selbst nicht hat), Baker wird keinem wahren Kontemplativen den

Weg zur Höhe weisen. Er kann ihn sogar verleiten, einen Vorhügel bereits für den Berg Karmel zu halten [...].« [158]

Eine Skizze zur englischen Mystik kann nicht an der Tatsache vorübergehen, daß auch die anglikanische Kirche Männer und Frauen mit mystischen Erfahrungen hervorgebracht hat. Diese schöpfte zunächst aus der altkirchlichen und mittelalterlichen Tradition, sodann aus der bereits besprochenen englischen Mystik, ehe es zu weiteren Ausgestaltungen kam. Auch hier fehlt es nicht an Impulsen, die von außen eindrangen, namentlich von der Mystik und Theosophie Jakob Böhmes (1575 bis 1624). Böhmes Schriften wurden in der Mitte des 17. Jahrhunderts unter der Protektion von Charles I. ins Englische übertragen und übten einen ebenso tiefen wie nachhaltigen Einfluß aus. Zu den englischen Böhmisten (Behmenists) gehören vor allem Thomas Traherne (1637 bis 1674), Autor von *Centuries of Meditation*, und William Law (1686 bis 1761), der zahlreiche mystagogische Schriften verfaßte. Im Kreis der sogenannten Philadelphen (Philadelphian Society) fanden sich um 1670 Männer und Frauen zusammen, deren Ziel eine innerkirchliche, zugleich interkonfessionelle spirituelle Erneuerung war. Die Gemeinschaft wollte religiös Erweckte aller Konfessionen im Blick auf die von Jakob Böhme angekündigte »Lilienzeit« in sich vereinigen. Gegründet von der charismatisch begabten Jane Leade (1623 bis 1704) und dem für das mystische Leben aufgeschlossenen Priester John Pordage (1607 bis 1681), bemühten sich die Philadelphen um eine ernste Christus-Nachfolge im Geist der Mystik und Theosophie des »philosophus teutonicus«. Ihre Schriften wiederum fanden durch Übersetzungen in Deutschland Eingang, wo sie im Pietismus (August Hermann Francke, Gottfried Arnold) des 17. und 18. sowie in der deutschen Erweckungsbewegung des 19. Jahrhunderts eifrig gelesen wurden. Auch in Frankreich, Holland, Schweden und Finnland sind Wirkungen der Philadelphen nachweisbar.

Von weiteren Einzelpersonen wie dem an Swedenborg und Böhme sich orientierenden William Blake abgesehen, ist die Gesellschaft der Freunde (Quäker) zu erwähnen. Aus einer um 1650 von dem charismatisch begabten Schuhmacher George Fox (1624 bis 1691) eingeleiteten Sammlungsbewegung entstanden, achteten deren Mitglieder im Zusammenhang der persönlichen Gotteserfahrung auf die Wahrnehmung des »inneren Lichtes«. Wie die Errichtung der ursprünglichen Quäkersiedlung Pennsylvanien zeigt, vermochte diese Gesellschaft von Anfang an religiöse Innerlichkeit mit praktischer Lebensgestaltung zu verbinden. Die weltweit verbreitete Gemeinschaft legt auf die Entfaltung der individuellen Freiheit so großen Wert, daß christlich-mystisches und allgemein-humanitäres, ja selbst atheistisches Gedankengut nebeneinander Raum haben.[159] Im Mittelpunkt der gottesdienstlichen Übung steht das dem inneren Gebet entsprechende schweigende Warten auf die Ankunft Gottes (holy expectation before the Lord).

Deutsche und niederländische Mystik

Die Vielgestalt mystischen Erlebens zeigt sich bereits beim Versuch eines Überblicks. Stets erweisen sich die gängigen Gliederungsmodelle als Notbehelf, weil immer wieder Beeinflussungen und Berührungspunkte zu berücksichtigen sind. Weder chronologische Aneinanderreihung noch eine Gliederung nach Gesichtspunkten wie Sprache, Nation, Geschlecht, gesellschaftlichem Status und dergleichen befriedigen durchwegs. Und so lassen sich auch bei der Betrachtung der deutschen Mystik vielfältige Überschneidungen feststellen: die prägenden Wirkungen einer Ordensspiritualität (Dominikaner, Franziskaner, Zisterzienser, Jesuiten, Karmeliter und andere), der Einfluß einzelner Seelenführer beispielsweise in der mittelalterlichen Frauenmystik oder in der Gottesfreunde-Bewegung des 14. Jahrhunderts, die Aufnahme romanischer Mystik in der pietistischen Frömmigkeit des Protestantismus, die beträchtliche Strahlkraft, die vom Schrifttum Jakob Böhmes im europäischen Maßstab ausgegangen ist, aber auch dessen Rückwirkung von England her durch die Philadelphen oder von Frankreich her durch Saint-Martin im frühen 19. Jahrhundert. Diese Vielfalt der Gesichtspunkte behalte man im Bewußtsein. So lassen sich von Fall zu Fall auch andere Anordnungen denken, etwa eine zusammenfassende Darstellung des erheblichen Anteils der Frauen an den verschiedenen volkssprachlichen Ausprägungen der Mystik. Auch ein nach – den durchweg erst viel später entstandenen – Nationen aufteilender Überblick wie der vorliegende könnte konsequenterweise hier nur Zeugnisse aufnehmen, die in der betreffenden Volkssprache überliefert sind. Dann läge es vielleicht nahe, die lateinisch dokumentierte Hildegard von Bingen zusammen mit ihrem großen Zeitgenossen Bernhard von Clairvaux oder mit dem älteren, ihrer Mentalität verwandten Johannes Scotus Eriugena vorzustellen. In dieser der Orientierung dienenden Einführung soll es aber darum gehen, Wirkungszusammenhänge soweit wie möglich zu bündeln und anschaulich zu machen.

So wurde beispielsweise der niederländischen beziehungsweise flämischen Mystik trotz ihrer Bedeutung kein eigenes Kapitel zugedacht, da eine Trennung vom Geschehen im deutschsprachigen Raum zu künstlich erschien.

Nach allgemeinem Urteil gilt das St. Trudberter Hohe Lied als das früheste Zeugnis der deutschen Mystik. Das zwischen 1150 und 1160 vermutlich im Benediktinerkloster Admont in der Steiermark niedergeschriebene, in der Nationalbibliothek Wien aufbewahrte Buch, eine Übersetzung des Hohenliedes mit kommentierenden Einschüben in frühmittelhochdeutscher Sprache, endet mit dem Hinweis auf das Kloster St. Trudbert im Schwarzwald, das einst die Handschrift besaß. Offensichtlich handelt es sich um geistliche Unterweisungen anhand des alttestamentlichen Textes, die ein Priester den ihm anvertrauten Nonnen gibt. Die Gottessehnsucht wendet sich an den himmlischen Geliebten, – bald ist es Christus, bald der Heilige Geist, mitunter auch die göttliche Trinität. Die Zwiesprache zwischen ihm und seiner »Freundin voller Liebreiz und Anmut« ist ins Spirituelle gewendet; wie schon bei Augustinus, handelt es sich um die Beziehung von Gott und der Seele:

»Der König leitet mich in sein Gemach. Gott ist mit dem, den er leitet; von woher leitet und führt er ihn? Er leitet uns und zieht uns durch den Weg der Unwissenheit hindurch und geleitet uns in den Hof der heiligen

Gelübde. Er zieht uns den Weg der Reue entlang in das Haus des heiligen Versprechens. Und er geleitet uns von der kindlichen Furcht weg hin in seine heilige Liebe. Er geleitet uns von leiblicher Arbeit hin in die Ruhe der inneren Beschauung. – Daß wir es kurz sagen: er geleitet uns von allen Begierden weg hin zu den heiligen Tugenden; so heißt es: von Tugend zu Tugend fortschreiten, bis daß er zuletzt in uns Wohnung nimmt: Unsere Seele ist seine Wohnung und sein lieblicher, liebster Himmel. Da erkennen wir zu allererst seine Güte. Da umarmt ihn die Magd, das ist unsere erkennende, einsichtige Seele [...]. Dann verstehen wir auch des Erhabenen Weisheit, nach der unsere Seele lechzt und zerfließt. Da wird die Seele allein mit Gott sein. Dann ist die heilige Güte mit unserem Willen, dann ist die höchste Weisheit mit unserer Vernunft, dann ist die Kraft der Gottesfurcht mit unserem Denken, unserem Geist, und diese Seligkeit, die ist die allerhöchste.« [160]

Die Textanalyse zeigt, wie nachhaltig die vorangegangene theologische Hohelied-Auslegung auf die St. Trudberter Schrift gewirkt hat. Ohne die Lehren der mittelalterlichen Meister, Bernhard von Clairvaux, Wilhelm von St. Thierry oder Hugo von St. Viktor, ist die volkssprachliche Mystik – gerade auch in ihren poetischen und visionären Ausprägungen – nicht zu denken.

Getragen wurde diese Mystik zu einem wesentlichen Teil von Ordensfrauen, geprägt von den zumeist deutschsprachigen Berichten ihrer intensiven Erfahrungen.

Spätestens seit der Belebung der Mystik-Forschung im 19. Jahrhundert ist man sich bewußt, welchen bedeutenden Anteil Frauen an dieser Form des religiösen Erlebens haben. In seinem repräsentativen Werk *Geschichte der deutschen Mystik im Mittelalter* hat Wilhelm Preger der Frauenmystik einen relativ breiten Raum freigehalten, angefangen bei den rheinischen Mystikerinnen des 12. Jahrhunderts (Hildegard von Bingen, Elisabeth von Schönau). Teils sind es herausragende Einzelgestalten, die durch ihre literarische Hinterlassenschaft hervorgetreten sind, teils sind es einzelne Klöster, die als Zentren mystischen Erlebens zu gelten haben, etwa Unterlinden bei Kolmar, Adelhausen bei Freiburg, Thöß bei Winterthur, Oedenbach bei Zürich, Engelthal östlich von Nürnberg oder Helfta in Sachsen. Dabei ist die Religiosität der einzelnen Ordensfrauen beziehungsweise Frauenklöster durch die betreffende Ordensspiritualität, etwa durch die benediktinische, dominikanische, franziskanische, zisterziensische oder karmelitische, geprägt. Dies ergibt sich aus der Tatsache, daß die jeweiligen Ordenspriester mit der Nonnenseelsorge (cura monialium) betraut waren. Frauen, denen der Eintritt ins Kloster verwehrt war oder die eine außerklösterliche geistliche Gemeinschaftsform bevorzugten, lebten als »Beginen« ein Leben in Armut, Arbeit, Nächstenliebe und inniger Gotteshingabe. Auch eine so bedeutende Mystikerin wie Mechthild von Magdeburg war Begine.

Nicht unerwähnt bleiben dürfen jene Frauen – darunter gerade solche aus Beginenkreisen –, die von der Kirche als Häretikerinnen diffamiert und verfolgt worden sind. Man faßt sie unter der Sammelbezeichnung der »Brüder und Schwestern vom Freien Geiste« zusammen, wobei das Verdikt eines Seelsorgers, eines Bischofs, einer Synode oder allein üble Nachrede häufig genügten, um eine Frau anzuprangern und aus der Gesellschaft auszuschließen. Der Vergleich mit den teilweise zeitgleichen Hexenverfolgungen drängt sich auf.

Im folgenden sei das reiche literarische Lebenswerk der Hildegard von Bingen im Zusammenhang mit dem der Elisabeth von Schönau genannt, da beide Benediktinerinnen mit visionären und prophetischen Äußerungen an die Öffentlichkeit traten und sich dadurch von späteren Mystikerinnen unterscheiden, die sich eher der Christus-Minne oder der Betrachtung seiner Passion verschrieben. Hildegard (1098 bis 1179), die um 1150 auf dem Rupertsberg bei Bingen, dann (um 1165) in Eibingen bei Rüdesheim je ein Benediktinerinnen-Kloster gründete, hat sich in nachdrücklicher Weise durch ihren Briefwechsel mit den Großen der Zeit in die Geschichte eingetragen, unter ihnen Kaiser Friedrich I., Papst Eugen III. und Bernhard von Clairvaux. Ihre Predigtreisen, bei denen sie an das Gewissen des Klerus und der kirchlichen Oberen appellierte, erweckten Aufsehen. Als ihre Hauptwerke gelten *Sci vias (Wisse die Wege), Liber vitae meritorum, (Buch der Lebensverdienste), Physica (Naturkunde)* und *Causa et curae (Buch der Krankheitsursachen und Behandlungsweisen).* Zu Wort kommt in ihnen eine weise Frau, der die Fülle des kosmischen Wissens ihrer Zeit zu Gebote steht. Durch die geistige Schau ist vor allem ihr Heilwissen, die Kenntnis der Wirkung von Steinen und Kräutern spirituell vertieft. Kennzeichnend für ihre Geistesart ist die Tatsache, daß sie von Kind auf Visionen erlebte, und zwar bei klarem Bewußtsein. Davon berichtet sie selbst:

»Im Jahre 1141 der Menschwerdung Jesu Christi des Gottessohnes, als ich zweiundvierzig Jahre und sieben Monate alt war, kam ein feuriges Licht mit Blitzesleuchten vom offenen Himmel hernieder. Es durchströmte mein Gehirn und durchglühte mir Herz und Brust gleich einer Flamme, die jedoch nicht brannte, sondern wärmte, wie die Sonne den Gegenstand erwärmt, auf den sie ihre Strahlen legt. Nun erschloß sich mir plötzlich der Sinn der Schriften des Psalters, des Evangeliums und der übrigen katholischen Bücher des Alten und Neuen Testamentes [...]. Die Gesichte, die ich schaue, empfange ich nicht in traumhaften Zuständen, nicht im Schlafe oder in Geistesgestörtheit, nicht mit den Augen des Körpers oder den Ohren des äußeren Menschen und nicht an abgelegenen Orten, sondern wachend, besonnen und mit klarem Geiste, mit den Augen und Ohren des inneren Menschen, an allgemein zugänglichen Orten, so wie Gott es will.« [161]

Was bei der Hildegard-Lektüre immer wieder erstaunt, das ist die Geist, Seele und Leib umfassende Ganzheitlichkeit ihrer Betrachtungsweise, die Zusammenschau von Gott, Kreatur und Mensch, von Schöpfung und Erlösung. Alles Geschaffene ist durchdrungen von dem großen Lebensstrom, der sich dem Menschen als die »heilige Grünkraft« (sancta viriditas) manifestiert. In *Sci vias* gibt sie dem Ausdruck: »O edelste Grüne, / du wurzelst in der Sonne / und leuchtest in schneeiger Klarheit / in dem kreisenden Rade, / das irdische Größe nimmer begreift. / Dich umfängt die Umarmung / der Geheimnisse Gottes. / Wie Morgenglühen errötest du / Und brennst wie die Flamme der Sonne.«[162]

Es spricht gewiß für die Geistesverwandtschaft Jakob Böhmes mit Hildegard, wenn er vier Jahrhunderte später in Erwartung der »Morgenröte im Aufgang« den spirituellen Prozeß des »Ausgrünens« vorbereiten will. Und was bei einer Ordensfrau kaum zu erwarten ist: Sie beschränkt sich bei ihren Schilderungen nicht allein auf die spirituelle Dimension der Wirklichkeit, sie sieht in leiblichen Vorgängen nicht bloße Metaphern für die Welt des Geistes, vielmehr findet man bei dieser überaus lebensnahen Frau selbst Schilderungen der physiologischen Vorgänge bei der Liebesumarmung von Mann und Frau. Göttliche Liebe und die Dynamik des elementaren Erlebens gehören für Hildegard zusammen. Die Wirklichkeit duldet keine Aufspaltung in Materielles und Spirituelles, in Wertvolles und in gering zu Achtendes, weil es angeblich »nur Fleisch« sei. Andernfalls würde die Schöpfung Gottes mißachtet und das dem kosmischen Ganzen dargebrachte Heil, die Heimholung des Minderwertigen, Schwachen, selbst des Widergöttlichen verhindert. So ist alles von Lebensfreude und Gottzugewandtheit Erfüllte ein »opus dei«, ein Gotteswerk, das der Mensch mitschöpferisch vollzieht.

Die Hildegard-Renaissance der letzten Jahrzehnte konnte nicht verhindern, daß man dieser »deutschen Prophetin« (prophetissa teutonica) den Status einer Mystikerin bisweilen verweigern wollte. Angesichts ihrer beeindruckenden Manifestationen von Gotteserfahrung und der spirituellen Durchdringung ihrer

Wirklichkeitserkenntnis scheint es dabei aber nurmehr um einen Streit um Worte und Bezeichnungen zu gehen.

Beeindruckende Zeugnisse ihrer Spiritualität hat auch Elisabeth von Schönau (1129 bis 1164) hinterlassen, eine wahrscheinlich aus Bonn stammenden Benediktinerin, die im Mittelalter sogar einen größeren Bekanntheitsgrad als Hildegard hatte, mit der sie im Briefwechsel stand. So ist noch der *Schedelschen Weltchronik* von 1493 zu entnehmen, daß die »heilige Klosterfrau« als Autorin eines vielgelesenen Erbauungsbuches bekannt war. Was sie in ekstatischen Zuständen schaute, was sie gemäß der neutestamentlichen und der späteren Überlieferung berichtete, hat ihr Bruder, der Benediktiner Egbert, unter anderem in ihrem umfangreichen Visionenbuch *Liber visionum* festgehalten.

Dem Urteil Kurt Ruhs folgend, daß die Abspaltung der niederländischen Mystik »forschungsmäßig und methodisch nur zur Verarmung, sachlich zur Verzerrung des Bildes der deutschen Mystik« führen würde [163], möchte ich nun eine Reihe von Frauen nennen, die in räumlicher und zeitlicher Nähe zu den beiden rheinischen Benediktinerinnen in den Niederlanden aufgetreten sind. So etwa die aus Brabant stammende Maria von Oigniès (1177 bis 1213). Nach Zeiten eines zurückgezogenen Lebens bildete sie als geistliche Mutter (pia mater) den Mittelpunkt einer Frauengruppe und steht somit am Anfang der Beginen-Bewegung, die aus dem niederländischen Raum bis nach Oberdeutschland ausstrahlte. Luitgard von Tongeren (1182 bis 1246) wurde zur Patronin Flanderns. Beatrijs von Nazareth (1200 bis 1268), ebenfalls aus Brabant gebürtig, unter Beginen aufgewachsen, dann eine Zisterzienser-Nonne und lebenslang mit der Mystikerin Ida von Nivelles befreundet, beschrieb ihr inneres, von Askese und entschiedener Christusnachfolge (imitatio) geprägtes, von ekstatischen Zuständen begleitetes Leben in ihrem Lebensbuch *Liber vitae* und in der Schrift *Von sieben Arten der Liebe.*

Aus der langen Liste der mystisch gestimmten Frauen dieses Raums ragt Schwester (Suster) Hadewijch hervor, eine des Wortes und der Bilder mächtige Dichterin des 13. Jahrhunderts, eventuell aus Antwerpen stammend, von der sich kaum biographische Daten erhalten haben. Als Verfasserin von Visionsberichten, von Briefen und sogenannten Reimbriefen (Mengeldichten) hat sie über den Kreis ihrer Freunde hinaus Impulse gegeben. Kein geringerer als Jan Ruusbroec und dessen Schüler Johannes van Leeuven wurden durch diese Frau beeinflußt. Sie verstand es, das höfische Minnelied so umzuformen, daß es geeignet schien, ihr spirituelles Erleben anderen Frauen mitzuteilen und sie geistlich zu bewegen.

Einerseits ist ihr wichtig, daß gleichgesinnte, gottsuchende Frauen zusammenfinden und einander von ihrem inneren Erleben berichten; andererseits ist sie sich aufgrund ihrer Eigenerfahrung bewußt, wie begrenzt die Möglichkeiten des sprachlichen Ausdrucks sind: »Alles, was dem Menschen von Gott in der Vorstellung zugänglich ist, was er mit dem Verstande und irgendeinem Zeichen darlegen kann, das ist Gott nicht. Denn könnte ihn der Mensch begreifen und mit seinen Sinnen und Gedanken verstehen, so wäre Gott kleiner als der Mensch, und bald wäre er zu Ende geliebt.« [164] Die Liebe, die sie besingt, kann aber gar kein Ende finden, sie ist unbegrenzbar. Eben dies macht ihr Wesen aus. Auch über die Besonderheit der Minne macht Hadewijch Aussagen. So rät sie einer Freundin im Brief:

»Nimm Gott in allen Kreaturen, aber empfangen sollst Du ihn einzig und allein aus der Ganzheit seiner eigenen Natur, in der es allzeit lieblich zu wirken ist. Denn sein süßer Name macht ihn allen Menschen wohlgefällig in den Ohren vernunftbegabter Seelen. Alle Worte, die Du fortan aus der Schrift von ihm hörst oder selbst liest, alle, die ich Dir gesagt habe und die Dir jemand auf niederländisch oder lateinisch sagt, die laß in Dein Herz eingehen, und so lebe eifrig und aufmerksam nach seinem unendlichen

Werte. So übe Dich in allem, was ich Dir gesagt habe. Denn lehren kann man Minne niemanden; aber diese Tugenden führen den Menschen ganz zur Minne. Gott helfe Dir, das zu erringen. Amen.« [165]

Hadewijch versäumt aber auch nicht darauf hinzuweisen, daß sich in die Süße der Gotteserfahrung auch viel Bitternis mischt und der wonnevollen unio mystica die Höllenerfahrung benachbart ist.

Hadewijchs Qualitäten sind dank der von ihr bezeugten Erfahrungsdichte aus unterschiedlichen Perspektiven betrachtet worden, und Alois Maria Haas hat die Zeugnisse ihres Erlebens zusammenfassend so charakterisiert:

»Ohne preziös zu sein, ist Hadewijch in jeder Hinsicht graziös, adelig durch und durch, wenn man will elitär – das alles aber gemildert durch die unabweisliche Forderung nach entsagungsvoller, tätiger Nächstenliebe, Demut, Geduld, Tugenden, die die ›vita communis‹ [das gemeinsame Leben] ihr zur Bedingung aller Mystik machen. So ist ihre Mystik gleichzeitig spekulative Wesensmystik wie Minne- und Brautmystik, wie Mystik der Nächstenliebe. Sie verfügt über ein scholastisch noch nicht domestiziertes spekulatives Vokabular, über eine unerhörte, wagemutige Bildersprache und über die evangelische Nomenklatur der Liebesgebote. Von dieser Fülle der sprachlichen Ausdrucksmittel her ist ihre Erscheinung – zusammen mit ihrer Anonymität – von einer sybillinisch-rätselhaften Attraktion.« [166]

Ein mystisches Dreigestirn konnte sich in dem mitteldeutschen Zisterzienserinnenkloster Helfta (Helpede) bei Eisleben, einer Stiftung der Grafen von Mansfeld, bilden: Mechthild von Hackeborn (um 1241 bis 1299), deren Schülerin Gertrud von Helfta (genannt Gertrud die Große, 1256 bis um 1301) und Mechthild von Magdeburg (um 1208 bis 1282 beziehungsweise 1297). Wie so oft in der Nonnenmystik, mischen sich verschiedene Elemente der

Tradition mit den Eigenerfahrungen der Klosterfrauen. Diese Erfahrungen, Schauungen und ekstatischen Phänomene sind ihrem Bildgehalt und Motivkanon nach naturgemäß durch das gefärbt, was in Meßkultus, Stundengebet und den verschiedenen Frömmigkeitsformen der Orden vorgeprägt war. In Helfta handelte es sich nicht nur um die benediktinische Regula und die Seelenführung, die Dominikaner vollzogen; auch Bernhardisches und Franziskanisches kamen hinzu. So ergeben sich mancherlei Ähnlichkeiten, etwa zwischen den Schriften Gertruds und denen ihrer Mitschwester Mechthild von Hackeborn. Otto Karrer folgend, wird man an jenes Wort aus der Hohelied-Predigt Bernhards von Clairvaux erinnern dürfen, in dem dieser auf das Zusammenspiel von spiritueller und gewohnter Erfahrung aufmerksam macht: »Wenn etwas Göttliches plötzlich mit der Schnelligkeit eines aufflammenden Lichts die Seele ergreift und sie im Geiste entzückt, so sind alsbald, ich weiß nicht woher, gewisse imaginäre Sinnesbilder niederer Ordnung da, die der eingegossenen göttlichen Empfindung zwar entsprechen, doch so, daß jener reine Lichtstrahl der Wahrheit durch sie gewissermaßen beschattet wird.« [167]

Mechthild von Hackeborn schildert die Seelenmitte als von drei Lebensströmen durchzogen: »Mit dem ersten Strom zieht sie meinen göttlichen Geisthauch in sich, auf dem zweiten wird sie über Gottes Wort [...] mit ausgezeichneter Speise gestärkt, mit dem dritten liefert sie durch Werke der Liebe den Gliedern Kraft. Und da die Seele keine eigenen Leibesglieder besitzt, spendet sie ihre Liebe den Gliedern der Kirche, die sie als ihre eigenen betrachtet.« [168] Aus diesem inneren Quellort glaubte sie ihre Offenbarungen (*revelationes*) zu empfangen. Dabei versuchte Mechthild sich – ähnlich wie die Magdeburger Mechthild – Klarheit darüber zu verschaffen, ob denn das visionär Empfangene wirklich von Gott stamme. Die Antwort lautete: »Ich [Christus] bin im Herzen derer, die von dir etwas hören wollen. Ich bin das Verständnis im Ohr der Hörenden, durch welches sie verstehen, was sie hören. Ich bin im Munde der davon Sprechenden; ich bin in der Hand der Schreibenden.«[169]

In der Ausgabe der Benediktiner von Solesme *Revelationes Gertrudianae ac Mechthildianae* sind die Visionsberichte und spirituellen Unterweisungen Mechthilds von Hackeborn mit den Texten von Gertrud der Großen zusammengefaßt. Es sind zwei Schriften, die auf Gertrud zurückgeführt werden: *Geistliche Übungen (Exercitia spiritualia)* und *Der Gesandte der göttlichen Liebe (Legatus divinae pietatis).* Anschaulich schildert sie darin ihre Erlebnisse der inneren Begegnung mit Christus, dem Geliebten der Seele, mit der »Gottesmutter« und mit Gottvater, die ihr nach einer Phase der Vereinsamung und Leere widerfahren sind. Vor allem das zweite Buch ihres *Legatus* schildert die Fülle und Tiefe der erlangten Heilserfahrung, die den Menschen befähigt, auch schwere seelische und körperliche Belastungen als von Gott gesandt auf sich zu nehmen und daran zu reifen. Immer wieder münden die Schilderungen in Gebete der Rühmung und der überschwenglichen Dankbarkeit ein.

Hohen dichterischen Rang erreicht die Helftaer Mystik schließlich bei Mechthild von Magdeburg, deren Buch *Das fließende Licht der Gottheit* von einer im besten Sinn des Wortes gottestrunkenen Seele stammt. Nachdem sie etwa drei Jahrzehnte über ihr mystisches Erleben geschwiegen hatte, ermutigte sie ihr Beichtvater, der Dominikaner Heinrich von Halle, zur Niederschrift. Ursprünglich als Begine lebend, fand sie erst im Alter von mehr als sechzig Jahren Aufnahme im Kloster und verständnisvolles Entgegenkommen. Die niederdeutsche Urfassung ihres Buches ging verloren. Aber dank einer Übertragung ins Oberdeutsche (um 1345), für die sich Heinrich von Nördlingen einsetzte, fand die Schrift weite Verbreitung, wenngleich zunächst im Schatten der noch stärker beachteten Bücher der anderen Helftaerinnen. Dabei steht heute außer Frage, daß das *Fließende Licht* einen Höhepunkt mystischen Lebens im Mittelalter darstellt. In den Worten Otto Karrers: »Mit der Einheit und Klarheit des Denkens eint sich die zarte und innige Empfindung, mit der kindlichen und naiven Auffassung wahre Erhabenheit des Gemüts. Einem Dante vergleichbar, durcheilt ›Mathilda‹ [...] die jenseitigen Räume, Hölle, Fegfeuer, Himmel, über alle diese Kreise eigentümliche Zeichnungen entwerfend, bis sie ›in hoher Andacht und demütigen Sinnes‹ in der Betrachtung der Gottheit versinkt [...].« [170]

Dieses Versinken kann für eine inspirierte Dichterin nicht ein totales Verstummen bedeuten; im Gegenteil: Ihr wird die Zunge gelöst, so daß sie, von der überwältigenden Gottesminne durchglüht, in einen einzigen Jubilus ausbricht. Auf den bildstarken Ton des Hohenliedes sind auch Mechthilds Strophen gestimmt, in den Äußerungen der Leidensmystik, wie in den erotisch kühnen Gesängen zwischen dem göttlichen Geliebten und seiner irdischen Seelenbraut. Gerade in Situationen körperlichen Siechtums und seelischer Niedergeschlagenheit »kam die gewaltige Minne und verzückte mich so durch ihre Wunder, daß ich nicht schweigen durfte« [171]. Aufschreiben konnte sie aber nur, was sie »mit den Augen der Seele« schaute und »mit den Ohren des Geistes« vernahm. Für einen nicht genannten »lieben Gottesfreund«, dem sie diesen Weg der Gottesliebe wies, hat sie versucht, die Vollendung ihrer eigenen Seelengeschichte zu schildern, das Unsagbare in Bilder des erotischen Entflammtseins zu fassen:

»So geht denn die Allerliebste zu dem Allerschönsten in die heimliche Kammer der makellosen Gottheit und findet der Liebe Lager und der Liebe Gebärden, und Gott und Mensch bereit. Spricht unser Herr: ›Stehet auf, Frau Seele!‹ – ›Was gebietest du, o Herr?‹ – ›Ihr sollt vollendet sein.‹ – ›Herr, wie soll mir denn geschehen?‹ – ›Frau Seele, ihr seid schon also von meiner Natur, daß nichts, nichts zwischen euch und mir Raum hat. Es war nie ein Engel so herrlich erhaben, daß er, was euch ewig gegeben ist, eine Stunde besessen hätte. Darum sollt ihr alle äußere Tugend von euch tun und abtun Furcht und Scham. Nur die ihr *in euch* tragt, die eure adelige Natur trägt in sich selbst, *die* Reinheit sollt ihr ewiglich empfinden wollen. Das ist eure edle Sehnsucht und euer abgründiges Verlangen, das ich auch ewig erfüllen will in meiner endlosen Güte.‹ – ›Herr, nun bin ich eine nackende Seele, und du in dir selber ein herrlich geschmückter Gott. Unser zweier Gemeinschaft ist die ewige, unsterbliche Liebe.‹ – Nun erfüllt sich ihrer beider Wille, und es geschieht da eine verzauberte Stille: Er gibt sich ihr und sie gibt sich ihm. Sie weiß, was ihr da geschieht, und dessen tröste ich mich.« [172]

Geradezu berauscht von der Erfahrung der mystischen Vereinigung dichtet sie:

»O du brennender Berg, o du auserwählte Sonnen,
o du voller Mond, o du tiefer Bronnen,
o Weisheit ohne Grund, o Milde ohne Hinderung,
o Stärke ohne Widerstand, o Krone aller Ehren:
Dich lobt der Kleinste, den du je geschaffen hast.

O du gießender Gott an deiner Gabe,
o du fließender Gott an deiner Minne,
o du brennender Gott an deiner Sehnsucht,
o du inniger Gott an deiner Einung,
o du ruhender Gott an meiner Liebe –
ohne dich ich nicht am Leben bliebe [...].« [173]

Wenn die Rede auf die deutsche Mystik in ihrer volkssprachlichen Gestalt kommt, dann pflegt man Meister Eckhart (um 1260 bis 1328) mit an erster Stelle zu nennen. Wer sich in seine deutschen Predigten und Traktate vertieft, wer darüber hinaus die lateinischen Lehrvorträge des scholastischen Hochschullehrers zu entschlüsseln versucht, für den ist er beides: Mystiker und Mystologe. Daß es einen Zweig der Forschung gibt, in dem man ihm eigene mystische Erfahrung abzusprechen geneigt ist, sei nur eben erwähnt. Dabei zeigt das konkrete Exempel dieses »Lebemeisters«, wie grundlegend sich die von ihm vertretene Mystik vom Mystizismus der Schwarmgeister und der lediglich an genußvollen »Spitzenerfahrungen« (peak experiences) Interessierten unterscheidet. Kennzeichnend für ihn sind Klarheit und Wirklichkeitssinn sowie das Bestreben, die inneren Erfahrungen in die praktische Tat der Nächstenliebe umzusetzen.

Um 1260 in Thüringen, evt. in Hochheim bei Gotha geboren, trat Eckhart schon in jungen Jahren in Erfurt in den Dominikaner-Orden ein. Seine Oberen schickten ihn zunächst zum philosophischen Grundstudium (artes liberales) nach Paris. Es folgte das Theologiestudium in Köln. Bei seinem zweiten Paris-Aufenthalt (1293/94) erwarb er den Grad eines Bakkalaureus, nach einem mehrjährigen Zwischenaufenthalt im heimatlichen Kloster den Magistergrad. Aus dem Bruder Eckhart war der »Meister« geworden. Es wechselten Aufgaben im Orden mit der Lehrtätigkeit in Paris und in Köln. Zwischen 1314 und 1322 übte Eckhart als Generalvikar in Straßburg und im oberdeutschen Raum die geistliche Betreuung der Dominikanerinnenklöster dieser Region aus. Entstand vornehmlich in Paris sein großes lateinisches Lehrwerk, das *Opus tripartitum*, so löste er mit seinen deutschsprachigen Traktaten, zum Beispiel den *Reden der Unterweisung* und dem *Buch der göttlichen Tröstung*, vor allem aber mit den in Nachschriften erhaltenen Predigten jene Tiefenwirkung aus, durch die er seine Berühmtheit erlangte.

Mißverständnis und Mißdeutung veranlaßten den Kölner Erzbischof Heinrich von Virneburg, gegen Eckhart ein Inquisitionsverfahren einzuleiten. Die Appellation des – man wird sagen dürfen: zu Unrecht – Angeklagten an den Papst scheiterte. Im

März 1329 verurteilte Papst Johannes XXII. in der Bulle *In agro dominico* 28 Thesen Eckharts. Meister Eckhart erlebte dieses Urteil nicht mehr. Er ist vor Ende April 1328 gestorben – in Avignon, in Köln oder unterwegs.

Reiche mystische Erfahrung spricht aus den uns überkommenen Texten, sofern man darunter nicht eine nur im Gefühlsbereich sich ausbreitende Erlebnismystik meint. Immer sind seine Gedanken geklärt, wenn er die Gottesgegenwart bezeugt, die keinen Ort und keine Tätigkeit ausspart, genauso wie wenn er die Gottesgeburt im Seelengrund schildert oder das totale Leerwerden der Seele fordert, damit diese Einwohnung als ein Hineingebildetwerden der Seele in den Geheimnisgrund Gottes geschehen könne:

»Wer von oben [d.i. von dem Vater des Lichts] empfangen will, der muß notwendigerweise ganz unten sein in rechter Demut. Und das sollt ihr in Wahrheit wissen: Wer nicht völlig unten ist, der empfängt auch nicht; der empfängt auch nichts, wie geringfügig es immer sein mag. – Hast du es irgendwie auf dich, auf ein Ding oder auf jemand abgesehen, so bist du noch nicht unten und empfängst daher auch nicht. Bist du dagegen ganz unten, dann empfängst du fortwährend und vollkommen. – Gottes Natur ist es, daß er gibt, und sein Wesen hängt daran, daß er uns gebe, sofern wir unten sind. Sind wirs noch nicht, so empfangen wir eben auch nicht; vielmehr tun wir ihm [gleichsam] Gewalt an und töten ihn. Können wir es ihm nicht selbst antun, so tun wir es uns an, soweit es an uns liegt.« [174]

So wichtig dem Prediger das ist, was durch Gott im Menschen geschieht, es finden sich in seinen Schriften doch auch Hinweise, die zeigen, welcher Stufenweg als Vorbereitung beschritten werden kann. In dem Traktat *Vom edlen Menschen* sind diese Stationen aufgeführt und im einzelnen charakterisiert:

»Die erste Stufe des inneren und des neuen Menschen, spricht Sankt Augustinus, ist es, wenn der Mensch nach dem Vorbilde guter und heiliger

Leute lebt, dabei aber [gleichsam] noch an den Stühlen geht und sich nahe bei den Wänden hält, sich noch mit Milch labt.

Die zweite Stufe ist es, wenn er jetzt nicht nur auf die äußeren Vorbilder, [darunter] auch auf gute Menschen, schaut, sondern läuft und eilt zur Lehre und zum Rate Gottes und göttlicher Weisheit, kehrt den Rücken der Menschheit und das Antlitz Gott zu, kriecht der Mutter aus dem Schoß und lacht den himmlischen Vater an.

Die dritte Stufe ist es, wenn der Mensch mehr und mehr sich der Mutter entzieht und er ihrem Schoß ferner und ferner kommt, der Sorge entflieht, die Furcht abwirft, so daß er, wenn er gleich ohne Ärgernis aller Leute [zu erregen] übel und unrecht tun könnte, es ihn doch nicht danach gelüsten würde; denn er ist in Liebe so mit Gott verbunden in eifriger Beflissenheit, bis der ihn setzt und führt in Freude und in Süßigkeit, wo ihm alles das zuwider ist, was ihm [d.i. Gott] ungleich und fremd ist.

Die vierte Stufe ist es, wenn er mehr und mehr zunimmt und verwurzelt wird in der Liebe und in Gott, so daß er bereit ist, auf sich zu nehmen alle Anfechtung, Versuchung, Widerwärtigkeit und Leid-Erduldung willig und gern, begierig und freudig.

Die fünfte Stufe ist es, wenn er allenthalben in sich selbst befriedet lebt, still ruhend im Reichtum und Überfluß der höchsten unaussprechlichen Weisheit.

Die sechste Stufe ist es, wenn der Mensch entbildet ist und überbildet von Gottes Ewigkeit und gelangt ist zu gänzlich vollkommenem Vergessen vergänglichen und zeitlichen Lebens und gezogen und hinüberverwandelt ist in ein göttliches Bild, wenn er Gottes Kind geworden ist. – Darüber hinaus noch höher gibt es keine Stufe, und dort ist ewige Ruhe und Seligkeit, denn das Endziel des inneren Menschen und des neuen Menschen ist: ewiges Leben.« [175]

Texte wie diese sollten aber nicht den Eindruck erwecken, als meine Eckhart, daß Mystik sich in der Aufeinanderfolge verschiedener Stufen vollziehen müsse. Wichtige Äußerungen Eckharts sprechen vom »Durchbruch«, der sich geradezu stufenlos ereignet, unableitbar von jeglicher philosophischer Begrifflichkeit. In einer Predigt zu Hosea 14,4 heißt es etwa: »Das Erkennen bricht durch die Wahrheit und Gutheit hindurch und wirft sich auf das reine Sein und erfaßt Gott bloß, wie er ohne Namen ist [...]. [Die Vernunft] kann ihn niemals erfassen im Meer seiner Unergründlichkeit.«[176]

Die menschliche Vorstellungskraft und jeder Versuch einer begrifflichen Vergewisserung, um die sich der Theologe bemüht, reichen nicht nur nicht aus, um den unergründlichen Gott zu beschreiben. Diese Begriffe sind streng genommen sogar hinderlich, um zu ihm »durchzudringen«. Die Begegnung findet auf einer gänzlich anderen Ebene statt: »Ich habe von einer Kraft in der Seele gesprochen; in ihrem ersten Ausbruche erfaßt sie Gott nicht, sofern er gut ist, sie erfaßt Gott auch nicht, sofern er die Wahrheit ist: sie dringt bis auf den Grund und sucht weiter und erfaßt Gott in seiner Einheit und in seiner Einöde; sie erfaßt Gott in seiner Wüste und in seinem eigenen Grunde. Deshalb läßt sie sich nichts genügen, sie sucht weiter danach, was das sei, daß Gott in seiner Gottheit und im Eigentum seiner eigenen Natur sei.«[177] Dieser Unerbittlichkeit des Fragens und Suchens, auch des mystischen Innewerdens ist die Menschenseele nur fähig, weil sie Gott zutiefst verbunden ist: »Mein Leib und meine Seele sind mehr in Gott, als daß sie in sich selbst seien«, liest man am Anfang derselben Predigt. Deshalb bedarf es letztlich keiner Begriffe und Unterscheidungen mehr. Unverblümt spricht Eckhart es aus, wenn er in seiner berühmten Predigt über »Beati pauperes spiritu« (Matth. 5,3) die Bitte formuliert: »Darum bitten wir Gott, daß wir ›Gottes‹ ledig werden und daß wir die Wahrheit dort erfassen und ewiglich genießen, wo die obersten Engel und die Fliege und die Seele gleich sind [...].«[178]

Als Nonnenseelsorger und als spiritueller Lehrer seiner Ordensbrüder war Eckhart immer wieder mit der Frage nach der Beziehung des geistlichen Lebens (vita contemplativa) zum In-der-Welt-Sein (vita activa) konfrontiert. Menschen, die sich intensiv geistlichen Übungen hingeben, stehen nicht selten in der Gefahr, darüber den Realitätsbezug zu verlieren. Deshalb meint Eckhart: »Wirken und ›Gewerbe‹ in der Zeit [...] mindert die ewige Seligkeit nicht«, denn »dazu sind wir in die Zeit gestellt, daß wir durch vernunfterhelltes ›Gewerbe‹ in der Zeit Gott näher und ähnlicher werden.« Und weiter: »Wirken in der Zeit ist ebenso adelig wie irgendwelches Sich-Gott-Verbinden; denn es bringt uns ebenso nahe heran wie das Höchste, das uns zuteil werden kann – ausgenommen einzig das Schauen Gottes in (seiner) reinen Natur.« [179]

Die kontemplative Haltung, so wertvoll sie sein mag, verkehrt sich in dem Augenblick in einen Unwert, in dem man im Genuß spiritueller Erfahrung selbstgenügsam wird. Damit redet Eckhart jedoch keinesfalls einer platten Werkgerechtigkeit das Wort. In seinen *Reden der Unterweisung* kommt das in dem Satz zum Ausdruck: »Nichts frommen unsere Werke dazu, daß Gott uns etwas gebe oder tue. Unser Herr will, daß seine Freunde davon loskommen, und deshalb entzieht er ihnen solchen Halt, auf daß er allein ihr Halt sei [...].« [180]

Was aber, wenn man vom enthusiastischen Erhobensein ergriffen ist, herausgerissen (raptus) aus den Begrenzungen des alltäglichen Lebens? Soll man derartige Ausnahmesituationen des mystischen Lebens etwa gering achten? – Auch hier läßt es Eckhart an Klarstellung nicht fehlen: »Man soll nämlich von solchem Jubilus bisweilen ablassen um eines Besseren aus Liebe willen und um zuweilen ein Liebeswerk zu wirken, wo es dessen nottut, sei's geistlich oder leiblich, wie ich auch sonst schon gesagt habe: Wäre der Mensch so in Verzückung, wie es Sankt Paulus war, und wüßte einen kranken Menschen, der eines Süppleins von ihm bedürfte, ich erachtete es für weit besser, du ließest aus Liebe von der Verzükkung ab und dientest dem Bedürftigen in größerer Liebe. Nicht soll der Mensch wähnen, daß er dabei Gnaden versäume [...].« [181]

Das scheinbare Versäumnis ist in Wirklichkeit gar keines. Es ist vielmehr der bereits bei Paulus vorgeprägte »köstlichere Weg« (I. Kor. 12,30), der allen spirituellen Höhenflügen, auch den sogenannten Charismen (Geistesbegabungen) übergeordnet ist (I. Kor. 13,13): »Nun aber bleiben Glaube, Hoffnung, Liebe, diese drei; aber die Liebe ist die größte unter ihnen.« Meister Eckharts »normative Gestalt des geistlichen Lebens« (Alois Maria Haas) ist durch diese klare Zuordnung von Aktion und Kontemplation ausgewiesen. Mit guten Gründen hat sich die Eckhart-Forschung gerade diesem wichtigen Thema christlicher Mystik – im Gegensatz zu einem egoverhafteten Mystizismus – angenommen: »Das menschliche Handeln nimmt teil an der göttlichen Freiheit und Spontaneität, aber auch an der darin vermittelten gereiften Lebenserfahrung, Besonnenheit und Übung richtigen Handelns. Der Abgeschiedene, der zum Adel seiner Seele gefunden hat, ist jener, der zu reifem und mündigem Handeln findet, zum ›Gewerbe‹.« [182]

Die kirchenamtliche Indizierung mehrerer Sätze Eckharts konnte der Verbreitung seiner Schriften und Predigten nicht gerade förderlich sein, und so trat der Kölner Meister für Jahrhunderte in den Hintergrund. Daß er im 19. Jahrhundert wiederentdeckt werden konnte, verdankt er nicht zuletzt dem Kreis seiner unmittelbaren Schüler und Schülerinnen. Dabei ist zunächst an jene Nonnen zu denken, die in oberdeutschen Klöstern den berühmten Dominikaner-Pater als Prediger wie als Seelsorger erlebten und dessen Wortlaute in ihren Konventen durch Abschriften weitertrugen:

»So berichtet Anna (von Ramschwag aus dem Kloster Katharinental) dem Meister von drei Erfahrungen, deren Sinn sie von ihm erfährt: die erste betrifft ihre Ohnmacht, die sie bei der Betrachtung von Christi Marterung überkam, die zweite die Erhebung zur Gewalt über Himmel und

Erde bei Versenkung in ein Gemälde vom auferstandenen Herrn, die dritte bezieht sich auf einen Frühlingstag, an dem sie angesichts der blühenden Bäume verzückt wurde und schaute, wie alle Dinge aus Gott ausgeflossen sind und von ihm Leben und Kraft bekommen. Schwester Elsbeth von Beckenhofen empfängt innere Leiden, über die sie keine nähere Auskunft geben kann, deren Gewalt ihr Meister Eckhart durch sein Geheiß, sie möge alles ›in einer freien gelassenheit gottes treuen‹ befehlen, erträglich macht.« [183]

Für die Kontinuität seines geistigen Erbes aber traten vor allem zwei Dominikaner ein, die zusammen mit ihrem Lehrer ein »mystisches Dreigestirn« bilden: Johannes Tauler (um 1300 bis 1361) aus Straßburg und Heinrich Seuse (um 1295 bis 1366) aus Konstanz am Bodensee. Hatte Seuse den Meister während seines Studiums in Köln erlebt, so wird Tauler ihm in Straßburg begegnet sein. Exakt lassen sich die Orte und näheren Umstände nicht angeben. Sicher ist dagegen die Kenntnis seiner Lehren und der Eckhartschen Schriften, deren Pflege sich besonders die Kartäuserklöster angenommen hatten. Während andere Mystiker, etwa solche aus dem Kreis um Jan Ruusbroec, gegen ihn polemisierten, weil sie häretische Tendenzen bei ihm vermuteten, waren es Kartäusermönche, die Eckharts Schriften kopierten und für die Nachwelt erhielten. Ein Großteil der rheinischen wie der flämischen Mystik wurde in ihren Schreibstuben vervielfältigt, darunter neben den Werken Eckharts auch diejenigen Taulers und Seuses.

Stärker als der philosophisch versierte Eckhart zeichnet sich Tauler durch besondere Lebensnähe aus. Das ist in seinen etwa achtzig überlieferten Predigten dokumentiert. Aus ihnen spricht die Tatsache, daß dieser Ordensmann um die Lebensmitte eine innere Kehre vollzogen hat, wenngleich es sich nicht um jene Schilderung im anonymen *Meisterbuch* handeln kann, wonach ein einfacher Laie den bekannten Prediger auf den inneren Weg geführt habe. Für Tauler steht indes fest, daß die Existenz des Mystikers beziehungsweise der Mystikerin nicht an eine Weihe oder ein geistliches Gelübde gebunden ist. Jeder Stand hat ohne Ansehen der Person Zugang zum Heil, jeder Lebensweg kann ein Weg zum wahren Leben werden. Weil die menschliche Seele aber in der Mitte zwischen irdisch-zeitlicher und spirituell-ewigkeitsbezogener Ausrichtung steht, bedarf es einer Entscheidung:

»Wendet sich die Seele der Zeit zu, so vergißt sie die Ewigkeit [...]. Wie edel und lauter auch die irdischen Bilder sind, alle sind sie (letztlich) ein Hindernis dem Bild bar jeder Form, das Gott ist. Die Seele, in der sich die Sonne spiegeln soll, die muß frei sein und ledig aller Bilder; denn wo irgendein Bild sich in dem Spiegel zeigt, da vermag sie Gottes Bild nicht aufzunehmen [...]. Wärest du der Bilder und deines Eigenwillens ledig, so könntest du ein Königreich besitzen, es schadete dir nicht. Sei frei von der Gewöhnung an die Dinge und ledig (irdischer) Bilder, und du kannst besitzen, wessen du immer an allen Dingen bedarfst.« [184]

Nötig ist, daß der Mensch seine eigene Wesensmitte aufsucht, daß er ebenso nüchterne wie schonungslose Selbsterkenntnis übt, in den »inwendigen Grund« eindringt, um über diese nicht psychologische Form der Selbsterkenntnis zur Gotteserfahrung zu gelangen. Hier in seinem Inneren findet er die Quellen der Erkenntnis und – für Tauler zentral – der Liebe:

»Meine Lieben, wenn der Mensch in diesem Sturm der Liebe steht, soll er nicht an seine Sünde denken noch an Demut, noch an irgend etwas anderes, sondern nur daran, daß er der Liebe in ihrem Werk genugtue. Der Sturm der Liebe kann auch einen kalten, gelassenen, harten Menschen überkommen. Da soll man sich der Liebe überlassen, ihr ganze Treue bewahren und sich frei und ledig halten alles dessen, was nicht Liebe ist, begehre nach dieser Liebe stets eifrig, habe ein ganz festes Vertrauen zu ihr, halte dich an ihr fest, und du wirst ebenso stark und ebenso viel empfinden, als je ein Mensch in dieser Zeitlichkeit empfand. Wenn deine Treue nicht vollkommen ist, so wird dein Begehren geschwächt, und deine Liebe verlischt, und aus all dem wird nichts.« [185]

Im auffälligen Gegensatz zu seinem geistlichen Vorbild sind Taulers Predigten zu großer Wirkung gekommen. Im deutschen, französischen und spanischen Sprachraum weit verbreitet, von Martin Luther hoch geschätzt, gilt dieser Dominikaner bis ins 17. Jahrhundert hinein als eine spirituelle Autorität von Rang. Besondere Bedeutung erlangte er schon zu Lebzeiten im Kreise der sogenannten Gottesfreunde, von denen noch zu sprechen ist.

In dieser starken Nachwirkung steht ihm sein ungefähr gleichaltriger Ordensbruder Heinrich Seuse (Suso) nahe. Zu mystischer Innerlichkeit mußte der etwa dreizehnjährig dem Dominikanerkloster von Konstanz anvertraute Heinrich erst heranreifen. Mit 18 Jahren erlebte er seine »Kehre«, nach der er sich als »Diener der ewigen Weisheit« (sapientia) verstand, unterzog sich aber zunächst härtesten asketischen Übungen, ehe er – ungefähr vierzigjährig – diesen rigorosen Selbsterlösungsversuch aufgab und zur Mystik fand. Als geistlicher Lehrer und Prior im Konstanzer Kloster wurde er zum Autor von vier Schriften: seiner Lebensbeschreibung *(Vita)*, dem *Büchlein der ewigen Weisheit* (in der erweiterten lateinischen Fassung: *Horologium Sapientiae)*, dem *Büchlein der Wahrheit* und dem *Briefbüchlein*. Zusammengefaßt wurden diese Bücher mit einer Anzahl von Predigten im sogenannten *Exemplar*. Weil diese Schriften zum Teil vor seiner zweiten Kehre entstanden, ist die Spannung zwischen asketischer Strenge und großer seelischer Empfindsamkeit unverkennbar. Daher findet man auf Abbildungen bei Seuse anstelle eines Heiligenscheins einen Kranz weißer und roter Rosen.

Vor allem in seinem *Büchlein der ewigen Weisheit* hält Seuse als sehnsuchtsvoll Suchender Zwiesprache mit Gott. Er tut das als einer, der sich der Stufengestalt des spirituellen Entwicklungswegs bewußt ist, nämlich als ein »anfangender«, »zunehmender« und »sich vollendender« Mensch. Und so bleibt ihm die ewige Weisheit eine Antwort auch nicht schuldig.

»Liebreicher zarter Herr, mein Gemüt hat von meinen Kindertagen an Eines gesucht mit eilendem Durste, Herr. Und was das sei, das habe ich noch nicht vollkommen begriffen. Herr, ich habe dem manches Jahr heiß nachgejagt, und noch nie konnte es mir recht zuteil werden, denn ich weiß nicht recht, was es ist. Und es ist doch etwas, das mein Herz und Seele zu sich zieht, und ohne das ich nimmer in rechte Ruhe versetzt werden kann. Herr, ich wollte es in den ersten Tagen meiner Kindheit in deinen Kreaturen suchen. Und je mehr ich suchte, desto weniger fand ich es. Und je näher ich ging, desto mehr entfernte ich mich davon. Denn bei einem jeglichen einströmenden Bilde hatte ich, bevor ich es ganz versuchte oder mich mit Ruhe dem hingab, eine Eingebung derart: Das ist nicht das, das du suchst. Und dieses Davontreiben ist mir je und je in allen Dingen vorher zuteil gewesen. Herr, nun wütet mein Herz darnach, denn es hätte es gern, und es hat wohl öfter als einmal empfunden, was es nicht ist, Herr. Aber was es ist, darüber ist es noch ohne Weisung. O weh, geliebter Herr vom Himmelreich, was ist es, oder wie ist es beschaffen, das so recht verborgen in mir spielt? [...]

Erkennst du es nicht [das verborgene Himmelreich]? Es hat dich doch liebreich umfangen und hat dir den Weg oft verstellt, bis daß es dich nun für sich selbst allein gewonnen hat [...]. Nun tu deine inneren Augen auf und siehe, wer ich bin. Ich bin es, die ewige Weisheit, die ich dich in Ewigkeit mit dem Umfangen meiner ewigen Vorsehung mir selber auserwählt habe [...].«[186]

Ist es bei Tauler die willensbetonte Lebensnähe, bei Seuse die Empfindungsstärke des fühlenden Herzens, so erhebt sich Eckhartscher Geist im 15. Jahrhundert bei Nikolaus von Kues (1401 bis 1464) von neuem auf das Niveau des mit mystischer Schau verbundenen Denkens. Der spätere Bischof von Brixen und römische Kardinal nimmt die neuplatonische Denktradition auf, die apophatische Mystik des Dionysius Areopagita und des Scotus Eriugena, vor allem aber die Eckharts. Der Eifer, mit dem er sich nach dem Unbegreiflichen ausstreckt, läßt ihn durch ein »gelehrtes Nichtwissen« (docta ignorantia) zur »Zusammenschau der Gegensätze« (coincidentia oppositorum) gelangen.

Dieses nach Einheit strebende Denken ist bei Cusanus auf Konkretisierung hin ausgerichtet. Als Reaktion auf die Grausamkeiten bei der Eroberung Konstantinopels (1453) verfaßte er die Schrift *Vom Frieden im Glauben*, in der Repräsentanten mehrerer Völker und unterschiedlicher Religionen in einen auf Versöhnung hinzielenden Dialog treten. Mit diesem Versuch, zu einer interreligiösen Ökumene zu gelangen, ist der von ihm schon früher vorgebrachte Gedanke einer umfassenden Katholizität *(De concordantia catholica)* konsequent weitergeführt. Damit stellt sich der Cusaner auf die Schwelle zur Neuzeit, ohne darüber das bohrende Fragen nach dem Grund des Seins und Erkennens erlahmen zu lassen. Von dieser unablässigen denkerischen wie meditativen Bemühung zeugen Schriften wie *Von der Gottessuche (De quaerendo deum), Von der Gotteskindschaft (De filiatione dei), Von der Gottesschau (De visione dei)* und *Vom Gipfel des Schauens (De apice theoriae).* Man mag die Originalität seiner Denkwege in Frage stellen. An seiner Rolle bei der Fortentwicklung und Vermittlung der philosophischen wie der mystischen Tradition, in der er steht, ist nicht zu zweifeln. Das zeigen unter anderem die Gedankenlinien, die von ihm weiterweisen auf Giordano Bruno, in gewissem Sinne auch auf Jakob Böhme oder auf Schelling.

Im Umkreis der mittelalterlichen Mystik, vornehmlich des 14. Jahrhunderts, bildeten sich immer wieder Zirkel spirituell interessierter Menschen, die sich miteinander in Gott verbunden fühlten, ohne einen Orden zu bilden oder auf die übliche Unterscheidung von Klerikern und Laien besonders zu achten. Man bezeichnet diese Gemeinschaften – ihrem Selbstverständnis folgend – als »Gottesfreunde« (amici dei). Die Nonnenseelsorge der Dominikaner begünstigte derartige Freundschaften, und so wissen wir von ihnen aus den Lebensläufen von Johannes Tauler, Heinrich Seuse sowie aus Briefwechseln zwischen den Klosterfrauen und ihren Seelenführern, die erhalten geblieben sind.

In Straßburg, der Wirkungsstätte Taulers, versammelten sich Gleichgesinnte im ehemaligen Benediktiner-Kloster auf dem Grünenwörth. Die Initiative ging von Rulman Merswin (1307 bis 1382) aus, einem Kaufmann, der nach der Lebensmitte ein zurückgezogenes Leben führte. Tauler war sein Beichtvater. Darüber hinaus stand er mit anderen Gottesfreunden, zum Beispiel Heinrich von Nördlingen, in geistlichem Austausch. Ruland Merswin trat besonders hervor mit der Weitergabe angeblich an ihn gerichteter geistlicher Briefe eines »großen Gottesfreundes vom Oberland«. Aufgrund der Forschungen des Dominikaners Heinrich Suso Denifle (um 1875) weiß man heute, daß es sich dabei um eine gezielte Mystifikation gehandelt haben muß, bei der es darum ging, geistliches Schrifttum unter dem Schutze einer entsprechenden Autorität in Umlauf zu bringen.

Ein anderer namentlich bekannter Gottesfreund ist der Priester Heinrich von Nördlingen, dessen Lebensdaten unbekannt sind. Immerhin tritt er für etwa zwei Jahrzehnte seines Lebens ins Licht der Öffentlichkeit. Dies dokumentieren die Briefe aus den Jahren 1332 bis 1350 an seine Seelenfreundin, die Nonne Margarete Ebner, im Dominikanerinnen-Kloster Maria Medingen, unweit von Dillingen an der Donau. In diesem Briefwechsel wird auch der Name einer weiteren Gottesfreundin genannt, der mit Margarete nicht verwandten Nürnbergerin Christine Ebner (1277 bis 1356). Zu ihr war schon Kaiser Karl IV. ins Dominikanerinnen-Kloster Engelthal in Mittelfranken gepilgert. Heinrich suchte sie ebenfalls auf. Als Priester spendete er diesen »Getreuen in unserem Herrn« geistlichen Zuspruch und empfing seinerseits menschliche Nähe von ihnen. Darüber hinaus kam es durch die Korrespondenzen und Gespräche zu einem Austausch, der für die Entstehung und Weitergabe mystischer Texte bedeutsam werden sollte. So verdanken wir der Mitarbeit Heinrichs von Nördlingen die allemannisch-oberdeutsche Fassung des heute verlorenen niederdeutschen Wortlautes von Mechthilds *Das fließende Licht der Gottheit*. Auf diese Weise ist das wichtige Werk der Magdeburger Begine der Nachwelt erhalten geblieben. Auf seinen Reisen als Wanderprediger trug er – wie ungenannte andere – dazu bei, mystische Frömmigkeit im Zeichen der Gottesfreundschaft zu pflegen und die Gefährten auf diesem Weg miteinander zu verbinden.

Von der vornehmlich im oberdeutschen Raum sich entfaltenden Gottesfreundschaft läßt sich durch die Person Johannes Taulers eine Verbindungslinie zur niederländisch-niederdeutschen Devotio moderna des ausgehenden 14. Jahrhunderts ziehen. In die brabantische Einsiedelei Groenendael, südlich von Brüssel gelegen, hatte sich der Priester Jan van Ruusbroec (auch: Ruisbroeck, 1293 bis 1381) mit einer Anzahl von Männern zurückgezogen, die gleich ihm ein Leben der Gotteshingabe vollziehen wollten. Johannes Tauler, der Ruusbroec schätzte, war einer der vielen, die diese Einsiedlergemeinschaft besuchten, obwohl hier gegenüber den Lehren Meister Eckharts mancherlei Vorbehalte herrschten. Ruusbroecs auf die Beschreibung des inneren Lebens gerichtete Schriften, voran *Die Zierde der geistlichen Hochzeit (Die chierheit der geesteliker brulocht*, um 1335), haben weite Verbreitung und hohe Anerkennung gefunden, zuerst bei den oberdeutschen Gottesfreunden im Raum von Straßburg und Basel. Charakteristisch kommt die von Ruusbroec gepflegte Spiritualität darin zum Ausdruck, wie er den Stufencharakter des inneren Wegs auffaßt, dessen Abschluß hier im Wortlaut wiedergegeben werden soll:

»Entleertes, bilderloses Denken, ein klares Schauen im göttlichen Lichte und eine reine Entrückung des Geistes vor das Antlitz Gottes, – diese drei zusammen bilden und erzielen das wahrhaft schauende Erleben, darin niemand sich irren kann. Der reine Geist nämlich neigt sich beständig zu dem verklärten Verstand und folgt ihm mit nackter Sehnsucht zu seinem Ursprunge. Unser himmlischer Vater aber ist Ursprung und Abschluß alles Werdens. In ihm entspringen wir allesamt, rein gedanklich und in einem bildlosen Gesichte. In seinem Sohne schauen wir mit verklärtem Verstande alle Wahrheit in göttlichem Lichte. Im Heiligen Geiste vollbringen wir alle unsere Werke. Hier, wo wir voll nackten Liebens verzückt sind in das Antlitz Gottes, sind wir los und ledig aller Geschehnisse und aller Träume. Das ist das schauende Leben obersten Grades. Es in jedem Augenblicke beginnen und vollbringen können, dies ist der Ratschlag der Liebe. Und dies ist die sechste Stufe auf unserer himmlischen Treppe.« [187]

Die Begegnung mit Ruusbroec bedeutete für den jungen Geert (Gerhard) Groote (1340 bis 1384) eine Lebenswende. Er fand in Groenendael seine geistliche Bestimmung. Um auch volksmissionarisch tätig werden und öffentlich predigen zu können, ließ er sich die Diakonenweihe geben und wurde zum Initiator der Bewegung, die man später Devotio moderna (neue Frömmigkeit) nannte. Von Florens Radewijn (um 1350 bis 1400) geleitet, entstand die erste Gemeinschaft der *Schwestern und Brüder vom gemeinsamen Leben* mit ihrem wichtigen, nach der Augustinusregel geführten Zentrum in Windesheim bei Zwolle, dem Sitz der Windesheimer Kongregation. In ihr sind verschiedene niederländische Konvente zusammengeschlossen.

Aus dem Kreis der Devotio moderna stammt schließlich eine der am weitesten verbreiteten Erbauungsschriften des ausgehenden Mittelalters, die berühmte *Nachfolge Christi (De imitatione Christi).* Sie wird dem einstigen Augustiner Chorherrn Thomas (Hemerken) von Kempen (Thomas a Kempis) am Niederrhein (um 1380 bis 1471) zugeschrieben. Er wird freilich nicht ihr Autor, wohl aber ihr Kompilator oder Redakteur gewesen sein, zumal er sich – wie auch viele andere seiner Gemeinschaft – als »scriptor«, das heißt als Schreiber und Kopist von Büchern verstanden hat. Das Buch wird aus vielen Quellen gespeist, ja, man kann mit Recht sagen, an ihm habe das ganze geistliche Mittelalter »mitgeschrieben«. Seine einseitige Ausrichtung auf den Einzelmenschen und seinen Weg der Imitatio Christi war der durch die Jahrhunderte bis in die Gegenwart (Maximilian Kolbe, Dietrich Bonhoeffer, Edith Stein u. a.) reichenden Wirkung des Buches nicht abträglich.

Wie an anderer Stelle bereits angedeutet, wurde mystische Gotteserfahrung von kirchlicher Seite her oft beargwöhnt und – wie der »Fall Eckhart« zeigt – mit Ketzerei in Zusammenhang gebracht. Wie manche Autoren (Merswin, Ruusbroec, der Verfasser der *Theologia Deutsch* und andere) zeigen, versuchte man auch in Kreisen der Mystiker selbst eine deutliche Grenzziehung, um nicht mit jenen *Brüdern und Schwestern des freien Geistes* verwechselt zu werden, die auf dem spirituellen Höhenweg (acclivitas) auch eine libertinistische, die allgemeinverbindliche Moral mißachtende Lebensgestaltung für sich in Anspruch nahmen. Verdächtig machten sich bereits Beginen und Begharden, da sie sich der amtskirchlichen Kontrolle entzogen.

Zu den Dokumenten dieser Mystik gehört der *Spiegel der einfältigen Seelen (Le miroir des simples âmes anienties)* der französischen Begine Margarete Porète, die als »rückfällige Ketzerin« auf Betreiben des Dominikaners Wilhelm von Paris 1310 auf der Place de Grève öffentlich verbrannt wurde. Ihr Ankläger war auch eine wichtige Figur im Prozeß gegen dem Templerorden. Ihr Werk wurde nach zeitweilig weiter Verbreitung im Mittelalter erst im 20. Jahrhundert erneut zugänglich und der tatsächlichen Autorin zugeordnet. Ihr Schicksal ist von einer tiefen Tragik überzogen, zeigt es doch, daß Nichtverstehen und Mißdeutung mystischer Texte zu schlimmster Rechtsbeugung Anlaß geben können: »Dieses Buch, vor 1306 verfaßt, überragt seine minnemystische Tradition durch einen kühnen, gedankentiefen wie symbolhaften Entwurf mystischer Vollkommenheit, die schon hier auf Dauer Ruhe und Gewißheit der Glorie findet. Vollkommenheit ist Freiheit, die den Tugenden enthoben ist. Übermoralisch gemeint, wurde diese Freiheit als Unmoral verstanden [...].«[188] Dabei hätte allein schon ein Vergleich mit anderen Mystikern gezeigt, daß Margarete Porète in der Tradition eines Bernhard von Clairvaux und eines Wilhelm von St. Thierry, einer Mechthild von Magdeburg und einer Schwester Hadewijch steht, somit auch für die Inquisition unangreifbar gewesen sein müßte. Bezeichnenderweise überlebte Margaretes *Spiegel* nur dadurch, daß man das Buch anonymisierte oder einem männlichen Autor, zum Beispiel Jan van Ruusbroec, zusprach.

Das dialogisch angelegte Werk schildert das Tal der Demut, die Ebene der Wahrheit und den Berg der Beschauung, womit die Gestalt des Höhenwegs markiert ist. »Hunger und Durst, aber ebenso ekstatische Trunkenheit gehören zur geistlichen Metaphorik, gehören wesentlich zur Beschreibung dieser Wander- und Pilgerschaft. In geistlicher Nacktheit [...] verwirktlicht die Menschenseele nach dem ›Spiegel der einfachen Seelen‹ im besten Fall die ›reine‹ Liebe im reinen Sein, die ›nackte‹ Liebe in der transformierenden Vereinigung mit Gott, ohne ein Vermittelndes.«[189]

Schließlich sei diesem Buch ein Text an die Seite gestellt, den man einst Meister Eckhart zugeschrieben hat. Es ist der Traktat *Schwester Katrei* (um 1320). In ihm spricht die in die Sphäre der Geistesfreiheit entrückte Seele: »Ich bin da, wo ich war, ehe ich geschaffen wurde, da ich bloß Gott in Gott [bin]. Da sind weder Himmel noch Heilige noch Chöre noch Engel noch dies noch das. Manche Leute sagen von acht Himmeln und von neun Chören, das ist da nicht, wo ich bin. Ihr sollt wissen, alles was man so zu Worte bringt und den Leuten mit Bildern vorlegt, das ist nichts als ein Anreiz zu Gott. Wisset, daß in Gott nichts ist als Gott. Wisset, daß keine Seele in Gott kommen kann, sie werde denn zuvor so Gott, wie sie Gott war, ehe sie geschaffen wurde [...].«[190] Damit ist einerseits die Ebene der kirchlichen Normaltheologie verlassen, andererseits scheint das Kirchenväterwort erfüllt: Gott wurde Mensch, damit der Mensch Gott werde (theosis).

Martin Luther und die Reformation

Der tiefe Einschnitt, den die Ereignisse der Reformation in der neuzeitlichen Geistesgeschichte hervorgerufen haben, hat sich auch auf Verständnis und Einschätzung der Mystik ausgewirkt – zunächst im Protestantismus selbst und von hier weiterführend zum Beispiel in der Philosophie der Aufklärung: Die Möglichkeiten einer nicht- beziehungsweise überrationalen Erfahrung gerieten in Mißkredit. Während es in der altgläubig gebliebenen römisch-katholischen Welt, vor allem in Spanien, zu einer Neubelebung der Mystik kam, wurde die mystische Spiritualität von vielen Protestanten als nicht zum Wesen reformatorischer Frömmigkeit gehörig empfunden. Man befürchtete hier vor allem den Versuch, auf sublime Weise die zu überwindende »Werkgerechtigkeit« wieder einzuführen.

Martin Luther (1483 bis 1546) hatte als Angehöriger des Ordens der Augustiner-Eremiten in seinen jungen Jahren zunächst selbst an der reichen Frömmigkeitstradition der westlichen Kirche teil, allein schon durch die alltägliche Praxis des geistlichen Lebens, beispielsweise durch das klösterliche Stundengebet. Als Schüler, als Student und Mönch wurde er auf mannigfache Weise mit mystischer Literatur bekannt, auch wenn diese Literatur damals noch nicht in einem heutigen Sinne als zur »Mystik« gehörig empfunden worden ist. Ein wichtiger Bestandteil seiner spirituellen Übung war die sogenannte Meditation, bei Luther in der Hauptsache in Form der Vergegenwärtigung biblischer Zusammenhänge und des erfahrungsmäßigen Zugangs zur christlichen Botschaft. Dabei ging es um die Begegnung der menschlichen Seele mit Gott. Daß die sein Leben und Schaffen bestimmende theologische Erkenntnis von der »Rechtfertigung des Gottlosen« und von der »Freiheit eines Christenmenschen« wiederum auf sein Mystik-Verständnis zurückgewirkt hat und ihm eine besondere Ausrichtung gab, sei hier nur angemerkt; zu unterschätzen ist diese Tatsache nicht. Das ist schon deshalb hervorzuheben, weil die normierende Gestalt Luthers ihrerseits bei der Bewertung der Mystik im Protestantismus von richtungweisender Bedeutung geworden ist. Ein Blick auf die Forschungsgeschichte zeigt, wie unterschiedlich man bei der Gewichtung der einschlägigen Aussagen und Einstellungen des Reformators zu Werke ging. Bei weitem nicht alle maßgeblichen Theologen und Kirchenhistoriker der Neuzeit vermochten Luthers diesbezügliche Position(en) in angemessener Weise darzustellen. Manche, unter ihnen der bekannte Kirchenhistoriker Adolf von Harnack (1851 bis 1930), meinten, Mystik als »unevangelisch« diffamieren zu müssen. Wie die Beobachtung zeigt, hat sich dieser Duktus bis heute in der Theologenausbildung durchgehalten und in den evangelischen Kirchen tiefe Spuren der Skepsis und der weitgehenden Ablehnung hinterlassen.

Daß Luther spezielle mystische oder als mystisch zu bezeichnende Erlebnisse durchgemacht hat, läßt sich zwar nicht eindeutig nachweisen. Immerhin gibt es eine Fülle von Begebenheiten in seinem Leben, die sich als ein inneres Berührt- und Ergriffenwerden, als ein Erleuchtet- und Durchwirktwerden charakterisieren lassen. Sie reichen vom Gelübde des Erfurter Jura-Studenten, als neben ihm der Blitz einschlug, bis hin zur Geburtsstunde der Reformation, von der Luther sagt: »Da hatte ich das Empfinden, ich sei geradezu von neuem geboren und durch geöffnete Tore in das Paradies selbst eingetreten.« [191] Der auf diese Weise Ergriffene muß gestehen, wie von diesem, um die Lebensmitte erfolgten geistlich-theologischen Durchbruchserlebnis her die »ganze Schrift« für ihn ein anderes Gesicht bekommen habe. Er mußte umdenken und entsprechende Konsequenzen ziehen, die zunächst sein Denken und Predigen, dann auch sein Verhältnis zu Kirche und Tradition, zum Papsttum und zur »Möncherei« radikal veränderten. Nimmt man hinzu, daß er sich zur fraglichen Zeit in die Werke des Augustinus und Bernhards von Clairvaux vertiefte, dann verwundert es nicht, wenn das Element der spirituellen Erfahrung und des mystischen Innewerdens in ihm immer deutlichere Formen annahm, obwohl er sich auch der darin lauernden Gefahren bewußt wurde.

Luther lernte nach und nach zu unterscheiden, denn nicht jede ihn zumindest zeitweilig faszinierende Mystikergestalt behielt für ihn die ursprüngliche Leuchtkraft. Wohl schätzte er Bernhard hoch ein, auch Hugo von Sankt Viktor, Bonaventura und Johannes Gerson. Dagegen kam er dazu, die mystische Theologie eines Dionysius Areopagita entschieden abzulehnen, ja vor ihr zu warnen. Hierzu ein Wort des Sechzigjährigen: »Glaub mir's, auch ich bin in dieser Schule gewesen, wo ich wähnte, ich sei zwischen den Chören der Engel, obwohl ich doch vielmehr zwischen Teufeln weilte [...]. Auf meine Gefahr hin lerne dich davor hüten und steige mit dem Sohn herab, der darum zu dir herabstieg, daß du in ihm Gott erkennst. Wo ich bin, sagt er, da werden meine Diener auch sein.« [192]

Einmal bezeugt er von sich, ähnlich wie der Apostel Paulus, bis in den dritten Himmel (II. Kor. 12,2) entrückt (raptus) worden zu sein und damit einen hohen Grad der mystischen Erleuchtung erlangt zu haben.[193] Man muß jedoch hinzufügen: Luther hat »seine Autorität niemals mit besonderen Offenbarungen oder tiefen mystischen Erfahrungen begründet, und ebensowenig hat er für ›Aristokraten des Geistes‹ geschrieben, denen bereits ein Vorgeschmack der künftigen Herrlichkeit verliehen wäre.«[194] Die Christusnähe war und blieb von entscheidender Wichtigkeit, ebenso das mit Christus »Gleichförmigwerden« (conformitas cum Christo). Damit ist allerdings eine andere Qualität angesprochen als bei der Wesensverschmelzung (unio mystica), wie wir ihr in der Identitätsmystik begegnen, in der »Gott und die Seele« zusammenzufließen scheinen. Luther gibt dem »mit Christus Sein« (communio) den Vorzug. Dennoch ist die mystische Theologie als solche bei ihm keinesfalls in Zweifel gezogen. Sie bleibt »sapientia experimentalis et non doctrinalis«, das heißt eine auf Erfahrung gegründete, nicht jedoch nur lehrhafte Gottesweisheit. Luther ließ auch keinen Zweifel darüber aufkommen, daß das gepredigte Wort eine innere Dimension hat, daß erst innen empfangen werden müsse, was öffentlich verkündigt werden soll.

Wenn Luther Dionysius Areopagita und die in seinen Bahnen verlaufende Theologie ablehnt, dann entspricht das seiner kompromißlosen Absage an jede spekulative Mystik und an die »Theologia negativa« zugunsten einer erfahrungsbetonten Mystik, deren Mittelpunkt Christus ist, der Gestorbene und Auferstandene (Theologia crucis).[195] Für ihn gibt es keine (etwa platonische) Leiter des Seelenaufstiegs zu Gott. Entscheidend für das Sein und das Heil des Menschen ist allein Gottes Herabstieg (Kondeszendenz), seine Menschwerdung.

Auf die mystische Ausdrucksweise verzichtet Luther jedoch nicht, selbst dort, wo er die Dominanz des Glaubens (sola fide) zur Geltung bringen will. Er spricht von dem »Hineingerissensein (raptus) des Geistes in die klare Erkenntnis des Glaubens«[196] und von der »Zusammenleimung«[197] (conglutinatio) von Christus und sündigem Menschen. In seinen Vorlesungen wird der Glaube mit dem Grundvorgang der mystischen Entrückung gleichgesetzt: »Der Christusglaube [...] ist ein Hinweggenommenwerden (raptus) und Entrücktwerden (translatio) von allem, das innen und außen fühlbar ist, auf das hin, was weder innen noch außen fühlbar ist, eben auf Gott, den unsichtbaren, gar hohen, unbegreiflichen.«[198] Aus der Vielzahl von Anknüpfungspunkten Luthers an mystisches Erleben seien im folgenden als besonders wichtig sein Interesse an Johannes Taulers Predigten und an der namenlos überlieferten Grundschrift deutscher Mystik, der *Theologia Deutsch* (auch *Der Frankfurter* beziehungsweise *Theologia Germanica*), genannt. Die Predigten des Eckhart-Schülers begeisterten ihn. In einem Brief aus dem Jahr 1518 heißt es: »Ich habe in ihm [J. Tauler] mehr von wahrer Theologie gefunden als in allen Doktoren aller Universitäten zusammengenommen.«[199]

Unbestritten ist, daß Luther seit dem Jahre 1516, also noch vor dem berühmten Thesenanschlag von 1517, mit Quellenschriften der deutschen Mystik vertraut war. Er benutzte unter anderem eine Tauler-Ausgabe, die wenige Jahre zuvor (1508) in Augsburg die Presse verlassen hatte. Luthers Exemplar enthält eine Vielzahl von Randbemerkungen seiner Hand, die Rückschlüsse auf den engagierten und zustimmenden Leser zulassen.[200]

In dieser Zeit stieß Luther auch auf die *Theologia Deutsch*, einen geistlichen Traktat, der dem ausgehenden 14. Jahrhundert zugeschrieben wird, und sorgte für eine erste, zunächst noch fragmentarische Ausgabe (1516); eine zweite, vollständige ließ er 1518 folgen. Dabei meinte er, die namenlos überlieferte Schrift sei aus der Feder Taulers. Die heutige Forschung weist sie tatsächlich dem Umkreis der Eckhart- beziehungsweise Tauler-Schule zu, während die Überlieferung einen Frankfurter (genauer: Sachsenhausener) Deutschherrn-Kustos angibt.

Indem das Büchlein auf das »vollkommene Leben« hinweist, den Weg der Gnadenerfahrung empfiehlt und zur Christus-Nachfolge ermuntert, hebt es sich aus der Vielzahl ähnlicher Traktate der Zeit heraus. Der im Prozeß seiner eigenen Erfahrungstheologie stehende Augustinermönch ist geradezu hingerissen. Aus diesen Zeilen scheint ihm eben der Geist zu sprechen, der seinem Leben und Schaffen die entscheidende Wende gegeben hat. Als er die vollständige Fassung der Schrift dem Druck übergibt, schreibt er im Vorwort: »[...] mir ist näher der Bibel und Sankt Augustin nicht vorkommen ein Buch, daraus ich mehr erlernt habe und (erlernt haben) will, was Gott, Christus, Mensch und alle Dinge seien, und befinde nun allererst, daß es wahr sei [...]. Ich danke Gott, daß ich in deutscher Zunge meinen Gott also höre und finde, als ich, und sie mit mir, allhier nicht gefunden haben, weder in lateinischer, griechischer noch hebräischer Zunge. Gott gebe, daß dieser Büchlein (noch) mehr an den Tag kommen, so werden wir finden, daß die deutschen Theologen ohne Zweifel die besten Theologen sind. Amen.«[201]

Aus diesen Worten spricht weder eine Verachtung der humanistisch-philologischen Gelehrsamkeit, denn drei Jahre später wird sich derselbe Luther daranmachen, das Neue Testament aus dem griechischen Urtext ins Deutsche zu übertragen; noch kann man einen nationalen Überschwang daraus ablesen. Worauf es dem werdenden Reformator aber ankommt, das ist die auf den Herzton der Muttersprache gestimmte Frömmigkeit.

Es bedurfte im übrigen nicht allein der ausdrücklichen Hochschätzung durch Luther, daß die *Theologia Deutsch* immer neue Auflagen erlebte und bis in die Gegenwart hinein weite Verbreitung fand. Johannes Calvin lehnte sie freilich ab; ebenso fand die Schrift im römischen Katholizismus wenig Gegenliebe, wohl weil die nachdrückliche Empfehlung des »Ketzers« Luther irritierte. Um so wichtiger nahmen die *Theologia Deutsch* im 16. Jahrhundert Kaspar Schwenckfeld und Sebastian Franck, danach Johann Arndt und Philipp Jakob Spener, die Pioniergestalt des deutschen Pietismus. Somit ist ihre Bedeutung für die nachreformatorische Mystik unbestritten.

Diesen Geist atmen auch eine Reihe von Schriften aus der Frühzeit der Reformation, in denen Luther sich als von dieser Mystik angerührt erweist, etwa seine Magnifikat-Auslegung von 1521, in der er den Lobgesang der Maria nach Lukas 1 interpretiert. In seiner Vorrede heißt es:

»Um diesen heiligen Lobgesang seiner Ordnung nach zu verstehen, ist zu beachten, daß die hochgelobte Jungfrau Maria aus der eigenen Erfahrung heraus redet, in der sie durch den Heiligen Geist erleuchtet und gelehrt worden ist. – Denn es kann niemand Gott oder Gottes Wort recht verstehen, wenn er es nicht unmittelbar vom Heiligen Geist hat; niemand kann's aber von dem Heiligen Geist haben, wenn er es nicht erfährt, versucht und empfindet. In dieser Erfahrung lehrt der Heilige Geist als in seiner eigenen Schule. Außerhalb dieser wird nichts gelehrt als nur auf Schein bedachtes Wort und Geschwätz. So ist es bei der heiligen Jungfrau.«[202]

Auf die Frage, ob der ungemein stark nach außen wirkende Luther dem Kreis der deutschen Mystik zugerechnet werden darf, lassen sich je nach der Einschätzung des Reformators, aber auch je nach dem Verständnis von Mystik unterschiedlich nuancierte Antworten geben. Zum Autor einer im engeren Sinn des Wortes »mystischen« Schrift ist er nicht geworden. »Elemente mystischer Überlieferung und Reflexion auf mystische Phänomene finden sich jedoch in vielen, besonders in den frühen deutschen Schriften.«[203] Diesem Wort von Ulrich Köpf läßt sich das Votum von Reinhard Schwarz ergänzend an die Seite stellen: »Wir können Luther nur dann einen Platz in der Geschichte der christlichen Mystik anweisen, wenn wir Mystik nicht durch ekstatische Erlebnisse bestimmt sein lassen, sondern dadurch, daß sie die Religiosität in der Erfahrung eines Einsseins mit Gott gipfeln läßt. Wie dieses Einssein mit Gott erfahren und gedacht werden könne, ist in der Geschichte der christlichen Mystik unterschiedlich beantwortet worden. Luther hat seine eigene Antwort gefunden und hat sich zugleich von anderen ihm bekannten Erscheinungsformen der christlichen Mystik entschieden distanziert.«[204]

Diese Distanzierung bezog sich bei Luther nicht allein auf die spekulative Theologie des Dionysius Areopagita. Sie erwuchs auch aus der Konfrontation mit einem sich formierenden »linken Flügel« der Reformation, auf dem ehemalige Mitstreiter mit mystischem und apokalyptischem Denken zur Revolution aufriefen. In erster Linie ist hier an Thomas Müntzer (um 1490 bis 1525) zu denken, unter anderem Vorzeichen aber auch an Kaspar Schwenckfeld und Sebastian Franck, an Andreas Bodenstein, genannt Dr. Karlstadt, an Melchior Hofmann und an die alsbald, etwa von 1523 an, verstärkt sich bemerkbar machenden sogenannten (Wieder-)Täufer, etwa von 1523 an. Wie immer die einzelnen Gestalten und Strömungen zu bewerten sind, vielen ist die Berufung auf die Gegenwart des göttlichen Geistes gemeinsam. Sie basierte auf einer spirituellen beziehungsweise mystischen Interpretation der Bibel. Wenn diese Deutung und die daraus sich ergebende Theologie von derjenigen Luthers abwich, wurde der Wittenberger Reformator zum unversöhnlichen Gegner, tat die ihm zunächst Zugewandten als »Schwärmer« (Schwimmelgeister) ab und beschied, man habe diese als Sendboten des Antichristen zu vernichten, geistig wie physisch. In dieser Hinsicht ist, initiiert durch den Reformator selbst, innerhalb des protestantischen Lagers Schlimmes geschehen.

Wieder ist Thomas Müntzer, zuletzt reformatorischer Prediger im sächsischen Landstädtchen Allstedt, beispielhaft zu nennen. Von Luther als »Teufel« verschrieen, wurde er nach Niederschlagung der mitteldeutschen Bauernaufstände im Mai 1525 als Gefangener der Sieger gefoltert und hingerichtet. Wie eine Reihe anderer aus dem Kreis Luthers, so hat sich auch Müntzer in das Schrifttum der Mystik vertieft: in die Werke Seuses, Taulers, in

Texte der Frauenmystik und – mit ziemlicher Wahrscheinlichkeit – in die von Luther herausgegebene *Theologia Deutsch*. Für Müntzer ist entscheidend, daß der Same des göttlichen Wortes zuerst ins Herz der Menschen fällt; »das ist dann das Papier und das Pergament, darin Gott nicht mit Tinte, sondern mit seinem lebendigen Finger schreibt als die rechte heilige Schrift.« Sie ist es, die der Bibel letztlich zugrundeliegt. »Und es ist auch kein gewisseres Zeugnis, das die Bibel als Wahrheit erweist, als die lebendige Rede Gottes, da der Vater den Sohn im Herzen des Menschen anspricht. Diese Schrift können alle auserwählten Menschen lesen.«[205] Das Auserwähltwerden hängt für Müntzer eng zusammen mit dem Prozeß eines mystischen »Entwerdens«, mit einer »Entgröberung«, also mit dem Vorgang einer spirituellen Reinigung (Katharsis), die der Erleuchtung und der Vereinigung der Seele mit Gott vorauszugehen hat.

Im Einklang mit Eckhart und Tauler ist in diesen Zusammenhängen von der Unmittelbarkeit des Sprechens Gottes »im Abgrund der Seele« die Rede. Denn dieser Gott ist nicht stumm; er tritt aus der Stille seines Schweigens heraus; der fern Geglaubte wird dem Menschen nah. Daher soll auch der Empfänger des Altarsakraments wissen, »daß Gott in ihm sei, daß er nicht draußen bleibe oder tausend Meilen von ihm entfernt erscheine [...]. Und wie der Vater den Sohn in uns ohn Unterlaß gebiert und der Heilige Geist nicht anders den Gekreuzigten in uns durch herzliche Betrübnis erklärt.«[206] Meister Eckharts und Johannes Taulers großes Thema von der »Gottesgeburt im Seelengrund« klingt an.

Für den Widerpart Luthers ist es kennzeichnend, daß die Gottesbegegnung und das Vernehmen der Stimme aus den Tiefenregionen der Seele nicht mit unbestimmten Glücksempfindungen des Erhobenseins verbunden ist. Vielmehr lenkt er die Aufmerksamkeit seiner Predigthörer und der Leser seiner Schriften auf das Leiden Christi hin. Christusnachfolge ist bei ihm wie bei vielen

Vertretern mystischer Spiritualität von persönlicher Leidensbereitschaft nicht zu trennen: »Müntzer sah seinen Auftrag darin, die Auserwählten zu einem von Gottes Geist beherrschten Leben aufzurufen. In einem unverfälschten Glauben soll sich der Mensch aus aller Weltverfallenheit lösen und durch Leiden hindurch dem Wirken Gottes freien Raum geben [...]. Fast in allem, was Müntzer über das geistliche Leben der Auserwählten sagt, lassen sich Einflüsse der Deutschen Mystik nachweisen.« [207]

Entsprechend lehnte der leidenserprobte Müntzer das Gerede vom »honigsüßen« Christus ab, so wie knapp fünf Jahrhunderte nach ihm Dietrich Bonhoeffer (1906 bis 1945) als Theologe des Widerstands gegen Hitler der Predigt von der »billigen« und damit unverbindlichen Gnade die Gefolgschaft kompromißlos verweigert hat. Abgesehen davon, daß das unstete, von mancherlei Enttäuschungen erfüllte und schließlich gewaltsam beendete Leben Müntzers Anlaß genug gibt, das Leiden eigens zu thematisieren, ist in der Geschichte der Mystik Leiden alles andere als ein Fremdwort, sondern, mit Meister Eckharts Worten, »das schnellste Tier, das zur Vollkommenheit trägt« [208].

Protestantische Mystik und Theosophie

Christliche Mystik ist wohl tief eingebettet in jene Tradition, die das monastische Leben hervorgebracht hat und von ihm wiederum geprägt worden ist. Innere Erfahrung läßt sich aber nicht in den Pferch einer bestimmten Konfession einsperren, und so ist dem provokativen, auf Ausgrenzung zielenden Diktum des evangelischen Kirchenhistorikers Adolf von Harnack, Mystik sei »*die* katholische Frömmigkeit überhaupt«[209], deutlich zu widersprechen. »Katholisch«, und zwar in einem wörtlichen, betont überkonfessionellen Sinne ist Mystik, weil ihre Weise zu erfahren, zu erkennen und verwandelt zu werden auf Ganzheit und auf Ganzwerdung angelegt ist. So mag es auch gerechtfertigt erscheinen, an dieser Stelle nicht die römisch-katholische Mystik weiter zu verfolgen, wie sie in kirchlicher Einbettung während der hinter uns liegenden Jahrhunderte auf den Plan getreten ist. Einiges davon wurde auch bereits in den Kapiteln zur volkssprachlichen Mystik gestreift. Näher liegt es, auf die spirituellen Strömungen hinzuweisen, die jene mystikfeindlichen protestantischen Theologen aus ihrer eigenen Geschichte als »nichtreformatorisch« getilgt sehen wollten. Denn Adolf von Harnack steht mit seinem Verdikt keineswegs allein. Auch seine Vorgänger und Nachfolger haben im westlichen Protestantismus jenes Klima geschaffen, das bis in die zweite Hälfte des 20. Jahrhunderts für das kirchlich-theologische Desinteresse an innerer Erfahrung bestimmend gewesen ist.[210]

Dabei ist an der Tatsache nicht vorüberzugehen, daß ein Großteil der Mystiker, mindestens vom 17. Jahrhundert an, außerhalb der römisch-katholischen Kirche steht. Protestanten sind – nach Sebastian Franck, Kaspar Schwenckfeld, Valentin Weigel – zum Beispiel Johann Arndt, Jakob Böhme, Gerhard Tersteegen, ferner die Engländer George Fox, John Bunyan oder William Law. Friedrich Heiler konstatiert sogar eine Verschiebung der mystischen Spiritualität vom Katholizismus zum Protestantismus nach den einschneidenden Kirchenreformen des tridentinischen Konzils (1545 bis 1563), die als Antwort auf die Reformation gedacht waren: »Die schöpferische Mystik hatte sich – merkwürdig genug – aus den lichten und weiten Hallen des katholischen Domes in die engen Räume des Luthertums und Anglikanismus, des Sektentums und Calvinismus geflüchtet. Der Grund für diese überraschende Tatsache liegt in der großen Veränderung, die der nachtridentische Katholizismus erfuhr [...]. Das Versiegen der schöpferischen Kräfte der Mystik ist eines der vielen Symptome für den Dekadenzprozeß der nachreformatorischen Kirche.«[211]

Wenn von einem Aufbruch mystischer Frömmigkeit innerhalb des Protestantismus gesprochen werden kann, so ist dies nicht auf die jeweils dominierende Theologie und Kirchenleitung zurückzuführen. Die Inhaber besonderer Geistesgaben (Charismata), die Zeugen spiritueller Erfahrungen konnten in den landesherrlich kontrollierten »Landeskirchen« keinesfalls der Duldung der jeweiligen Konsistorien gewiß sein.

Kaspar Schwenckfeld (1489 bis 1561), ein schlesischer Landedelmann, der sich wie Luther durch die *Theologia Deutsch* und durch Taulers Predigten anrühren ließ, der der *Nachfolge Christi* des Thomas von Kempen in der evangelischen Erbauungsliteratur Eingang verschaffte und um ein verinnerlichtes Bibel- und Sakramentsverständnis rang, fand bei den Lutheranern nur Ablehnung. Kaum anders erging es dem ehemaligen Priester, dann notgedrungen in wechselnden Berufen tätigen Schriftsteller Sebastian Franck (1499 bis 1542) aus Donauwörth. Ihm bedeutete die Erfahrung des inneren Wortes mehr als die Verpflichtung auf den Buchstaben von Bekenntnisschriften und Kirchenordnungen. Und der Zschopauer Prediger Valentin Weigel (1533 bis 1588) hatte gute Gründe, seine Existenz als protestantischer Mystiker zu verbergen und die Verbreitung seiner einschlägigen Schriften zu Lebzeiten zu unterlassen. Selbst so wichtige Erbauungsschriftsteller wie der Autor der weitverbreiteten *Vier Bücher vom wahren Christentum*, Johann Arndt (1555 bis 1621), konnten, wie ungezählte andere evangelische Pfarrer, nicht darauf verzichten, ihre Rechtgläubigkeit auf der Basis von »Schrift und Bekenntnis« immer wieder zu beteuern. Mit einem Wort: Auch in dem auf die »Freiheit des Christenmenschen« pochenden Protestantismus hatte die Mystik einen schweren Stand. Dabei gehört die Erfahrbarkeit des Geglaubten zum Grundbestand evangelischer Frömmigkeit.

An der Spitze der evangelischen Mystik, die gleichzeitig Elemente der Theosophie beziehungsweise einer christlich tingierten Pansophie aufgenommen hat, steht der Görlitzer Schuster Jakob Böhme (1575 bis 1624). Seine Schau von Mensch und Welt basiert auf einem sein Leben wie sein literarisches Schaffen bestimmenden Erleuchtungserlebnis. Doch haben ihn auch äußere Einflüsse geprägt: die Luther-Bibel, deren Sprache er spricht; das Frömmigkeitsgut der mittelalterlichen Mystik; die Naturphilosophie des Paracelsus, die er teils durch paracelsische Texte, teils über Valentin Weigel kennengelernt haben kann; sodann alchymistische Lehren, wiewohl er diese Praxis nicht ausgeübt hat; sowie der nicht zu unterschätzende Anteil an kabbalistischen Vorstellungen.

Durch sein berühmtes Erstlingswerk *Aurora oder Morgenröte im Aufgang* (1612), in dem er sein Erleuchtungsgeschehen schildert, wurde Böhme zunächst im näheren Umkreis bekannt: zum einen durch das Interesse der Leser und ersten Kopisten seines Manuskripts, zum anderen durch die unversöhnliche Gegnerschaft des Görlitzer Oberpfarrers Gregor Richter, der sein frommes Gemeindeglied öffentlich diffamierte und wider besseres Wissen als gefährlichen Ketzer verfolgen ließ. Diesen Widerpart empfand Böhme als den »Treibhammer Gottes«. Zwar verursachte er ihm und seiner Familie bis zu seinem frühen Tod andauernde Unzuträglichkeiten, aber letztlich erwiesen sich die üblen Nachstellungen als ein Anstoß für die weitere Entfaltung seiner Spiritualität zu einer umfassenden Theosophie, Kosmosophie, Anthroposophie und Christosophie.

Schon zu seinen Lebzeiten bildete sich in der Lausitz und in Schlesien ein Kreis theosophischer und mystischer Sucher. Ihnen hat er (etwa ab 1618) namentlich adressierte *Theosophische Sendbriefe* geschrieben. Diese Empfänger sorgten auch für die erste Verbreitung seiner Schriften. Die eigentliche Verbreitung aber ist holländischen Böhme-Freunden zu verdanken, die für die Sammlung der kursierenden Handschriften sorgten, nachdem als einzige Schrift vor seinem Tode nur das Büchlein *Christosophia oder Weg zu Christo* (1624) die Druckerpresse verlassen hatte. Die erste Gesamtausgabe erschien 1682 in Amsterdam. Europaweit gelangte Böhmes Werk in weiteren Ausgaben, in Einzeleditionen und in zahlreichen Übersetzungen in Umlauf. Dadurch war seine Wirkung bei Philosophen, Theologen, Naturforschern und spirituell suchenden Menschen in einer Weise ermöglicht, die in der Wirkungsgeschichte eines Mystikers und Theosophen als einzigartig bezeichnet werden muß.

Böhme hat nicht nur die Fülle seiner Gesichte niedergeschrieben und dargelegt, was ihm in seinem Erkenntnisprozeß widerfahren ist. Er gibt auch Anleitungen, wie der innere Weg zu beschreiten sei:

»Nicht durch unsere scharfe Vernunft und Forschen erlangen wir den wahren Grund göttlicher Erkenntnis. Die Forschung muß von innen im Hunger der Seelen anfangen, denn das Vernunft-Forschen gehet nur bis in sein Astrum [d.i. in seinen Bereich] der äußern Welt, daraus die Vernunft urständet. Aber die Seele forschet in ihrem Astro, als in der inneren geistlichen Welt, daraus die sichtbare Welt entstanden oder ausgeflossen ist, darinnen sie mit ihrem Grunde stehet [...]. Allda ist erst die rechte theosophische Pfingst-Schule, da die Seele von Gott gelehret wird [...]. Es kann es keiner dem andern geben, es muß es ein jeder selbst von Gott erlangen. Anleitung kann einer dem andern wohl geben, aber den Vorstand kann er nicht geben.« [212]

Zu den wichtigsten Gestalten, die im 18. und 19. Jahrhundert das geistige Erbe des Görlitzer Meisters angetreten haben, gehören der württembergische Prälat und Theosoph Friedrich Christoph Oetinger (1702 bis 1782) und der vielseitige katholische Philosoph Franz Xaver von Baader (1765 bis 1841). Daß Böhmes Denken über die deutsche Romantik (Ludwig Tieck, Friedrich Schlegel, Novalis und andere), sodann über Hegel und Schelling bis nach Rußland (Wladimir Solowjow, Nikolaj Berdjajew) ausgestrahlt hat, ist seit langem bekannt. Jüngeren Datums ist die Erkenntnis, daß Goethe, der »anschauende Denker«, mittelbar und unmittelbar von Böhme beeinflußt worden ist. Böhmes Landsmann Johannes Scheffler (1624 bis 1677), nach seiner Konversion zum Katholizismus bekannt als »Angelus Silesius«, schöpfte in seinem berühmten *Cherubinischen Wandersmann* aus vielen Quellen der Tradition, darunter aus der geistlichen Hinterlassenschaft Böhmes, die er während eines Holland-Aufenthaltes kennenlernte.

Im Pietismus, der einflußreichen Erneuerungsbewegung des Protestantismus im 17. und 18. Jahrhundert, kam die mystische Tradition als Erlebnis und als Forschungsgegenstand erneut zu Ehren. Das trifft auch für die aus ähnlichen Quellen schöpfende Erweckungsbewegung des 19. Jahrhunderts zu.

Mit Gottfried Arnold (1666 bis 1714) präsentiert sich eine Frömmigkeit, die sich nicht auf den Status quo der eigenen Position zurückzieht, sondern nach einem umfassenderen Christentum fragt, in dem auch die religiös Verfemten Heimatrecht erhalten. Den eindrucksvollsten Beleg dafür stellt seine quellennah geschriebene, voluminöse *Unparteiische Kirchen- und Ketzerhistorie* (1699/1700) dar. In ihr ist der beachtenswerte Versuch unternommen, Kirchengeschichte endlich einmal auch aus der Sicht der dogmatisch Unterlegenen zu schreiben. Als versierter Kirchenhistoriker und Theologe hat er dann die *Mystische Theologie* (1703) in ihren Hauptlinien nachgezeichnet, von der er meint: »Weil sie eine geheime dunkle, verborgene Erkenntnis Gottes ist [...], ereignet sie sich im Verborgenen eines gereinigten Herzens bei dem geheimen Umgang der Seele mit ihrem Bräutigam, also daß die Weisen dieser Welt nichts fassen von der innerlichen Mitteilung der Weisheit und des Geistes Gottes [...]. Sie kann auch nicht durch Vernunftschlüsse jemanden gezeigt werden, sondern besteht in lauter inwendiger Erfahrung.«[213]

In Fortführung der an das Hohelied anschließenden Minnemystik des Mittelalters stellt Arnold in einem gesonderten Werk *Das Geheimnis der göttlichen Sophia* (1700) dar. Als »eine singuläre Leistung innerhalb der evangelischen Christenheit« (Walter Nigg) gerühmt, nimmt dieses Buch der göttlichen Weisheit (hebräisch: »chochma«) die alttestamentliche Weisheitstraditon auf und stellt sie ins Licht der neutestamentlichen Offenbarung. Das spezifisch Pietistisch-Mystische dieses Werks findet seinen Ausdruck in der Forderung, nicht nur theologische Gedankengänge zu pflegen, sondern einen Prozeß der Transformation (Wiedergeburt) zu durchlaufen: »Ehe nun der Mensch zur neuen Geburt wirklich gelangt ist, kann er freilich auch von diesem Schatz [der Weisheit] weder Erfahrung noch Gewißheit haben, weil die brünstige Liebe des Vaters durch Christum in dem Heiligen Geist sich allein den veränderten und gereinigten Gemütern offenbart. Nachdem aber dieser wichtige Durchbruch geschehen ist, beginnt der feurige Strom der ewigen Liebeskraft aus dem flammenden göttlichen Herzen in den neuen gewissen Geist und in das neu geschaffene Herz des Menschen einzufließen und damit lauter göttlich-ewiges Leben einzusenken [...].«[214]

Unschwer erkennt man, wie Arnold den Dreischritt der Reinigung, der Erleuchtung und der mystischen Vereinigung vollzieht. Daß er sich gerade dadurch als protestantischer Sophiologe in die unmittelbare Nachfolge Jakob Böhmes stellt, sei eigens hervorgehoben. Vor radikalen, asketischen Konsequenzen scheute der verheiratete Gemeindepfarrer freilich zurück. Diese wurden von einem anderen prominenten Böhme-Schüler, Johann Georg Gichtel (1638 bis 1710)[215], und seinen ehefeindlichen »Engelsbrüdern« gefordert. Nach deren Überzeugung entzieht sich die »Jungfrau Sophia« demjenigen, der sich mit einer irdischen Eva liebend verbindet. Daß diese Sophien-Mystik sich zu einer »erotischen Philosophie« heranbilden ließ, zeigen die Schriften des ökumenisch eingestellten Katholiken Franz von Baader. Auch die Liebesbeziehung von Novalis und Sophie ist in diesem existentiellen wie literarischen Kontext zu betrachten.

Der in Mülheim an der Ruhr als reformierter Christ zurückgezogen lebende Bandweber und Prediger, Dichter und religiöse Schriftsteller Gerhard Tersteegen (1697 bis 1769) hat die Gottesnähe zum beherrschenden Motiv erkoren: »Gott ist auf eine uns unbegreifliche Weise uns wesentlich gegenwärtig; er erfüllt Himmel und Erde, in ihm leben wir, bewegen wir uns, und sind wir; keine Kreatur ist vor ihm verborgen, er ist nahe auch unseren heimlichsten Gedanken, Neigungen, Begierden und Absichten. All unser Innerstes liegt bloß in seiner Gegenwart.«[216] Während Jakob Böhme seinen Freunden ans Herz legte, »fleißig zu erwägen die Kräfte in der Natur«, das heißt die Schöpfung Gottes in ihrer Totalität zu betrachten, hebt Tersteegen den Negativaspekt alles Vergänglichen und Unzulänglichen hervor. Sich nur nicht mehr als unbedingt nötig mit dieser gefallenen Welt abgeben, lautete seine Devise. Diese Forderung nach äußerster »Gelassenheit« ist vom spanischen und französischen Quietismus her bekannt: »Eine innige Seele tut genug, wenn sie gar nichts tut [...].«

Zweifellos steht der kirchen- und theologiekritisch eingestellte niederrheinische Mystiker unter dem Einfluß quietistischer Autoren wie Madame Guyon und dem lange in den Niederlanden wirkenden reformierten Prediger Pierre Poiret, dessen Bibliothek mit zahlreichen mystischen Werken ihm zur Verfügung stand. Daß die *Nachfolge Christi* des Thomas von Kempen seiner Frömmigkeitsart entsprach, versteht sich von selbst. Dem Schrifttum Gottfried Arnolds entnahm er Grundlegendes für seine eigene mystische Theologie, auch für den respektvollen Umgang mit Andersglaubenden. In seinem dreibändigen Werk *Auserlesene Lebensbeschreibungen heiliger Seelen* versuchte er, die Mystikerinnen und Mystiker der ungeteilten Kirche seinen protestantischen Glaubensgenossen nahezubringen, ohne auf die Gegnerschaft rechtgläubiger Theologen zu achten. Die Betrachtungen des französischen Quietisten Jean (Johannes) von Bernières-Louvigni waren ihm wichtig genug, um sie unter dem Titel *Das verborgene Leben mit Christo in Gott* (1726) ins Deutsche zu übertragen. Das Buch erlebte bis heute zahlreiche Auflagen. Im gleichen Geist mystischer Einkehr und quietistischer Zurückgezogenheit sind Tersteegens zahlreiche Traktate und Liedtexte verfaßt. Das vielgesungene Kirchenlied »Gott ist gegenwärtig, lasset uns anbeten/ Und in Ehrfurcht vor ihn treten [...].« gipfelt in: »Du durchdringest alles, / Laß dein schönstes Lichte, / Herr, berühren mein Gesichte. / Wie die zarten Blumen / Willig sich entfalten / Und der Sonne stillehalten: / Laß mich so, still und froh, / Deine Strahlen fassen / Und dich wirken lassen.« [217]

Mystik in der Moderne

Auch wenn sich Epochen in der Regel nicht dann einzustellen pflegen, wenn ein Jahrhundert kalendarisch beginnt, sind doch die Erwartungen im Blick auf einen solchen Übergang groß. Angesichts der Wende vom 19. zum 20. Jahrhundert war es nicht anders. Mit der neuen Zeit wurde ein neuer Mensch, eine neue Gemeinschaft, eine neue Welt erhofft, in der die »innere Dimension« trotz der starken, durch Naturwissenschaft und Technik bedingten Wendung nach außen nicht vernachlässigt werden sollte. Das starke Verlangen nach Sinndeutung zur Zeit der Jahrhundertwende zeigte sich in einem großen Interesse an Spiritismus, Okkultismus und der anglo-indischen Theosophie einerseits, sowie andererseits an der noch jungen Psychoanalyse. Im folgenden sollen Vertreter dieser Generation kurz vorgestellt werden, die aus der Beschäftigung mit Mystik Impulse bezogen.

Rudolf Steiner (1861 bis 1925) kam aus der Goethe-Forschung und hatte sich mit Friedrich Nietzsches Denken und Ernst Haekkels naturwissenschaftlichem Monismus auseinandergesetzt. Bei seinem Versuch eines geistigen Brückenschlages ging es ihm darum, zwar »ein treuer Bekenner der naturwissenschaftlichen Weltanschauung« zu sein und doch gleichzeitig »Wege nach der Seele« zu suchen. Einer dieser Wege ist für ihn die »richtig verstandene Mystik«: »Nur wer den Geist im Sinne der wahren Mystik erkennt, kann ein volles Verständnis der Tatsachen in der Natur gewinnen. Man darf wahre Mystik nur nicht verwechseln mit dem ›Mystizismus‹ verworrener Köpfe [...].«[218]

Diese Sätze entstammen einer Vortragsreihe, die Steiner im Jahr 1900 in Berlin unter dem Titel *Die Mystik im Aufgange des neuzeitlichen Geisteslebens und ihr Verhältnis zur modernen Weltanschauung* hielt – zwei Jahre vor seinem Eintritt in die Theosophische Gesellschaft. Hier begegnet man der Charakteristik einiger christlicher Mystiker des Mittelalters und der frühen Neuzeit von Meister Eckhart bis Jakob Böhme und Angelus Silesius. Die Vorträge selbst fanden vor einem bürgerlichen Auditorium im Haus des Grafen Kai von Brockdorff in Berlin-Charlottenburg statt. Die Vortragsthematik wurde von den Veranstaltern offensichtlich nicht zufällig gewählt. Sie entsprach der Interessenlage der Zeit.

Eine andere Situation: In der Haftanstalt von Berlin-Tegel saß um die gleiche Zeit der Schriftsteller Gustav Landauer (1870 bis 1919) ein, um eine sechsmonatige Haftstrafe abzubüßen. Als oppositioneller Journalist und Autor hatte er sich wie vor ihm Emile Zola für einen Mann eingesetzt, der seiner Überzeugung nach seit 17 Jahren unschuldig eine Zuchthausstrafe verbüßte. Landauers Versuch, die Rechtsprechung durch seinen Einsatz zu einem Wiederaufnahmeverfahren zu veranlassen, scheiterte und machte ihn selbst zum Opfer der Justiz Kaiser Wilhelms II. Während dieser Haft las der jüdische Anarchist die Predigten Meister Eckharts. Hier übertrug er den Text ins Neuhochdeutsche und bereitete eine Ausgabe vor. Seiner Frau, Hedwig Lachmann, schrieb er über seine Entdeckung: »Dieser Meister Eckhart, der zu Beginn des 14. Jahrhunderts wirkte, wird gewöhnlich ein ›deutscher Mystiker‹ genannt, wobei man sich aber ganz gewiß nicht das Richtige denken kann. Er war nämlich ein sehr klarer, nüchterner, sogar manchmal spitzfindiger Geist, bei dem das Verstandesleben das Empfinden durchaus überwog; ein Pantheist mit außerordentlich tiefen und wie modern anmutenden Gedanken und einer entzückenden, schönen und schlichten Prosa.« [219]

So wenig wie Steiner ist Landauer unter die kompetenten Mystik-Experten zu zählen. Diesen Anspruch erhoben sie auch selbst nicht. Beiden war das momentane innere Erleben wichtiger als etwa eine philologisch-exakte und datengenaue Analyse alter Texte. Während Steiner darauf achtete, daß die innere Erfahrung als Selbsterkenntnis mit der nach außen gewendeten Bemühung um naturwissenschaftlich vertretbare Welterkenntnis in Verbindung blieb, ging es Landauer in erster Linie um die Freisetzung einer gesellschaftsverändernden Kraft. So ist es kein Zufall, daß Landauers *Eckhart* beziehungsweise sein ungefähr gleichzeitig abgefaßtes Buch *Skepsis und Mystik* (1903) von seiner Schrift *Die Revolution* (1907) nur durch wenige Jahre getrennt ist. Im Grunde sind die da und dort vertretenen Positionen die beiden Seiten einer Medaille: Nur wer innerlich gegründet ist, kann sich als legitimiert betrachten für eine Neugestaltung des gesellschaftlichen Lebens.

Um 1900 war es der 22jährige Student Martin Buber, der in dem Kreis um die Gebrüder Hart, dem auch Landauer kurze Zeit nahestand, gelegentlich über Jakob Böhme und über soziale Umgestaltung vortrug. Die erst wenige Jahre alte zionistische Bewegung Theodor Herzls, der sich Buber angeschlossen hatte, schien ihm ein brauchbares Instrument zu sein, um eine Jahrtausende alte Utopie Realität werden zu lassen. Den nötigen Impuls für seine in dieser Zeit sich herausbildenden kulturzionistischen Vorstellungen gewann er aus der Mystik, – wie er sie verstand. In der »neuen Gemeinschaft« der Brüder Heinrich und Julius Hart, einem Intellektuellen- und Künstlerzirkel mit lebensreformerischen Absichten, trafen sich nicht nur Landauer und Buber, um Freundschaft zu schließen. Eugen Diederichs, von Willy Haas als »Verleger der Mystik« tituliert, brachte zeitgleich mit Landauers Eckhart-Bändchen die jahrzehntelang verbreitete Eckhart-Ausgabe von Herman Büttner heraus. Auswahlbände aus Taulers und Seuses Schriften sowie der *Theologia Deutsch* folgten.

Der Leipziger Insel-Verlag zog alsbald nach. Ehe dort zwischen 1919 und 1927 die berühmte Reihe *Der Dom – Bücher der deutschen Mystik* die Druckerpresse verließ, stellte Buber für den Verlag den Band *Ekstatische Konfessionen* (1909) zusammen, eine Sammlung mystischer Texte abendländischer und morgenländischer Autoren. Buber steckte zu dieser Zeit mitten in seiner »mystischen Phase«. Als Landauers Eckhart-Ausgabe in Berlin erschien, promovierte er in Wien (1904) mit einer Arbeit, in der deutsche Mystiker, insbesondere Eckhart und Böhme, seine wichtigsten Gewährsleute darstellen. Aufsehen erregen aber sollte er mit den ab 1906 erscheinenden *Erzählungen der Chassidim.* Nicht als Denker des Dialogs oder als Bibelübersetzer machte sich der Schriftsteller Martin Buber also zunächst bekannt, sondern als Mystograph.

Dabei überschritt auch er – wie mancher Dichter der Zeit – zuweilen die Grenze zum Mystizismus. Zu groß war die Faszination durch das Motiv des Geheimnisvollen oder des Ekstatischen, das zur Adaption verlockte. Problematisch waren vor allem die umfassenden Heilsversprechungen und die schwärmerischen Versuche einer Übertragung von harmonischen und enthusiastischen Innenerfahrungen auf die gesellschaftliche Realität, wie wir sie beispielsweise bei den Gebrüdern Hart finden:

»Wir wollen zu dem neuen Menschen hinführen, welcher der Gott und Künstler seiner Welt ist [...]. Die neue Weltanschauung überwindet als Identitätslehre alle Gegensätze und Widersprüche, welche im Gebiet der alten Weltanschauung Wissen, Wollen und Leben durchsetzen. Und mit diesen Gegensätzen überwindet sie die eigentliche Triebkraft aller Leiden und Kämpfe, allen Bangens und Zweifelns, aller Verzweiflung und allen Elends. Über alle Gegensätze hinaus führt sie zu einer lichten Harmonie im Denken, Fühlen und Leben des Einzelnen, für die Gemeinschaft aber ermöglicht sie die Verwirklichung des höchsten Kulturideals.«[220]

Für viele Enthusiasten war der Erste Weltkrieg mit seinem bis dahin unbekannten Ausmaß an Zerstörungen und Unmenschlichkeiten ein tiefer Einschnitt. Manche – wie Buber – wandten sich ganz von der Mystik ab. Einige beharrten in kleinen – auch völkischen – Zirkeln auf irrationalem Gesellschaftsmystizismus. Sehr viele entdeckten gerade unter dem Eindruck des Krieges ihr Interesse an einer Erschließung des »Weltinnenraums« (Rilke), und so kam es zwar vielleicht zu einer Umorientierung, nicht aber zu einem Nachlassen des Interesses.

Rilkes als »mystisch« gepriesenes *Stundenbuch* (1905) war nach dem großen Krieg nicht weniger gefragt als zuvor. Christian Morgensterns *Tagebuch eines Mystikers* erschein erst vier Jahre nach dem Tod des Dichters, nämlich 1918, in dem Sammelband *Stufen.* In seinen *Betrachtungen über Sünde, Leid, Hoffnung und den wahren Weg* (1931) sucht Franz Kafka nach der »mystisch-paradoxalen Wahrheit«.

Alfred Döblin läßt in seinem Roman *November 1918* Johannes Tauler als Gesprächspartner auftreten. Sehr nachhaltig haben Hermann Hesses Anleihen bei der östlichen Spiritualität gewirkt: in *Siddharta* (1922) oder im vielgerühmten *Glasperlenspiel* (1943). Bubers *Ekstatische Konfessionen,* von denen er sich ausdrücklich distanziert hatte und die er 1921 ein letztes Mal selbst herausgab, wurden für Robert Musil zu einer Fundgrube besonderer Art. Sein *Mann ohne Eigenschaften* (1930 bis 1952) verweist schon im Titel auf die von Meister Eckhart apostrophierte Eigenschaftslosigkeit (âne eigenschaft). Das Buch beschäftigt sich mit der Herstellung des »anderen Zustandes«, eben mit dem der mystischen Erfahrung. Die literaturkritische Analyse hat gezeigt, daß die Texte aus den *Ekstatischen Konfessionen* nicht nur beiläufige Bezüge erkennen lassen. Ungefähr 300 Romanstellen belegen, welche Strahlkraft Musil diesem Sammelwerk beimaß. [221]

So könnte man fortfahren und beispielsweise auf Aldous Huxley, T.S. Eliot und Paul Celan verweisen. In unserem Jahrhundert geht es bei der Beschäftigung mit Mystik offensichtlich stärker um die Klärung der menschlichen Existenz als um die traditionelle »cognitio dei experimentalis« – nicht nur in der Literatur[222], auch in der Philosophie (Ludwig Wittgenstein, Ernst Bloch) und in der Psychologie beziehungsweise Psychoanalyse (Herbert Silberer[223], Carl Gustav Jung, Carl Albrecht[224]).

In diesem Zusammenhang muß auch hingewiesen werden auf die Vereinnahmung der verbreiteten Mystik-Faszination durch die Nationalsozialisten. Neben der Indienstnahme apokalyptischen und messianischen Denkens in ihre Ideologie sollte die scheinbare Pflege der »deutschen Mystik« kulturpolitisch einer Stärkung des »Deutschtums« dienen. So entstand eine bis heute nachwirkende nationalistische Verengung des Blicks, der das vorliegende Buch entgegenzuwirken versucht. Welche brutale Verfälschung dabei beispielsweise Meister Eckhart als »Mystiker der Tat« erfuhr, zeigt Alfred Rosenbergs *Mythus des 20. Jahrhunderts* (1930). Das Standardwerk der NS-Ideologie wurde innerhalb weniger Jahre in 500.000 Exemplaren verbreitet.

Dem stehen integere, ja vorbildliche Persönlichkeiten gegenüber, in deren Leben authentisches mystisches Erleben und der reife Umgang damit zu vertieftem Erkennen und mitmenschlichem Engagement geführt haben. Daß solche Erfahrungen weder durch Religionszugehörigkeit noch durch eine bestimmte Lebensform beschränkt sind, möge man den folgenden Beispielen entnehmen.

Die sozial engagierte jüdische Philosophin Simone Weil (1909 bis 1943) bekennt sich als »von Christus ergriffen«. Beim wiederholten Beten des griechischen Vaterunser-Textes erfährt sie, welche außerordentliche Kraft von dieser meditativen Übung auf sie übergeht: »Mitunter reißen schon die ersten Worte meinen Geist aus meinem Leibe und versetzen ihn an einen Ort außerhalb des

Raumes, wo es weder eine Perspektive noch einen Blickpunkt gibt. Der Raum tut sich auf [...].«[225] Der schwedische UNO-Politiker Dag Hammarskjöld (1905 bis 1961) entdeckt über der Lektüre der mittelalterlichen Mystiker wieder, was ihn in der Tiefe seines Wesens bewegt, so daß er fähig wird, aus der Stille heraus in der Weltöffentlichkeit zu wirken.

In diesem Zusammenhang ist auch Karlfried Graf Dürckheim (1896 bis 1988) zu nennen, der sich als spiritueller Lehrer, als »Lebensmeister« im Eckhartschen Sinn, der Aufgabe gewidmet hat, das »Tor zum Geheimen« zu öffnen. Obwohl er sich selbst nicht als Mystiker sehen wollte, war er bestrebt, seinen Zeitgenossen Hilfen zu geben, damit die »Große Erfahrung« im Erkenntnishorizont des westlichen Menschen zu einem zentrierenden Faktor werde, um »Transparenz für Transzendenz« in die Alltäglichkeit hineinzutragen: »Es ist das Schicksal des Menschen, sich seiner selbst bewußt werdend, aus der Geborgenheit im Sein herauszufallen. Aber es ist seine Chance, ein Kind des Seins, in einem höheren Bewußtsein neu zu entdecken [...]. Auf dieses Wahrnehmen kommt es heute an. Dazu bedarf es eines neuen Bewußtseins [...].«[226] Wichtig wurde dabei für ihn die Begegnung mit der fernöstlichen Kultur der Stille.

Daß West und Ost keine Gegensätze mehr darstellen dürfen, sondern als einander zugeordnete Hemisphären des Geistes zu begreifen sind, wird von mystisch Erfahrenen seit langem gesehen. Seit Ramon Llull oder Nikolaus von Kues – um nur sie zu nennen – wird nach Wegen einer solchen Begegnung, der »mystischen Hochzeit« von Ost und West, gesucht.

Zum Abschluß möchte ich daher noch auf drei Ordensleute verweisen, die, vom Geist einer zur östlichen Spiritualität geöffneten christlichen Mystik bewegt, an dem heute gebotenen Brükkenbau mitgewirkt haben.

Thomas Merton (1915 bis 1968) hatte durch Phasen eines unruhigen Lebens hindurch, über Konversion und Eintritt in den Trappisten-Orden, seine zeitweise gelebte Weltflucht überwunden und war zum »Wachwerden des inneren Selbst«, das heißt zur mystischen Lebensführung, gelangt. Dies geschah in der Öffnung für das christlich-buddhistische Gespräch. Der überaus fruchtbare spirituelle Schriftsteller und Dichter verstand es, seine Eigenerfahrung klar und in lebendiger Anschaulichkeit zu vermitteln.

Der durch die Atombombe von Hiroshima verwundete Jesuit und Japan-Missionar Hugo M. Enomiya-Lassalle (1896 bis 1990) wußte das östliche Zen mit westlicher Mystik im Geist seines Ordensgründers Ignatius zu verbinden. Als Meditationslehrer hat er sich in Ost und West für einen weltweiten Wandlungsprozeß eingesetzt, der letztlich innen beginnt, wenn sich Horizonte eines neuen Bewußtseins eröffnen.

Der englische Benediktiner Bede Griffiths (1906 bis 1993) praktizierte in einem christlich-hinduistischen Ashram in Indien jahrzehntelang die Gemeinschaft der Religionen. Knapp zwei Jahre vor seinem Tod sprach er von der für ihn zentralen Bedeutung des Pfingstereignisses, »wenn alle Christus-Mysterien erfüllt sind in der Tiefe des Geistes: Geburt, Epiphanie, Tod und Auferstehung. Es ist der Moment der wahren Selbst-Verwirklichung, wenn all das außen Erfahrene ins Zentrum versammelt und verwirklicht ist, nämlich als der Weg einer inneren Transformation, durch die wir ständig vom Tod zum Leben hindurchdringen. Da bereiten wir uns auf die allerletzte Transformation vor, wenn die ganze Schöpfung hinaufgehoben wird in die Fülle des Christus, wenn Gott alles in allem ist.«[227]

Die Aufzählung von Ordensleuten wird nicht verwundern, zum einen, weil sie durch ihre monastische Spiritualität in einer großen Tradition stehen, zum anderen, weil die einzelnen Gemeinschaften in den letzten Jahrzehnten Prozesse einer geistlichen Wiederbelebung durchlaufen haben. Doch die Erfahrung zeigt, daß die mystische Praxis nicht an einen bestimmten Beruf oder Stand gebunden sind. Meditation und Kontemplation, die Praxis des Herzensgebets oder anderer Innenwege sind grundsätzlich jedem zugänglich, wenngleich eine weise Dosierung geboten ist. Vor allem ist kein Rückzug »aus der Welt« gefordert. Mystik heute meint auch nicht die Präsentation von Menschen mit außerordentlichen, »überweltlich« anmutenden Qualitäten. Mit David Steindl-Rast kann man sagen:

»Die Männer und Frauen, die wir Mystiker nennen, unterscheiden sich vom Rest von uns lediglich dadurch, daß sie jenen Erfahrungen den Raum geben, der ihnen in unser aller Leben zusteht. Was zählt, ist nicht die Häufigkeit oder Intensität mystischer Erfahrungen, sondern der Einfluß, den wir ihnen auf unser Leben einräumen. Indem wir unsere mystischen Momente mit allem, was sie bieten und verlangen, zulassen, werden wir die Mystiker, die wir sein sollen. Schließlich ist der Mystiker keine besondere Art Mensch, sondern jeder Mensch eine besondere Art Mystiker.«[228]

Exkurs: Meditation als mystische Praxis

Mystik ist ohne die ihrem Wesen und Ziel bzw. ihrem Lebensvollzug entsprechende geistliche Übung nicht zu denken. Dabei gehört es zur Eigenart des mystischen Innewerdens, die Umtriebigkeit des Ego zurücktreten zu lassen und aus seinen vielfältigen Verstrickungen mit der »Welt« zu lösen. Zum Ausdruck kommt dies auf dem Weg der Ge-Lassenheit, von der nicht nur Meister Eckhart in eindrücklicher Weise spricht. Darüber sei aber nicht vergessen, daß das Esoterische, d.h. das innen Erfahrene wiederum zum kreativen wie karitativen Tun in der und für die jeweilige Gemeinschaft dienstbar gemacht werden soll, letztlich in Verantwortung für den Organismus Erde. Erst *da* empfängt Mystik ihre Erfüllung. Deshalb Eckharts bewußte Korrektur an dem traditionellen Ideal des ganz der Kontemplation hingegebenen Menschen, der die Neigung zeigt, – bildlich gesprochen – auf dem »Berg der Verklärung« verharren zu wollen, statt – in neuer Weise, d.h. auf Grund einer Wesensverwandlung – den Weg in die »Welt« einzuschlagen. Nicht die kontemplative Maria, sondern die bereits zur beherzten Tat schreitende Martha im Sinne des Evangeliums (Luk. 10; Joh. 11) dient ganz im Sinne Eckharts als Beispiel für die Christusnachfolge. Darauf hin ist die Meditation vorbereitend gerichtet. Dennoch verbietet es sich, die Meditation als geistliche Übung lediglich als ein Mittel zu benutzen, das einem bestimmten Zweck dient. Zu erinnern ist an jene Predigt Meister Eckharts

(*In hoc apparuit caritas dei*), in der es heißt: »Aus dem innersten Grunde sollst du alle deine Werke wirken ohne Warum (*sunder warumbe*) ... Solange du deine Werke wirkst um des Himmelreiches oder um Gottes oder um deiner ewigen Seligkeit willen, also von außen her, so ist es wahrlich nicht recht bestellt ... Wer Gott in einer bestimmten Weise sucht, der nimmt die Weise (für wichtig) und verfehlt Gott ...«

Meditation von lat. ›meditari‹ (nachsinnen, mit einem Gedanken umgehen, üben), mit dem griech. ›médo-mai‹ (fürsorgen, an etwas denken, etwas aussinnen) verwandt, bedeutet von seinem Wortsinn und geschichtlichen, d.h. hebräischen, griechischen und lateinischen Ursprung her das sinnende, oft hörbare Einüben, sodann die Beherzigung einer Wahrheit, die in ständiger Wiederholung und Verinnerlichung »bewegt« wird. Sie stellt einen Übungsweg dar, der verschiedene Weisen des methodischen Vorgehens anbietet, etwa die gegenständliche Meditation, bei der ein bestimmter Gegenstand, ein Wort, ein Symbol, ein Bildgehalt in den Mittelpunkt der Aufmerksamkeit gerückt wird. Daneben gibt es die gegenstandslose Meditation, d.h. jene Meditationsart, die unter Verzicht auf die Betrachtung bestimmter Inhalte sogleich in die Stille und in das Schweigen eintritt. Das abendländische Christentum kennt in diesem Zusammenhang die Kontemplation oder wortlose Beschauung. Der Sprachgebrauch kann freilich differieren. Musterbeispiel für eine östliche Spielart ist der aus dem buddhistischen Bereich kommende Zen. Generell läßt sich sagen:

»Wer ihn (den bestimmten Formen folgenden meditativen Übungsweg) geht, möchte sich von seinen Anhaftungen an primitive Regungen, an urtümliche Bewußtseinszustände und an falsche Konzeptionen befreien. Bei der *gegenständlichen Meditation* setzt man sich unter Umständen außerdem noch bestimmte Ziele, zum Beispiel den Wunsch nach Begegnung mit einer transzendenten Wirklichkeit, ›Gott‹. Allen Formen der

Meditation ist jedoch eine Steigerung der Achtsamkeit und der Bemühung um einen Durchbruch zu einer unmittelbaren Erfahrung der Wirklichkeit im Zustand größtmöglicher Bewußtheit und Evidenz gemeinsam. Weil dabei das Unbedingte im Bedingten aufleuchtet, wird diese Erfahrung für den Meditierenden ›unbedingt‹ wichtig und dadurch verbindlich. Daraus entsteht zugleich ein Anspruch, der es nicht mehr zuläßt, nur noch bei der bloßen Erfahrung stehen zu bleiben, wie beeindruckend diese auch sein mag. Vielmehr folgt daraus die Forderung nach einer Integration dieser Erfahrung ins alltägliche Leben und damit die Notwendigkeit einer inneren Wandlung und Weiterentwicklung. Der Übungsweg wird somit letztlich zum Heilsweg.« (A. und W. Huth)

Sieht man einmal davon ab, welche zentrale Rolle die Meditation – im weitesten Wortsinne verstanden – in den Hochreligionen des nahen und fernen Ostens spielt, so haben sich auch in den Bezirken der abendländischen Mystik eigene Formen der Übung und Sammlung entwickelt. Bekannt ist im übrigen, wie stark vor allem im Laufe des 20. Jahrhunderts östliche Praktiken auf spirituell aufgeschlossene Menschen in der westlichen Welt eingewirkt haben, sei es der indische Yoga in seinen verschiedenen Ausformungen, seien es Zen und andere Arten der buddhistischen Versenkung, sowie, wenngleich in einem geringeren Ausmaß, sufische Übungen wie Dikr, das »Erinnern« im Sinne eines ständigen intensiven Denkens an Allah. Ob in jeder Hinsicht die Bezeichnung ›Meditation‹ gerechtfertigt ist, wäre eigens zu erörtern. In jedem Fall ist aber ein spirituelles Exercitium gemeint, das geeignet ist, zur Wesensmitte zu führen, Seinsfühlung zu erlangen oder zur »Großen Erfahrung« (etwa im Sinne Graf Dürckheims) durchzudringen. Je nach Methodik und Zielsetzung geht es um eine Intensivierung des Denkens und Erkennens bzw. der gefühls- oder willensbetonten und religiösen Ausrichtung.

In der vor- bzw. außerchristlichen antiken Welt gab es Formen der meditativen Sammlung, der Stilleübung und der philosophischen Betrachtung, so etwa im Rahmen der stoischen Philosophie als Lebenslehre, in der man bestrebt war, sein ganzes Leben nach dem Logos als der Wirklichkeit tragenden Weltvernunft auszurichten. Entsprechende Äußerungen finden sich bei den Philosophen Seneca (gest. 65), Plutarch (gest. 120), Epiktet (gest. 138). Von Marc Aurel (gest. 180), dem Philosophen auf dem römischen Kaiserthron, stammt z.B. die Empfehlung: »Schaffe dir eine Methode der Betrachtung, wie alles sich verwandelt ineinander, und nimm es unaufhörlich in Gedanken auf und übe dich in diesem Kapitel. Denn nichts gibt so wie diese Haltung Erhebung über Welt und Schicksal.« Und Seneca wird das Geständnis zugeschrieben: »An welchem Ort ich auch stehe, da meditiere ich (*cogitationes meas tracto*), da arbeite ich einen Heilsgedanken durch.« Die platonische Philosophie entwickelte ihre eigene Form der Meditation, die zur reinen Schau der Ideen anleiten sollte. Diese und andere Erscheinungsformen der Meditation, etwa die einerseits von Plotin, andererseits von den Strömungen des Gnostizismus der ersten Jahrhunderte herkommenden, haben auch die christlichen Denker der Kirchenväterzeit bis zu einem gewissen Grad beeinflußt. Platon, Plotin und andere antike Philosophen haben ihrerseits auf die Mystik des Mittelalters gewirkt.

Das biblische Wort, sowohl das der hebräischen Bibel mit seinem reichen Psalmenschatz als auch die Evangelienbilder und Christusworte des Neuen Testaments, bestimmt seit alters das meditative Leben der Christenheit. In Gebet, Liturgie und Kultus werden deren Inhalte vergegenwärtigt. So ist auch das Kirchenjahr mit seinen Festen, seinem Brauchtum eine durchgehende jahreszeitlich getönte Meditation. Zur Geltung kommt die ganz bewußt vollzogene Wiederholung einzelner Worte und der Wortfolgen in Litaneien, weil diese Weise der Innewerdung sich ja nicht damit begnügt, die gedanklich-dogmatischen Inhalte lediglich zu wissen und auf ihre theologische Bedeutung hin zu interpretieren. Vielmehr geht es in der Meditation, mehr noch in der (gegenstandsfreien) Kontemplation oder Beschauung darum, das als Meditationsgegenstand vorgenommene geistige Gut bis in die Regionen des Unbewußten hinein zu verankern. Das geschieht beispielsweise beim Herzens- oder Jesus-Gebet der Ostkirche (»Herr Jesus Christus, erbarme dich unser!«), das dadurch zum »immerwährenden Gebet« wird, daß man die Worte mit dem Atemrhythmus verbindet und schließlich auf ein bewußtes Rezitieren verzichtet. Ein Beten »ohne Worte« entsteht, bisweilen »inneres Gebet« genannt. Teresa von Avila war bei weitem nicht die einzige, die in der westlichen Christenheit hierzu anleitete. Sie stand vielmehr in einer großen, vielgestaltigen Tradition.

Ein anderer Aspekt der meditativen Hereinnahme in die Wesensmitte wird durch ein gründliches Einprägen bewirkt, nämlich durch »ruminatio«, was in der Rezitation eines Bibelwortes einem »Wiederkäuen« entspricht. Auch hier ist eine ganzheitliche Aufnahme der geistig-geistlichen Nahrung gemeint. Es waren insbesondere die Ordensregeln, seien es die des Benediktus oder des Augustinus, die von Mönchen und Nonnen bis heute im Rahmen der über jeden Tag sich erstreckenden Stundengebete praktisch umgesetzt werden. Es war und ist freilich darauf zu achten, daß nicht etwa ein bei verminderter Bewußtheit ins Werk gesetzter Automatismus in Gang kommt. Anders als etwa die Praxis des Zen, die bereits mit einem von Bildern und gedanklichen Vorstellungen völlig »leeren Bewußtsein« *beginnt*, liegt es im Wesen des westlichen Wegs, der bildlosen Kontemplation eine gedankliche Klärung dessen vorausgehen zu lassen, was in den Mittelpunkt der Aufmerksamkeit gerückt werden soll, ehe auch diese Inhalte *gelöscht* werden können. Die mit der vorstellenden bzw. denkenden Bewegung verbundene Meditation geht in die Kontemplation über, worunter ein verweilender Zustand des zur Ruhe Gekommenseins in voller Bewußtheit gemeint ist. Die Aktivität verebbt, religiös gesprochen kommt es zum reinen Dasein im Angesicht Gottes.

Von daher kam es bereits im Mittelalter zu einer gewissen Systematisierung der geistlichen Übungen. Man unterschied demnach verschiedene Stadien des Vorgehens: die Lesung (lectio), bei der man sich mit dem betreffenden Meditationsinhalt, etwa einem Christuswort oder einem Evangelienbericht bekannt macht; dann die eigentliche Meditation (meditatio), bei der man mit diesem gedanklich vertraut wird, indem man es bewegt, erwägt, auf sich und seine Situation »anwendet«; es folgt das Gebet (oratio) als der Anruf, Gott (Christus, hl. Geist) möge sich in der Meditation mit einem verbinden; schließlich die Beschauung (con-templatio), bei der die zuvor geübte willensbetonte Konzentration in jene mystische Ge-Lassenheit einmünden kann. Es waren die Meister mystischer Exerzitien, etwa die Viktoriner, Hugo und Richard von St. Viktor bei Paris, der Franziskaner Bonaventura oder alle jene, die eine auf Erfahrung gegründete Gotteserkenntnis (cognitio dei experimentalis) angestrebt und geübt haben.

Die Geschichte der Spiritualität kennt, wie erwähnt, eine Reihe von eigengeprägten methodischen Vorgehensweisen. Am bekanntesten ist zweifellos die des Ignatius von Loyola (Exercitia spiritualia), die in betonter Weise auf das imaginative Vermögen und auf das Willensleben des Übenden Einfluß nimmt. Die geistliche Überlieferung der vorausgegangenen Jahrhunderte hat hier Eingang gefunden und ist auf die eigentümliche ignatianische Weise geformt worden. Vorbereitend haben im 15. Jahrhundert die im Bereich der »Brüder vom gemeinsamen

Leben« (Devotio moderna) angestrebten Formen einer meditativen Christusnachfolge (Imitatio Christi) gewirkt. In einem ähnlichen Sinn hatte zuvor Ludolf von Sachsen, ein Zeitgenosse Taulers im 14. Jahrhundert, in seinem Leben-Jesu-Buch dazu angeregt, die neutestamentlichen Berichte so zu lesen, daß man sich gleichsam unter die darin vorkommenden Menschen begibt und – gewissermaßen aus erster Hand – an dem Evangeliengeschehen teilnimmt. Der »garstige Graben« der historischen Distanz wird auf diese Weise übersprungen. Der historische Aspekt tritt in der Mystik ohnehin in den Hintergrund. Es dominiert das *Jetzt und Hier*. Einst Geschehenes wird ein augenblickliches Geschehen, an dem man selbst beteiltigt wird, indem man etwa den Bericht vom letzten Abendmahl Christi imaginierend vor sich erstehen läßt und darin geradezu sinnenhaft erlebt, in welchem Raum man sich befindet, was vor sich geht und wie man schließlich aus der Hand Jesu Brot und Wein empfängt. Meditierend wird man zum Augenzeugen, man wird »gleichzeitig«, etwa im Sinne Sören Kierkegaards.

In der Reformation des frühen 16. Jahrhunderts ist trotz der Schließung vieler Klöster das meditative Leben keineswegs völlig erstorben. Luther selbst hatte in seinem Erfurter Mutterkloster als Augustiner Eremit entsprechende Unterweisung empfangen und die auf diesem Weg unternommene geistliche Übung weiter verfolgt. So kann es nicht verwundern, wenn er sich gelegentlich der einschlägigen Wendungen bedient und von der »Ruminatio«, dem geistig-geistlichen Wiederkäuen des durch die Schrift Empfangenen spricht. Beabsichtigt ist auch hier die Verankerung der meditativen Gehalte im ganzheitlichen Leben. Es geht um eine bewußte Teilhabe an dem Mysterium.

Auf der Schwelle zur Neuzeit wirkte sich der vor allem im Protestantismus eingetretene Bewußtseinswandel so aus, daß ein spürbarer Meditationsverlust, eine spirituelle Entleerung im

Christentum die Folge war. Die in einseitiger Weise rational gesteuerte Theologie, das Interpretieren, Dozieren und Predigen, wurde mehr und mehr zum beherrschenden Faktor in der evangelischen Welt. Frömmigkeit wurde zumindest partiell »unmodern«. Allgemein betrachtet, entstand in der westlichen Welt ein geistig-seelisches Vakuum, das im Gefolge der philosophischen Aufklärung zu einer weitgehenden Veräußerlichung und Verarmung des spirituellen Lebens führte. Doch jedes Vakuum übt eine Sogwirkung aus. Das bewirkte einerseits eine Rückbesinnung und Wiederbelebung meditativer Praktiken. Mit dem Verlangen nach authentischer religiöser Erfahrung und infolge des im 20. Jahrhundert wiedererstehenden Interesses an der Mystik belebte sich auch die meditative Bemühung. Abgesehen von kurzlebigen Modeerscheinungen manifestierte sich die eine oder andere Meditationsbewegung – sei es, daß sich Formen der abendländischen Tradition mit östlich-fernöstlichen Meditationsweisen verbanden, sei es, daß es da und dort zu einem Neuansatz kam, bei dem man bestrebt war, auf die Bewußtseinslage des heutigen Menschen Rücksicht zu nehmen. Angesprochen wurden dadurch in erster Linie suchende Menschen, die dem herkömmlichen kirchlichen Christentum weitgehend entfremdet worden sind. In diesem Zusammenhang ist an tiefenpsychologische und geisteswissenschaftliche Erkenntnisbemühungen zu denken, wie sie seit Beginn des 20. Jahrhunderts in Erscheinung traten.

Im Rahmen der zwischenkirchlichen Begegnungsformen und der nach dem Ersten Weltkrieg – unter Ausschluß des römischen Katholizismus! – sich entfaltenden ökumenischen Bewegung kam es zu einem vielgestaltigen geistigen Geben und Nehmen. Während theologische Lehrunterschiede in der Regel schwer zu überwindende Barrieren darstellen, wird das wechselseitige Interesse dadurch gestärkt, daß man Erfahrungen austauscht und am erlebten Frömmigkeits- und Erkenntnisgut anderer teilnimmt. Während die orthodoxen Kirchen des Ostens und der durch seine Ordensgemeinschaften reiche westliche Katholizismus mit dem lebendigen Strom überkommener und praktizierter Spiritualität in der Regel in Verbindung geblieben waren, mußte im Protestantismus von neuem nach Formen der geistlichen Übung gesucht werden. Diese Suche verlief naturgemäß zum Teil parallel zu einem neuen Fragen nach dem Wesen der mystischen Erfahrung.

Im Rahmen der nach dem Ersten Weltkrieg (1914-1918) ins Leben gerufenen sogenannten »Berneuchener Bewegung« und der daraus erwachsenen »Evangelischen Michaelsbruderschaft« (1931) wurde Meditation in einzelnen Schritten erprobt, zu der der Arzt und Freimaurer Carl Happich (1877-1947) anleitete. Die therapeutische Note kam insbesondere durch jene zur Auswirkung, die dabei tiefenpsychologische Einsichten zu integrieren vermochten. Denkt man an Carl Gustav Jung (1875-1961), so leistete die durch ihn begründete Analytische bzw. Archetypische Psychologie eine wichtige Pionierarbeit, indem sie für das Beschreiten eines inneren Wegs unverzichtbare Verständnisgrundlagen schuf, auch wenn Jung und seine Schule auf eine klare Grenzziehung zwischen Psychotherapie und Spiritualität Wert legten.

Es ging im übrigen darum, an unbewußte Erlebnisschichten heranzukommen und zu erfahren, wie auf diese Weise etwas von der heilenden Wirkung des religiösen Lebens, insbesondere der mystischen Erfahrung gewonnen werden kann. Das jeweils zugrunde liegende Menschenbild ließ entsprechend variierende Therapieformen entstehen, die von Fall zu Fall Anklänge an die Meditation enthalten, mit ihren traditionellen Erscheinungsformen jedoch nicht gleichzusetzen sind. Genannt seien hierzu neben Jungs »Aktiver Imagination« etwa das von J.H. Schultz entwickelte »Autogene Training«, das »Katathyme Bilderleben« nach H.C. Leuner oder die von dem Arzt Carl Albrecht unternommenen Erfahrungsstudien zur Mystik. Ein Vergleich zeigt, daß die Beziehung tiefenpsychologischer Praktiken zur Mystik nicht immer eine so große Nähe erreicht, wie sie etwa bei den mittelalterlichen Meistern der Kontemplation anzutreffen war. Das kann nicht verwundern.

Ferner haben sich diverse Meditationspraktiken aus dem kirchlichen Leben emanzipiert. Das trifft nicht zuletzt für die Initiative zu, wie sie in Gestalt der Anthroposophie Rudolf Steiners (1861-1925) ins Werk gesetzt wurde. Die Anthroposophie als »Wissenschaft vom Geist« ist für ihn ohnehin »ein Erkenntnisweg, der das Geistige im Menschenwesen zum Geistigen im Weltall führen möchte«. Welterkenntnis und Selbsterkenntnis korrespondieren demnach miteinander. In seinem Schulungsbuch »Wie erlangt man Erkenntnisse der höheren Welten?« und in einer Reihe anderer Publikationen, in Aufsätzen und Vorträgen, hat er diese Seelenmöglichkeiten in Form von Übungsanleitungen für den »Inneren Weg« mitgeteilt. Steiner war wichtig, jeweils vom Denkbewußtsein auszugehen, ehe man auf unbewußte Regionen eingeht.

Daß die religiöse Perspektive nicht im Vordergrund dieses Ansatzes steht, ist somit im vorhinein klar. Anders bei dem aus dem liberalen Protestantismus kommenden Theologen Friedrich Rittelmeyer (1872-1938). Er hat als leitender Mitbegründer der »Christengemeinschaft, einer Bewegung für religiöse Erneuerung« (1922) zwar Steiners Anregungen aufgenommen. Er ist ihnen auch bis zu einem gewissen Grad gefolgt, war aber speziell darum bemüht, auf meditativ-betrachtendem Weg an das Christus-Mysterium heranzuführen. Seine Vorgehensweise zur imaginierenden Erschließung des Johannesevangeliums ist in seinem mehrfach aufgelegten Buch »Meditation« (1928) niedergelegt. Sind es bei Rudolf Steiner in erster Linie Erkenntnisbedürfnisse, die den Meditierenden leiten, indem sie ihn beim Denken ansetzen lassen, sodann das Fühlen und Wollen einbeziehen, so kommt bei Rittelmeyer die mystische Note voll zur Geltung, wenn er etwa in seinem erwähnten Werk schreibt: »Wir können Christus in uns tragen wie das Sonnenlicht einer neuen Welt. Wir können ihn durchscheinen lassen durch unsre Worte, Gebärden, Handlungen. So kann vor den Menschen eine höhere Welt aufblitzen, wenn es auch nur da und dort geschieht. So bilden sich ihre Augen allmählich für das Schauen einer andern Welt.« Rittelmeyer spricht in diesem Zusammenhang von einer »inneren Ordensgründung« oder – in Anlehnung an W. Solowjow – vom »inneren Athos«.

Ein Beispiel dafür, wie sich Meditation sowie andere spirituell ausgerichtete Praktiken mit westlichem Denken verknüpfen lassen, verkörpert Karlfried Graf Dürckheim (1896-1988), der als Begründer der »Initiatischen Therapie« insbesondere Zen - wie er betont – als eine die Mentalität des westlichen Menschen berücksichtigende nichtbuddhistische Weise der Übung aufgezeigt hat. Ausgehend von einem Menschenbild, das mit dem »doppelten Ursprung des Menschen« rechnet und die »Transparenz für Transzendenz«, d.h. das Durchscheinen des Wesenhaften in den Blick faßt, geht es Dürckheim darum, den mitten in der Welt lebenden, den Aktivitäten und Verpflichtungen hingegebenen Menschen zum »Durchbruch zu seinem Wesen« zu führen. Meditatives Üben und eine darauf abgestimmte »Leibarbeit«, wie sie in Todtmoos-Rütte (Schwarzwald) und in zahlreichen auch internationalen Filialen und Einzelpraxen angeboten werden, sollen eine totale Wende des Wirklichkeitsbewußtseins herbeiführen. Denn, so schreibt er in seinem Buch »Meditieren - wozu und wie?« (S. 18): »Die Zeit ist gekommen, in der der Mensch die Aufforderung zu einem gottgemäßen Leben nicht mehr als eine ihm von außen auferlegte Aufgabe empfindet, sondern als Vollzug einer in ihm selbst wachgewordenen Verheißung.«

Sowohl von Dürckheims Initiatischer Therapie als auch von anderen spirituellen Wegen ist zu sagen, daß von ihnen nachhaltige Impulse ausgegangen sind. Auch Vertreter und Vertreterinnen traditioneller Formen der Spiritualität, etwa Ordensleute, sowie aus dem Protestantismus kommende Theologen haben nach eigenem Zeugnis eine Belebung oder Vertiefung ihres geistlichen Lebens erfahren. Es entspricht dem Signum der Zeit, daß es des öfteren – gleichsam von Erfahrung zu Erfahrung – zu interreligiösen Begegnungen gekommen ist, ohne daß man generell von synkretistischen, auf fragwürdiger »Religionsvermischung« basierenden Phänomenen sprechen muß. Offensichtlich handelt es sich um Prozesse einer jeweils besonders zu definierenden geistigen Globalisierung. Wo einst Religionen und Konfessionen ihr jeweiliges Gegenüber als Objekt der Missionierung anzusehen pflegten, ist es – von betont konfessionalistischen bzw. fundamentalistischen Positionen abgesehen – zu ersten Ansätzen für eine »Gemeinschaft des Geistes« gekommen. Groß ist nach wie vor die Dringlichkeit einer solchen Evolution auf dem von Zerklüftungen gezeichneten geistig-religiösen Feld. Hier liegen in Gegenwart und Zukunft Aufgaben und Perspektiven der Mystik sowie der aus dieser Geisteshaltung erwachsenen Spiritualität, also auch der Meditation und Kontemplation.

Anhang

Anmerkungen

1 Adalbert Geduhn, Mystik als Grundstrom neuer Innerlichkeit, Olten 1990, S. 33.

2 Friedrich Heiler, Das Gebet, München 1921, S. 203, zit. nach: Adalbert Geduhn, Mystik als Grundstrom neuer Innerlichkeit, a. a. O., S. 29 f.

3 Ekstatische Konfessionen, gesammelt von Martin Buber (1909), 5. Aufl., Heidelberg 1984, S. XXXVII f.

4 Vgl. Walter Burkert, Antike Mysterien. Funktionen und Gehalt, München 1991; Franz Cumont, Die orientalischen Religionen im römischen Heidentum, 4. Aufl., Darmstadt 1959; Samson Eitrem, Orakel und Mysterien am Ausgang der Antike, Zürich 1947; Karl Kerény, Die Mysterien von Eleusis, Zürich 1962; Thassilo von Scheffer, Hellenische Mysterien und Orakel, Stuttgart 1940.

5 Plutarch, zit. nach: Walter Burkert, Antike Mysterien. Funktion und Gehalt, München 1991, S. 77.

6 Ernst Hoffmann, Platon. Eine Einführung in sein Philosophieren, Reinbek 1961, S. 23 f., 27 f.

7 Platon, Symposion, 211 a-d, zit. nach: Karl Vorländer, Philosophie des Altertums. Geschichte der Philosophie I, Reinbek 1978, S. 230 f.

8 Simone Weil, Vorchristliche Schau, München 1959, S. 78 ff.

9 Alois M. Haas, Gottleiden, Gottlieben. Zur volkssprachlichen Mystik des Mittelalters, Frankfurt/M. 1989, S. 29.

10 Ebenda.

11 Platon, Phaidros, 250 b-c, in: ders., Sämtliche Werke, hrsg. von Walter F. Otto u. a., Hamburg 1958, Bd. 4, S. 31.

12 Platon, Siebter Brief, 341 c, in: ebenda, Bd. 1, S. 317.

13 Joseph Bernhart, Die philosophische Mystik des Mittelalters. Von ihren antiken Ursprüngen bis zur Renaissance (1922), Darmstadt 1974, S. 14.

14 Ebenda, S. 18.

15 Kurt Ruh, Meister Eckhart. Theologe, Prediger, Mystiker, München 1985, S. 87.

16 Porphyrios, Über Plotins Leben, in: Werner Marg (Hg.), Plotin, Ausgewählte Schriften, Stuttgart 1973, S. 6.

17 Werner Beierwaltes, Reflexion und Einung. Zur Mystik Plotins, in: ders. u. a., Grundfragen der Mystik, Einsiedeln 1974, S. 12.

18 Plotin, Enneaden IV, 8, 8, 2-6, zit. nach: Werner Beierwaltes, a. a. O., S. 14.

19 Venanz Schubert, Plotin. Einführung in sein Philosophieren, Freiburg/München 1973, S. 41 f.

20 Plotin, Enneaden IV i, 1, 1-11, zit. nach: Venanz Schubert, Plotin, a. a. O., S. 42.

21 Leonhard Goppelt, Die apostolische und nachapostolische Zeit, in: Kurt Dietrich Schmidt/Ernst Wolf (Hg.), Die Kirche in ihrer Geschichte, Göttingen o.J., Lieferung A, Bd. 1, S. 8; Hilda Graef, Die neutestamentlichen Grundlagen der christlichen Mystik, in: Geist und Leben, 34. Jg., Heft 6, 1961, S. 436 ff.; Sandra M. Schneiders, Heilige Schrift und Spiritualität, in: Bernard McGinn u. a. (Hg.), Geschichte der christlichen Spiritualität, Würzburg 1993, Bd. I, S. 30 ff.

22 Psalm 1,2 spricht von dem Gerechten, der »über seiner [Gottes] Weisung murmelt tages und nachts«. Diese Verdeutschung nach Martin Buber erinnert an das halblaute Lesen, durch das die Schrift zum gesprochenen Wort wird.

23 Die griechische Vokabel für »lesen« (ana-gignosko) meint ein »Herauf-Erkennen«, sodann ein sicheres Wiedererkennen und Innewerden. Das entspricht naturgemäß einer ganz anderen Art der Begegnung, als es beim »Überfliegen« eines Textes der Fall ist.

24 Unter mehrfachem Schriftsinn sei hier der Einfachheit wegen nur der wörtliche beziehungsweise historische Sinn und der zugrundeliegende spirituelle beziehungsweise pneumatische Sinn verstanden. Beide sind zu unterscheiden.

25 Carl Gustav Jung, Psychologische Deutung des Trinitätsdogmas, in: ders., Gesammelte Werke, Bd. XI, 5. Aufl., Freiburg/Olten 1988, S. 171 f. Vgl.: Gerhard Wehr, Tiefenpsychologie und Christentum – C.G. Jung, Augsburg 1990, S. 160 f.

26 Clemens von Alexandrien, zit. nach: Eusebius von Cäsarea, Kirchengeschichte, hrsg. von Eduard Schwartz, 5. Aufl., Leipzig 1952, VI, 14, 5 ff.

27 Vgl. Franz Mußner, Die johanneische Sehweise und die Frage nach dem historischen Jesus, Freiburg 1965; Friedrich Rittelmeyer, Medi-

tation. Zwölf Briefe über Selbsterziehung (1928), 12. Aufl., Stuttgart 1989; Christoph Rau, Struktur und Rhythmus im Johannesevangelium. Eine Untersuchung über die Komposition des vierten Evangeliums, Stuttgart 1972; Walter Grundmann, Zeugnis und Gestalt des Johannesevangeliums. Eine Studie zur denkerischen und gestalterischen Leistung des vierten Evangelisten, Stuttgart 1961.

28 Romano Guardini, Johanneische Botschaft. Meditationen über Worte aus den Abschiedsreden und dem ersten Johannesbrief, Freiburg 1966, S. 31 f.

29 Friedrich Heiler, Der Katholizismus. Seine Idee und seine Erscheinung (1923), München 1970, S. 59.

30 Hans von Campenhausen, Griechische Kirchenväter, Stuttgart 1955, S. 43, 45-47.

31 Herwig Görgemanns, Origenes, in: Peter Koslowski (Hg.), Gnosis und Mystik in der Geschichte der Philosophie, Zürich/München 1988, S. 74 f.

32 Meister Eckhart, Das Buch der göttlichen Tröstung, in: ders., Deutsche Predigten und Traktate, hrsg. von Josef Quint, 3. Aufl., München 1969, S. 124.

33 Henri de Lubac, Geist aus der Geschichte. Das Schriftverständnis des Origenes, Einsiedeln 1968, S. 369.

34 Ebenda, S. 456. Vgl.: Henning Graf Reventlow, Epochen der Bibelauslegung, Bd. I. Vom Alten Testament bis Origenes, München 1990, S. 170 ff.

35 Origenes, Geist und Feuer. Ein Aufbau aus seinen Schriften, hrsg. von Hans Urs von Balthasar, Salzburg 1938, S. 378 f.; Origenes und Gregor der Große, Das Hohelied, übersetzt und eingeleitet von K. Suso Frank, Einsiedeln 1987; Christliche Mystik. Texte aus zwei Jahrtausenden, hrsg. von Gerhard Ruhbach und Josef Sudbrack, München 1989, S. 50 f.

36 Origenes, Das Evangelium nach Johannes, übersetzt und eingeführt von Rolf Gögler, Einsiedeln/Zürich/Köln 1959, S. 208.

37 Ebenda, S. 407.

38 Christliche Mystik, hrsg. von Gerhard Ruhbach und Josef Sudbrack, a. a. O., S. 54.

39 Ebenda, S. 55.

40 Ludwig Frambach, Identität und Befreiung in Gestalttherapie, Zen und christlicher Spiritualität, Diss.theol., Petersberg 1994.

41 Hans von Campenhausen, Griechische Kirchenväter, a. a. O., S. 72 ff.

42 Ebenda, S. 114 ff.; Meriette Canévet, Gregor von Nyssa, in: Gerhard Ruhbach/Josef Sudbrack (Hg.), Große Mystiker. Leben und Werk, München 1984, S. 17 ff.

43 Gregor von Nyssa, 6. Homilie über die Seligpreisungen, zit. nach: Charles Kannengießer, Die geistliche Botschaft der Kirchenväter, in: Bernard McGinn u. a. (Hg.), Geschichte der christlichen Spiritualität, a. a. O., S. 99.

44 Gregor von Nyssa, Vita Moysis, zit. nach: Marcel Viller/Karl Rahner, Aszese und Mystik in der Väterzeit (1939), Freiburg 1989, S. 141.

45 Gregor von Nyssa, Predigten zum Hohenlied, zit. nach: Christliche Mystik, hrsg. von Gerhard Ruhbach und Josef Sudbrack, a. a. O., S. 68.

46 Michael Figura, Gregor von Nyssa, in: Wörterbuch der Mystik, hrsg. von Peter Dinzelbacher, Stuttgart 1989, S. 205.

47 Wladimir Lossky, Schau Gottes, Zürich 1964, S. 69; Walter Tritsch (Hg.), Christliche Geisteswelt. Die Welt der Mystik, Baden-Baden 1957, S. 39 ff.

48 Wladimir Lossky, Schau Gottes, a. a. O., S. 83. – Wenn nicht anders angegeben, erfolgen die Evagrius-Zitate in diesem Kapitel nach Lossky, a. a. O.

49 Ebenda, S. 88 ff.

50 Vgl.: Christofoor Wagenaar, Evagrius, in: Wörterbuch der Mystik, a. a. O., S. 153 ff.

51 Diadochus von Photike, Gespür für Gott. Hundert Kapitel über christliche Vollkommenheit, eingeleitet und übersetzt von K. Suso Frank, Einsiedeln 1982.

52 Ebenda, Abschnitt 26, S. 61.

53 Ebenda, Abschnitt 59, S. 80 f.

54 Eine Textauswahl aus der umfangreichen Sammlung ist enthalten in: Kleine Philokalie. Belehrungen der Mönchsväter der Ostkirche über das Gebet, ausgewählt und übersetzt von Matthias Dietz, eingeleitet von Igor Smolitsch, Zürich/Einsiedeln/Köln 1976.

55 Hugo Ball, Dionysius Areopagita, in: ders., Byzantinistisches Christentum, 2. Aufl., Einsiedeln 1958, S. 65.

56 Hans Urs von Balthasar, Kosmische Liturgie. Das Weltbild Maximus' des Bekenners, Einsiedeln 1988, S. 644; ders., Herrlichkeit. Eine theologische Ästhetik, Bd. II, Teil 1: Klerikale Stille, 2. Aufl., Einsiedeln 1969, S. 147 ff.

57 Proklus, Auszüge aus den Initia Theologiae, in: Dionysius Areopagita, Mystische Theologie und andere Schriften, übersetzt und eingeleitet von Walther Tritsch, München 1956, S. 220.
58 Dionysius Areopagita, Die Hierarchie der Kirche, in: ders., Die Hierarchien der Engel und der Kirche, übersetzt und eingeleitet von Walther Tritsch, München 1955, S. 165.
59 Ebenda, S. 166.
60 Dionysius Areopagita, Mystische Theologie, in: ders., Mystische Theologie und andere Schriften, a. a. O., S. 161.
61 Ebenda, S. 162.
62 Paul Rorem, Die Aufstiegs-Spiritualität des Pseudo-Dionysius, in: Bernard McGinn u. a. (Hg.), Geschichte der christlichen Spiritualität, a. a. O., S. 165.
63 Die Hirtenbriefe des Dionysius, in: ders., Mystische Theologie und andere Schriften, S. 175 f. Vgl. die Übersetzung von Endre Ivanka in: Dionysius Areopagita, Von den Namen zum Unnennbaren, 3. Aufl., Einsiedeln 1990.
64 John Meyendorff, Christus als Erlöser im Osten, in: Bernard McGinn u. a. (Hg.), Geschichte der christlichen Spiritualität, a. a. O., S. 254.
65 Wladimir Lossky, Schau Gottes, a. a. O., S. 102 f.
66 Johannes Cassian, Einweisungen in das christliche Leben, ausgewählt und eingeleitet von Gertrude und Thomas Sartory, Bd. 3, Freiburg 1984, S. 99 f.
67 Augustinus, Confessiones – Bekenntnisse, lat. – deutsch, hrsg. von Joseph Bernhart, München 1955, IX, 10, 24, S. 465.
68 Ebenda, X, 6, 9.
69 Augustinus, Über die Psalmen, ausgewählt und übertragen von Hans Urs von Balthasar, Einsiedeln 1983, S. 66 ff.
70 Ebenda.
71 Ebenda.
72 Ebenda, S. 207.
73 Wolfgang Wieland, Augustinus, in: Gerhard Ruhbach und Josef Sudbrack (Hg.), Große Mystiker, a. a. O., S. 76.
74 Otto Langer, Mystische Erfahrung und Spirituelle Theologie. Zu Meister Eckharts Auseinandersetzungen mit der Frauenfrömmigkeit seiner Zeit, München/Zürich 1987, S. 215 ff.: Augustins Lehre von den drei Arten der Vision.
75 Gregor der Große, Moralia, zit. nach: Otto Karrer, Der mystische

Strom von Paulus bis Thomas von Aquin. Textgeschichte der Mystik im Mittelalter (1926), München 1977, S. 296 und 303.

76 Gregor der Große, Homilien zu Ezechiel, zit. nach: Christliche Mystik, hrsg. von Gerhard Ruhbach/Josef Sudbrack, a. a. O., S. 105 f.

77 Friedrich Heiler, Der Katholizismus, a. a. O., S. 481.

78 Vgl. Peter Dinzelbacher, Gregor I, der Große, in: Wörterbuch der Mystik, a. a. O., S. 202; Kurt Ruh, Geschichte der abendländischen Mystik, Bd. I: Die Grundlegung durch die Kirchenväter und die Mönchstheologie des 12. Jahrhunderts, München 1990, S. 147-169.

79 Symeon, Sermo 90, zit. nach: Wladimir Lossky, Schau Gottes, a. a. O., S. 115 f.

80 Hermengild M. Biedermann, Symeon, der neue Theologe, in: Gerhard Ruhbach/Josef Sudbrack (Hg.), Große Mystiker, a. a. O., S. 104.

81 Jürgen Kuhlmann, Gregor Palamas, in: Gerhard Ruhbach/Josef Sudbrack (Hg.), Große Mystiker, a. a. O., S. 149.

82 Ernst Benz, Die protestantische Thebais. Zur Nachwirkung Makarios' des Ägypters im Protestantismus des 17. und 18. Jahrhunderts in Europa und Amerika, Mainz 1963.

83 Mystik deutscher Frauen im Mittelalter, übertragen und erläutert von Anne Marie Heiler, Berlin 1929; Peter Dinzelbacher/Dieter R. Bauer (Hg.), Frauenmystik im Mittelalter, Ostfildern 1985; Religiöse Frauenbewegung und mystische Frömmigkeit im Mittelalter, hrsg. von Peter Dinzelbacher und Dieter R. Bauer, Köln 1988; Johannes Thiele (Hg.), Mein Herz schmilzt wie Eis am Feuer. Die religiöse Frauenbewegung in Porträts, Stuttgart 1988.

84 Bernhard von Clairvaux, Briefe, 250, 4, zit. nach: ders.: Weil mein Herz bewegt war, übersetzt und eingeleitet von Elisabeth Hense, Freiburg 1991, S. 8 f.

85 Bernhard von Clairvaux [Textsammlung], übersetzt und eingeleitet von Bernhardin Schellenberger, Olten/Freiburg 1982, S. 75 f.

86 Ebenda, S. 177 f.

87 Ebenda, S. 178.

88 Ebenda, S. 93.

89 Christian Bunners, Paul Gerhardt. Weg, Werk, Wirkung, Berlin 1993, S. 182 f.

90 Zur Wirkung vgl. Jean Leclercq, Bernhard von Clairvaux, in: Theologische Realenzyklopädie, Bd. 5, S. 644 ff.; Bernhardin Schellenberger, Bernhard von Clairvaux, in: Gerhard Ruhbach/Josef Sudbrack (Hg.), Große Mystiker, a. a. O., S. 119 ff.

91 Paul Tillich, Vorlesungen über die Geschichte des christlichen Denkens, Teil I, Stuttgart 1971, S. 187 f.
92 Jean Leclercq, in: Bernhard von Clairvaux. Die Botschaft der Freude, Zürich 1977, S. 33 f.
93 Kurt Ruh, Geschichte der abendländischen Mystik, Bd. I, a. a. O., S. 276-319.
94 Otto Karrer, Der mystische Strom, a. a. O., S. 371.
95 Ebenda, S. 365 f.
96 Ebenda, S. 371.
97 Ebenda, S. 374 f.
98 Ebenda, S. 378.
99 Ebenda, S. 299.
100 Joseph Bernhart, Die philosophische Mystik des Mittelalters von ihren antiken Ursprüngen bis zur Renaissance (1922), Darmstadt 1974, S. 116 f.
101 Kurt Ruh, Franziskanische Mystik der Frühzeit, in: ders., Geschichte der abendländischen Mystik, Bd. II: Frauenmystik und Franziskanische Mystik der Frühzeit, München 1993, S. 182.
102 Die Wiedergabe erfolgt nach: Franz von Assisi, Die Demut Gottes. Meditationen, Lieder, Gebete, ausgewählt und eingeleitet von Anton Rotzetter und Elisabeth Hug, Zürich 1977, S. 150 f.
103 Oktavian Schmucki, Zur Mystik des hl. Franziskus von Assisi, in: Kurt Ruh (Hg.), Abendländische Mystik im Mittelalter. Symposion Kloster Engelberg 1984, Stuttgart 1986, S. 263 f.
104 Vgl. Franz von Assisi, Die Demut Gottes, a. a. O., S. 151 f.
105 Vgl. zu diesem Komplex: Joachim von Fiore, Das Reich des Heiligen Geistes, hrsg. von Alfons Rosenberg, München 1955; Herbert Grundmann, Studien über Joachim von Fiore (1927), Darmstadt 1966; Ernst Benz, Ecclesia Spiritualis, Kirchenidee und Geschichtstheologie der franziskanischen Reformation (1934), Darmstadt 1964; Gerhard Wehr, Esoterisches Christentum (1975), 2. erw. Aufl., Stuttgart 1995, S. 162 ff.
106 Joseph Bernhart, Die philosophische Mystik des Mittelalters von ihren antiken Ursprüngen bis zur Renaissance, a. a. O., S. 137 f.; Werner Detloff, Franziskanerschule, in: Theologische Realenzyklopädie, Bd. 11, S. 397 ff.
107 Bonaventura, Soliquium de quatuor mentalibus exercitiis. Alleingespräch über die vier geistlichen Übungen, hrsg. von Josef Hosse, München 1958.

108 Bonaventura, Itinerarium mentis in Deum, Pilgerbuch der Seele zu Gott, eingel. u. übers. von Julian Kap, München 1961, Prolog, S. 3.
109 Ebenda, Kap. VII, 1, S. 147 ff.
110 Ebenda, Kap. VII, 6, S. 153.
111 Gershom Scholem, Die jüdische Mystik in ihren Hauptströmungen, Frankfurt/M. 1957, S. 11.
112 Sohar, II, 81 a, zit. nach: David S. Ariel, Die Mystik des Judentums. Eine Einführung, München 1993, S. 152 f.
113 Gershom Scholem, Die jüdische Mystik in ihren Hauptströmungen, Frankfurt/M. 1957, S. 225; vgl. auch: Gerhard Wehr, Die deutsche Mystik. Mystische Erfahrung und theosophische Weltsicht, München 1988, S. 217 ff.
114 Gershom Scholem, Die Geheimnisse der Schöpfung. Ein Kapitel aus dem Sohar, Berlin 1935, S. 25.
115 Ebenda, S. 45.
116 Ebenda, S. 47 f.
117 Ernst Harnischfeger, Mystik im Barock. Das Weltbild der Teinacher Lehrtafel, Stuttgart 1980.
118 Leopold Ziegler, Das Lehrgespräch vom allgemeinen Menschen, Hamburg 1956, S. 186; Gerhard Wehr, Spirituelle Meister des Westens, München 1995, S. 181 ff.
119 Martin Buber, Jüdische Mystik, in: ders., Werke, Bd. III: Schriften zum Chassidismus, München/Heidelberg 1963, S. 15.
120 Martin Buber, Zur Darstellung des Chassidismus, in: ders., Werke, Bd. III, Schriften zum Chassidismus, a. a. O., S. 979.
121 Alois M. Haas, Gottleiden, Gottlieben, a. a. O., S. 22.
122 Martin Luther, Ein Sendbrief vom Dolmetschen und Fürbitte der Heiligen (1530), in: ders., Ausgewählte Schriften, hrsg. von Karin Bornkamm und Gerhard Ebeling, Frankfurt/M. 1982, S. 140 ff.
123 Theologia Deutsch. Eine Grundschrift deutscher Mystik, hrsg. von Gerhard Wehr, Andechs 1989.
124 Vgl. dazu das Kapitel »Vom Morgenland zum Abendland« des vorliegenden Buches sowie folgende weiterführende Literatur: Ernst Benz, Die russische Kirche und das abendländische Christentum, München 1966; ders., Geist und Leben der Ostkirche, Hamburg 1957; Hans von Eckart, Russisches Christentum, München 1947; Jean Gribomont, Mönchtum und Askese – Östliches Christentum, in: Bernard McGinn u. a. (Hg.), Geschichte der christlichen Spiritualität, a. a. O.; Friedrich Heiler, Die Ostkirchen, München/Basel

1971; Emmanuel Jungclaussen (Hg.), Das Jesusgebet. Anleitung zur Anrufung des Namens Jesus, von einem Mönch der Ostkirche, Regensburg 1976; Fairy von Lilienfeld, Hesychasmus, in: Theologische Realenzyklopädie, Bd. 15, S. 282 ff.; Wladimir Lossky, Schau Gottes, a. a. O.; Paul Meyendorff, Östliche liturgische Theologie, in: Bernard McGinn u. a. (Hg.), Geschichte der christlichen Spiritualität, a. a. O., S. 353 ff.; Alfons Rosenberg (Hg.), Das Herzensgebet. Die Centurie der Mönche Kallistus und Ignatius, München 1955; ders., Die Meditation des Herzensgebetes, Bern/München 1983; Siegfried Scharf, Auf daß Christus lebe in mir. Die Erschließung der Lebensmitte durch Herzensgebet und Herzensmeditation. Mit einem Vorwort von Josef Zapf, Freiburg 1982; ders., Die Praxis der Herzensmeditation, Freiburg 1976; Alla Selawry (Hg.), Das immerwährende Herzensgebet, Weilheim 1979; Igor Smolitsch, Leben und Lehren der Starzen, Köln/Olten 1952.

125 Alla Selawry (Hg.), Das immerwährende Herzensgebet, a. a. O., S. 61 f.

126 Igor Smolitsch, Einleitung, in: Kleine Philokalie. Belehrungen der Mönchsväter der Ostkirche über das Gebet, a. a. O., S. 11 f.

127 Peter Dinzelbacher, Dante Alighieri, in: Wörterbuch der Mystik, a. a. O., S. 100.

128 Dantes Göttliche Komödie, übersetzt und eingeleitet von Karl Streckfuß, Leipzig o.J. (1876), S. 614, 616 f., 619 f.

129 Angela von Foligno, Liber visionum et instructionum, in: Otto Karrer, Die große Glut, a. a. O., S. 60 f.

130 Lucia Muraro, Vilemina und Mayfreda. Die Geschichte einer feministischen Häresie, Freiburg 1987.

131 Erika Lorenz, Der nahe Gott im Wort der spanischen Mystik, Freiburg 1985, S. 15.

132 Ramon Llull, Das Buch vom Freunde und vom Geliebten, übersetzt und herausgegeben von Erika Lorenz, Freiburg 1992.

133 Erika Lorenz, Der nahe Gott im Wort der spanischen Mystik, a. a. O., S. 21.

134 Teresa von Ávila, zit. nach: Erika Lorenz, Der nahe Gott im Wort der spanischen Mystik, a. a. O., S. 143.

135 Ebenda, S. 157.

136 Johannes Boldt, Einleitung, in: Johannes vom Kreuz [Textsammlung], eingeleitet und übersetzt von Johannes Boldt, Olten/Freiburg 1980, S. 51; Bernhard Teuber, Erotik und Allegorie bei San Juan de

la Cruz, in: Romanische Forschungen, 104. Band, Heft 1/2, 1992, S. 104-131.

137 Hans Urs von Balthasar, Vorwort, in: Johannes vom Kreuz, Sämtliche Werke, 4 Bde., übersetzt von Irene Behn und Oda Schneider, Bd. 2: Die dunkle Nacht. Die Gedichte, Einsiedeln 1978, S. 13.

138 Manfred Tietz, Molinos, in: Wörterbuch der Mystik, a. a. O., S. 361.

139 Werner-Egon Gross, Du, o Gott, bist das Alles. Die Regel der Vollkommenheit des Kapuziner-Mystikers Benedikt von Canfield, Münsterschwarzach 1987.

140 Franz von Sales, Über die Gottesliebe, Zürich 1978, S. 106.

141 Josef Sudbrack, Das goldene Zeitalter der französischen Mystik, in: Wolfgang Böhme (Hg.), Christus in uns. Mystische Strömungen von Angelus Silesius bis Paul Celan, Karlsruhe 1983.

142 Giovanni B. Scaramelli, Anleitung in der mystischen Theologie (1855/56), Hildesheim 1973.

143 Jean von Bernières-Louvigni, Das verborgene Leben mit Christo in Gott, 28. Aufl., Stuttgart 1976.

144 Jeanne-Marie Guyon, Kurzer und sehr leichter Weg zum inneren Gebet, in: Emmanuel Jungclaussen, Suche Gott in Dir. Der Weg des inneren Schweigens nach einer vergessenen Meisterin, Freiburg 1986.

145 Teilhard de Chardin, Quelques remarques, zit. nach: Adolf Haas (Hg.), Teilhard de Chardin-Lexikon, Bd. II, Freiburg 1971, S. 180; dort weitere einschlägige Belege.

146 Teilhard de Chardin, Der Göttliche Bereich. Ein Entwurf des inneren Lebens, 6. Aufl., Olten 1966, S. 46, 49.

147 Leszek Kolakowski, Geist und Ungeist christlicher Traditionen, Stuttgart 1971, S. 70 ff.: Teilhardismus und manichäisches Christentum.

148 David Knowles, Englische Mystik, Düsseldorf 1967, S. 69 f.

149 Richard Rolle, zit. nach: David Knowles, Englische Mystik, a. a. O.

150 Richard Rolle, Incendium, Kap. XXXI, zit. nach: David Knowles, Englische Mystik, a. a. O., S. 66.

151 Hans Urs von Balthasar, Einleitung, in: Walter Hilton, Glaube und Erfahrung, a. a. O., S. 8.

152 Walter Hilton, Glaube und Erfahrung, a. a. O., S. 58 und 60 f.

153 Die Wolke des Nichtwissens, übertragen und eingeleitet von Wolfgang Riehle, Einsiedeln 1980, S. 36 f.

154 Ebenda, S. 58.

155 Ebenda, S. 91.

156 Wolfgang Riehle, Die Wolke des Nichtwissens, in: Gerhard Ruhbach/Josef Sudbrack (Hg.), Große Mystiker, a. a. O., S. 184.

157 Franz Wöhrer, Aspekte der englischen Frauenmystik im späten 14. und beginnenden 15. Jahrhundert, in: Peter Dinzelbacher/Dieter R. Bauer (Hg.), Frauenmystik im Mittelalter, Ostfildern 1985, S. 324 f.

158 David Knowles, Englische Mystik, a. a. O., S. 184.

159 George Fox, Aufzeichnungen und Briefe des ersten Quäkers, mit einer Einführung von Paul Wernle, Tübingen 1908; vgl. auch: Richena C. Scott (Hg.), Die Quäker, Stuttgart 1974.

160 St. Trudberter Hohes Lied, in: Erhebe dich, meine Seele. Mystische Texte des Mittelalters, hrsg. von Johanna Lanczkowski, Stuttgart 1988, S. 37 f.

161 Hildegard von Bingen, Wisse die Wege. Sci vias, ins Deutsche übertragen und bearbeitet von Maura Böckeler, 6. Aufl., Salzburg 1975, S. 89.

162 Ebenda.

163 Kurt Ruh (Hg.), Altdeutsche und altniederländische Mystik, Darmstadt 1964, S. XI.

164 Die Hadewijch-Zitate finden sich bei: Paul Mommaers/Frank Willaert, Mystisches Erlebnis und sprachliche Vermittlung in den Briefen Hadewijchs, in: Peter Dinzelbacher/Dieter R. Bauer (Hg.), Religiöse Frauenbewegung und mystische Frömmigkeit im Mittelalter, Köln 1988, S. 116 ff.

165 Ebenda.

166 Alois M. Haas, Geistliches Mittelalter, Freiburg/Schweiz 1984, S. 405 f.

167 Bernhard von Clairvaux, zit. nach: Otto Karrer (Hg.), Die große Glut. Mystik im Mittelalter (1926), München 1978, S. 207.

168 Mechthild von Hackeborn, Liber specialis gratiae, III, 12, zit. nach Margot Schmidt, Mechthild von Magdeburg, Mechthild von Hakkeborn, in: Johannes Thiele (Hg.), Mein Herz schmilzt wie Eis am Feuer, a. a. O., Stuttgart 1988, S. 93. Vgl.: Sabine B. Spitzlei, Erfahrungsraum Herz. Zur Mystik des Zisterzienserinnenklosters Helftu im 13. Jahrhundert, Stuttgart 1991.

169 Ebenda, S. 90.

170 Otto Karrer, Die große Glut, a. a. O., S. 186 f.

171 Ebenda, S. 193.
172 Ebenda, S. 202 f.
173 Ebenda, S. 200.
174 Meister Eckhart, Deutsche Predigten und Traktate, hrsg. von Josef Quint, 3. Aufl., München 1969, S. 172 f.
175 Meister Eckhart, Das Buch der göttlichen Tröstung, in: ders., Deutsche Predigten und Traktate, a. a. O., S. 142 f.
176 Meister Eckhart, Deutsche Predigten und Traktate, a. a. O., S. 190.
177 Ebenda, S. 206.
178 Ebenda, S. 305; vgl.: Bernhard Welte, Meister Eckhart: Gedanken zu seinen Gedanken, Freiburg 1979, S. 85 ff.
179 Meister Eckhart, Deutsche Predigten und Traktate, a. a. O., S. 283 und 285.
180 Ebenda, S. 82.
181 Ebenda, S. 67.
182 Alois M. Haas, Meister Eckhart, in: Gerhard Ruhbach/Josef Sudbrack (Hg.), Große Mystiker, a. a. O., S. 168.
183 Alois M. Haas, Geistliches Mittelalter, a. a. O., S. 468.
184 Johannes Tauler, Iugum enim meum suave, in: ders., Predigten I/II, hrsg. von Georg Hofmann, Einsiedeln 1979, S. 41 f.
185 Johannes Tauler, Hic venit ut testimonium perhiberet de lumine, in: ders., Predigten I/II, a. a. O., S. 341 f.
186 Heinrich Seuse, Büchlein der ewigen Weisheit, in: Heinrich Seuse/ Johannes Tauler, Mystische Schriften, ausgewählt von Winfried Zeller, hrsg. von Bernd Jaspert, München 1988, S. 87 f.
187 Jan van Ruisbroeck, Die sieben Stufen der geistlichen Liebestreppe, in: ders., Die Zierde der geistlichen Hochzeit und die kleineren Schriften, hrsg. von Friedrich Markus Huebner, Leipzig 1924, S. 141 f.
188 F.J. Schweitzer, Marguerite Porète, in: Wörterbuch der Mystik, a. a. O., S. 414; vgl. ders., Von Marguerite Porète bis Mme. Guyon. Frauenmystik im Konflikt mit der Kirche, in: Peter Dinzelbacher/ Dieter R. Bauer (Hg.), Frauenmystik im Mittelalter, Ostfildern 1985, S. 256 ff.
189 Louise Gnädinger, Nachwort, in: Margareta Porète, Der Spiegel der einfachen Seelen, Wege der Frauenmystik, aus dem Altfranzösischen übertragen und mit einem Nachwort von Louise Gnädinger, Zürich/ München 1987, S. 236.
190 Ekstatische Konfessionen, gesammelt von Martin Buber (1909), 5. Aufl., Heidelberg 1984, S. 230.

191 Martin Luther, Vorrede zu Band I der lateinischen Werke (1545), in: ders., Werke. Kritische Gesamtausgabe, Weimar 1908-1938, Band 54, Seite 185. Im folgenden zit. als: Weimarer Ausgabe.

192 Ders., Weimarer Ausgabe, Band 40, Teil III, S. 657.

193 Ders., Weimarer Ausgabe, Band 11, S. 117.

194 Heiko A. Oberman, Luther und die Mystik, in: Ivar Asheim (Hg.), Kirche, Mystik, Heiligung und das Natürliche bei Luther. Vorträge des Dritten Internationalen Kongresses für Lutherforschung (1966), Göttingen 1967, S. 20.

195 Erwin Iserlohn, Luther und die Mystik, ebenda, S. 60 ff.

196 Martin Luther, Weimarer Ausgabe, Band 4, S. 265, Zeile 30 f.

197 Ebenda, Band 40, Teil I, S. 284, Zeile 6.

198 Ebenda, Band 57, S. 144, Zeile 10. Weitere Belege bei Erwin Iserlohn, Luther und die Mystik, a. a. O., S. 68 f.

199 Martin Luther, Weimarer Ausgabe, Briefe, Band 1, S. 557.

200 So heißt es bei Tauler: »Wenn Gott sprechen soll, so mußt du schweigen. Soll Gott eingehn, alle Dinge müssen ausgehn.« Hierzu Luthers Notiz: »Diese ganze Rede [Taulers] entstammt der Theologia mystica«, die er eine »sapientia experimentalis et non doctrinalis« nennt. Gefordert sei die »nativitas dei in anima«(Gottesgeburt im Seelengrund), wie sie Tauler und vor ihm Eckhart gelehrt haben. Wenn Tauler die »edle – gemeint ist hier die innere – Andacht« dem äußeren Gebet vorzieht, dann sieht man den lesenden Reformator zustimmen: »Oratio vocalis omittenda, ubi cepta fuerit mentalis« (Das Gebet mit Worten muß verstummen, wenn das Gebet im Geist begonnen hat). Schließlich sei in diesem Zusammenhang an Luthers Seelsorger, den Ordensoberen der sächsischen Augustiner Johann von Staupitz, erinnert, durch den Luther auf den Übungsweg hin zur »conformitas cum Christo« aufmerksam geworden sein wird (vgl. dazu: Winfried Zeller, Luthertum und Mystik, in: Horst Reller/Manfred Seitz (Hg.), Herausforderung religiöse Erfahrung, Göttingen 1980, S. 98 ff.).

201 Martin Luther, Ausgewählte Werke, hrsg. von Heinrich Borcherdt und Georg Merz, Bd. I: Aus der Frühzeit der Reformation, München 1963, S. 140 f. Vgl. Theologia Deutsch. Eine Grundschrift deutscher Mystik, hrsg. von Gerhard Wehr, Andechs 1989, S. 24 ff.

202 Martin Luther, Ausgewählte Schriften, hrsg. von Karin Bornkamm und Gerhard Ebeling, Bd. 2, Frankfurt/M. 1982, S. 119.

203 Ulrich Köpf, Martin Luther, in: Wörterbuch der Mystik, a. a. O., S. 336.

204 Reinhard Schwarz, Martin Luther, in: Gerhard Ruhbach/Josef Sudbrack (Hg.), Große Mystiker, a. a. O., S. 192.
205 Thomas Müntzer, Schriften und Briefe, hrsg. von Günther Franz, Gütersloh 1968, S. 210.
206 Ebenda.
207 Reinhard Schwarz, Thomas Müntzer und die Mystik, in: Gerhard Ruhbach/Josef Schwarz (Hg.), Große Mystiker, a. a. O., S. 295.
208 Vgl. dazu: Alois M. Haas: »Die deutsche Mystik hat in ihrem Hinblick auf das Leiden die christliche Chance gesehen, zu Gott zu gelangen. Leiden ist Gnade [...]. Mit Eckhart ist Leiden Zeichen, das zu Gott hinträgt, mit Tauler eine in meine Natur eingelassene Defizienz, die über die Menschheit Christi zu Gott führt, mit Seuse ist Leiden das existentielle Hineinreichen der rechtfertigenden Gnade Gottes im Leiden des Gottessohnes.« (Alois M. Haas, Gottleiden, Gottlieben, a. a. O., S. 151 f.); vgl. weiterhin: Im Leiden Gott begegnen. Erfahrungen großer Mystiker, hrsg. von Gundolf Gieraths, Zürich/Köln 1978.
209 Adolf von Harnack, Lehrbuch der Dogmengeschichte (1886), 6. Aufl., Darmstadt 1983, Bd. III, S. 392 f.
210 Albrecht Ritschl (1822 bis 1889) war Harnack mit dieser Ablehnung vorausgegangen. Die sogenannte »Luther-Renaissance« (im zeitlichen Umfeld des Lutherjahres 1917) sowie die Dialektische Theologie Karl Barths und Emil Brunners gingen noch weiter. Nach ihnen stellt Mystik geradezu eine christliche Unmöglichkeit dar. Sie wird als Ausdruck menschlicher Selbstüberhebung empfunden. Vgl.: Emil Brunner, Die Mystik und das Wort. Der Gegensatz zwischen moderner Religionsauffassung und christlichem Glauben, dargestellt an der Theologie Schleiermachers, Tübingen 1924; Karlmann Beyschlag, Protestantische Kritik an der Mystik. Adolf von Harnack, die Lutherforschung, E. Brunner, in: Horst Reller/Manfred Seitz (Hg.), Herausforderung religiöse Erfahrung. Vom Verhältnis evangelischer Frömmigkeit zu Meditation und Mystik, Göttingen 1980, S. 172 ff.
211 Friedrich Heiler, Der Katholizismus, a. a. O., S. 498.
212 Jakob Böhme, Theosophische Sendbriefe, hrsg. von Gerhard Wehr, Freiburg 1979, Kap. 55, Vers 4, 8, 12.
213 Gottfried Arnold, Historie und Beschreibung der mystischen Theologie (1703), Stuttgart 1969, S. 25.
214 Ders., Das Geheimnis der göttlichen Sophia (1700), eingeleitet von Walter Nigg, Stuttgart 1963, S. 174.

215 Walter Nigg, Heimliche Weisheit. Mystisches Leben in der evangelischen Christenheit, Zürich/Stuttgart 1959, S. 237 ff.; Martin Brecht, Geschichte des Pietismus, Bd. I, Göttingen 1993, S. 230 ff.
216 Gerhard Tersteegen, zit. nach Walter Nigg, Heimliche Weisheit, a. a. O., S. 355.
217 Evangelisches Gesangbuch, München 1994, Nr. 165.
218 Rudolf Steiner, Die Mystik im Aufgange des neuzeitlichen Geisteslebens (1901), Dornach 1977, S. 14. Vgl. Gerhard Wehr, Rudolf Steiner zur Einführung, Hamburg 1994, S. 92 ff.
219 Gustav Landauer, zit. nach der Einleitung von Harry Pross zu: Gustav Landauer, Revolution (1907), Berlin 1974, S. XVI f.
220 Heinrich und Julius Hart, zit. nach Hans Kohn, Martin Buber. Sein Leben und seine Zeit (1930), Köln 1961, S. 294.
221 Dietmar Goltschnigg, Mystische Tradition im Roman Robert Musils. Martin Bubers »Ekstatische Konfessionen« im »Mann ohne Eigenschaften«, Heidelberg 1974.
222 Martina Wagner-Egelhaaf, Mystik der Moderne. Die visionäre Ästhetik der deutschen Literatur im 20. Jahrhundert, Stuttgart 1989.
223 Herbert Silberer, Probleme der Mystik (1914), Darmstadt 1961.
224 Carl Albrecht, Psychologie des mystischen Bewußtseins (1951), Mainz 1976; ders., Das mystische Erkennen. Gnoseologie und philosophische Relevanz der mystischen Relation (1958), Mainz 1982; ders., Das mystische Wort. Erleben und Sprechen in Versunkenheit, dargestellt und hrsg. von Hans A. Fischer-Barnicol, mit einem Vorwort von Karl Rahner, Mainz 1974.
225 Simone Weil im vierten Brief an Pater Perrin, in: dies., Das Unglück und die Gottesliebe, München 1953, S. 54.
226 Karlfried Graf Dürckheim, Vom doppelten Ursprung des Menschen, Freiburg 1973, S. 31; jetzt in: ders., Das Tor zum Geheimen öffnen, ausgewählt und eingeleitet von Gerhard Wehr, 2. Aufl., Freiburg 1989, S. 32 f.; Gerhard Wehr, Karlfried Graf Dürckheim, Leben im Zeichen der Wandlung, Freiburg 1996.
227 Bede Griffiths, zit. nach: Roland R. Ropers, in: Universal Wisdom. A journey through the sacred wisdom of the world, ausgewählt und eingeleitet von Bede Griffiths, London 1994.
228 David Steindl-Rast, Fülle und Nichts. Die Wiedergeburt christlicher Mystik, München 1986, S. 178.

Literaturhinweise

1. Textsammlungen

Christliche Mystik. Texte aus zwei Jahrtausenden, hrsg. von Gerhard Ruhbach und Josef Sudbrack, München 1989.

Der mystische Strom von Paulus bis Thomas von Aquin (1925), hrsg. von Otto Karrer, München 1977.

Deutsche Mystikerbriefe des Mittelalters. 1100-1500, hrsg. von Wilhelm Oehl (1931), Darmstadt 1972.

Die große Glut. Textgeschichte der Mystik im Mittelalter (1926), hrsg. von Otto Karrer, München 1978.

Ekstatische Konfessionen, gesammelt von Martin Buber (1909), 5. Aufl., Heidelberg 1984; neu unter dem Titel: Mystische Zeugnisse aller Zeiten und Völker, hrsg. von Peter Sloterdijk, München 1993.

Gott in uns. Mystik der Neuzeit (1926), hrsg. von Otto Karrer, München 1978.

Kleine Philokalie. Belehrungen der Mönchsväter der Ostkirche über das Gebet, ausgewählt und übersetzt von Matthias Dietz, eingeleitet von Igor Smolitsch, Zürich/Einsiedeln/Köln 1976.

Mittelalterliche Visionsliteratur. Eine Anthologie, hrsg. und übersetzt von Peter Dinzelbacher, Darmstadt 1989.

Mystische Dichtung aus sieben Jahrhunderten, gesammelt, übertragen und eingeleitet von Friedrich Schulze-Maizier, Leipzig 1925.

Mystisch-Theosophische Texte der Neuzeit, hrsg. von Gerhard Wehr, Zürich 1989.

2. Nachschlagewerke

Mary Ann Bowman, Western Mysticism, Chicago 1978.

Dictionaire de Spiritualité ascétique et mystique, hrsg. von Marcel Viller, Paris 1937 ff.

A Dictionary of Christian Spirituality, hrsg. von Gordon S. Wakefield, London 1976.
An Illustrated Encyclopaedia of Mysticism and the Mystery Religions, hrsg. von John Ferguson, London 1976.
Bernd Jaspert, Bibliographie zur Deutschen Mystik, in: Heinrich Seuse/ Johannes Tauler, Mystische Schriften, hrsg. von Bernd Jaspert, München 1988, S. 313 ff.
Lexikon für Theologie und Kirche (LThK), Freiburg 1993 ff.
Praktisches Lexikon der Spiritualität, hrsg. von Christian Schütz, Freiburg 1988.
Die Religion in Geschichte und Gegenwart (RGG), 3. Aufl., Tübingen 1957 ff.
Theologische Realenzyklopädie (TRE), Berlin/New York 1977 ff.
Wörterbuch der Mystik, hrsg. von Peter Dinzelbacher, Stuttgart 1989.

3. Allgemeine Darstellungen

Werner Beierwaltes u. a., Grundfragen der Mystik, Einsiedeln 1974.
Josef Bernhart, Die philosophische Mystik des Mittelalters von ihren antiken Ursprüngen bis zur Renaissance (1922), Darmstadt 1974.
Adalbert Geduhn, Mystik als Grundstrom neuer Innerlichkeit, Olten 1990.
Herbert Grundmann, Religiöse Bewegungen im Mittelalter. Anhang: Neue Beiträge zur Geschichte der religiösen Bewegungen im Mittelalter (1935), Darmstadt 1961.
Alois M. Haas, Gottleiden, Gottlieben. Zur volkssprachlichen Mystik im Mittelalter, Frankfurt/M. 1989.
Friedrich Heiler, Der Katholizismus. Seine Idee und seine Erscheinung (1923), München 1970.
Malcolm D. Lambert, Ketzerei im Mittelalter, Häresien von Bogumil bis Hus, München 1981.
Bernard McGinn, Die Mystik im Abendland, Freiburg 1994 f.
Wilhelm Preger, Geschichte der deutschen Mystik im Mittelalter nach Quellen untersucht und dargestellt, 3 Bde. (1874-93), Aalen 1962.
Kurt Ruh (Hg.), Abendländische Mystik im Mittelalter. Symposion Kloster Engelberg 1984, Stuttgart 1986.
Ders. (Hg.), Altdeutsche und altniederländische Mystik, Darmstadt 1964.

Ders., Geschichte der abendländischen Mystik, 4 Bde., München 1990 ff.
Giovanni B. Scaramelli, Anleitung in der mystischen Theologie (1855/56), Hildesheim 1973.
Margot Schmidt/Dieter R. Bauer (Hg.), Grundfragen christlicher Mystik, Stuttgart 1987.
Josef Sudbrack (Hg.), Das Mysterium und die Mystik, Würzburg 1974.
David Steindl-Rast, Fülle und Nichts. Die Wiedergeburt christlicher Mystik, München 1986.
Evelyn Underhill, Mystik. Eine Studie über die Natur und Entwicklung des religiösen Bewußtseins im Menschen (1928), Bietigheim o.J.
Gerhard Wehr, Die deutsche Mystik. Mystische Erfahrung und theosophische Weltsicht, München 1988.
Ders., Der innere Christus, Zürich 1993.
Ders., Esoterisches Christentum. Von der Antike zur Gegenwart, Stuttgart 1995.
Ders., Spirituelle Meister des Westens. Leben und Lehre, München 1995.

4. Monographien und Aufsätze

Carl Albrecht, Das mystische Erkennen. Gnoseologie und philosophische Relevanz der mystischen Relation (1958), Mainz 1982.
Ders., Das mystische Wort. Erleben und Sprechen in Versunkenheit, dargestellt und hrsg. von Hans A. Fischer-Barnicol. Mit einem Vorwort von Karl Rahner, Mainz 1974.
Ders., Psychologie des mystischen Bewußtseins (1951), Mainz 1976.
David S. Ariel, Die Mystik des Judentums. Eine Einführung, München 1993.
Irene Behn, Spanische Mystik, Düsseldorf 1957.
Ernst Benz, Die christliche Kabbala, Zürich/Stuttgart 1958.
Ders., Die russische Kirche und das abendländische Christentum, München 1966.
Ders., Die Vision. Erfahrungsformen und Bilderwelt, Stuttgart 1969.
Ders., Geist und Leben der Ostkirche, Hamburg 1957.
Wolfgang Böhme (Hg.), Christus in uns. Mystische Strömungen von Angelus Silesius bis Tersteegen, Karlsruhe 1983.
Ders. (Hg.), Zu dir hin. Über mystische Lebenserfahrung von Meister Eckhart bis Paul Celan, Frankfurt/M. 1990.

Emil Brunner, Die Mystik und das Wort. Der Gegensatz zwischen modernen Religionsauffassungen und christlichem Glauben, dargestellt an der Theologie Schleiermachers, Tübingen 1924.
Martin Buber, Die chassidische Botschaft, in: ders., Werke, Bd. III: Schriften zum Chassidismus, München/Heidelberg 1963, S. 739 ff.
Ders., Jüdische Mystik, in: ders., Werke, Bd. III, a. a. O., S. 9 ff.
Ders., Zur Darstellung des Chassidismus, in: ders., Werke, Bd. III, a. a. O., S. 975 ff. und 989 ff.
Walter Burkert, Antike Mysterien. Funktionen und Gehalt, München 1991.
Norman Cohn, Das neue irdische Paradies. Revolutionärer Millenarismus und mystischer Anarchismus im mittelalterlichen Europa, Reinbek 1988.
Peter Dinzelbacher/Dieter R. Bauer (Hg.), Frauenmystik im Mittelalter, Ostfildern 1985.
Dies. (Hg.), Religiöse Frauenbewegung und mystische Frömmigkeit im Mittelalter, Köln/Wien 1988.
Simon Dubnow, Geschichte des Chassidismus (1931), Königstein 1982.
Heinrich Dumoulin, Östliche Meditationen und christliche Mystik, Freiburg 1966.
Richard Egenter, Gottesfreundschaft. Die Lehre von der Gottesfreundschaft in der Scholastik und Mystik des 12. und 13. Jahrhunderts, Augsburg 1928.
Samson Eitrem, Orakel und Mysterien am Ausgang der Antike, Zürich 1947.
Mircea Eliade, Geschichte der religiösen Ideen, Freiburg/Basel 1979.
Antoine Faivre/Rolf C. Zimmermann (Hg.), Epochen der Naturmystik. Hermetische Tradition im wissenschaftlichen Fortschritt, Berlin 1979.
Ludwig Frambach, Identität und Befreiung in Gestalttherapie, Zen und christlicher Spiritualität, Petersberg 1994.
K. Suso Frank, Grundzüge der Geschichte des christlichen Mönchtums, 4. Aufl., Darmstadt 1983.
Dietmar Goltschnigg, Mystische Tradition im Roman Robert Musils. Martin Bubers »Ekstatische Konfessionen« im »Mann ohne Eigenschaften«, Heidelberg 1974.
Alois M. Haas, Geistliches Mittelalter, Freiburg/Schweiz 1984.
Friedrich Heiler, Der Katholizismus. Seine Idee und seine Erscheinung (1923), München 1970.

Ders., Die Ostkirchen, München/Basel 1971.
Endre von Iványka, Plato Christianus. Übernahme und Umgestaltung des Platonismus durch die Väter, 2. Aufl., Einsiedeln 1990.
Willigis Jäger, Suche nach dem Sinn des Lebens. Bewußtseinswandel durch den Weg nach innen, Petersberg 1991.
William Johnston, Der ruhende Punkt. Zen und christliche Mystik, Freiburg 1974.
David Knowles, Englische Mystik, Düsseldorf 1967.
Ronald A. Knox, Christliches Schwärmertum. Ein Beitrag zur Religionsgeschichte, Köln/Olten 1957.
Wladimir Lossky, Schau Gottes, Zürich 1964.
Fritz-Dieter Maaß, Mystik im Gespräch. Materialien zur Mystik-Diskussion in der katholischen und evangelischen Theologie Deutschlands nach dem Ersten Weltkrieg, Würzburg 1972.
Ernst Müller, Der Sohar und seine Lehre. Einführung in die Kabbala, Zürich 1959.
Mystik deutscher Frauen im Mittelalter, übertragen und erläutert von Anne Marie Heiler, Berlin 1929.
Walter Nigg, Heimliche Weisheit. Mystisches Leben in der evangelischen Christenheit, Zürich/Stuttgart 1959.
Rudolf Otto, West-östliche Mystik. Vergleich und Unterscheidung zur Wesensdeutung (1926), Gütersloh 1979.
Alison Peers, Die spanischen Mystiker, Zürich 1956.
Horst Reller/Manfred Seitz (Hg.), Herausforderung religiöse Erfahrung. Vom Verhältnis evangelischer Frömmigkeit zu Meditation und Mystik, Göttingen 1980.
Horst Reller, Die Meditation des Herzensgebetes, Bern/München 1983.
Andreas Resch (Hg.), Mystik (Schriftenreihe ›Imago Mundi‹), Innsbruck 1975.
Wolfgang Riehle, Studien zur englischen Mystik des Mittelalters, Heidelberg 1977.
Alexander Safran, Die Kabbala. Gesetz und Mystik in der jüdischen Tradition, Bern/München 1962.
Gertrude und Thomas Sartory, Die Meister des Weges in den großen Religionen, Freiburg 1981.
Siegfried Scharf, Auf daß Christus lebe in mir. Die Erschließung der Lebensmitte durch Herzensgebet und Herzensmeditation, mit einem Vorwort von Josef Zapf, Freiburg 1982.

Ders., Die Praxis der Herzensmeditation, Freiburg 1976.
Susanne Schaup, Sophia. Das Weibliche in Gott, München 1994.
Leo Schaya, Ursprung und Ziel des Menschen im Lichte der Kabbala, Weilheim 1972.
Margot Schmidt/Dieter R. Bauer (Hg.), Eine Höhe, über die nichts geht. Spezielle Glaubenserfahrung in der Frauenmystik?, Stuttgart 1986.
Gershom Scholem, Die Geheimnisse der Schöpfung. Ein Kapitel aus dem Sohar, Berlin 1935.
Ders., Die jüdische Mystik in ihren Hauptströmungen, Frankfurt/M. 1957.
Ders., Kabbalah, Jerusalem 1974.
Ders., Ursprung und Anfänge der Kabbala, Berlin 1962.
Ders., Von der mystischen Gestalt der Gottheit. Studien zu Grundbegriffen der Kabbala, Zürich 1962.
Ders., Zur Kabbala und ihrer Symbolik, Zürich 1960.
Alla Selawry (Hg.), Das immerwährende Herzensgebet, Weilheim 1979.
Herbert Silberer, Probleme der Mystik (1914), Darmstadt 1961.
Igor Smolitsch, Leben und Lehren der Starzen, Köln/Olten 1952.
Klaus-Peter Steinacker, Das Verhältnis der Philosophie Ernst Blochs zur Mystik, Diss. theol., Marburg 1973.
Josef Sudbrack, Zur Frage nach dem Meister, Freiburg 1981.
Johannes Thiele (Hg.), Mein Herz schmilzt wie Eis am Feuer. Die religiöse Frauenbewegung des Mittelalters in Porträts, Stuttgart 1988.
Nils Thune, The Boehmenists and the Philadelphians. A contribution to the study of English mysticism in the 17th and 18th centuries, Uppsala 1948.
Marcel Viller/Karl Rahner, Aszese und Mystik in der Väterzeit (1939), Freiburg 1989.
Martina Wagner-Egelhaaf, Mystik der Moderne. Die visionäre Ästhetik der deutschen Literatur im 20. Jahrhundert, Stuttgart 1989.
Gerhard Wehr, Der Chassidismus. Mysterium und spirituelle Lebenspraxis, Freiburg 1978.
Ders., Heilige Hochzeit. Symbol und Erfahrung menschlicher Reifung, München 1986.
Robert C. Zaehner, Mystik, Harmonie und Dissonanz. Die östlichen und westlichen Religionen, Olten/Freiburg 1980.

5. Literatur zu Einzelpersonen

Angela von Foligno

Angela von Foligno, in: Otto Karrer (Hg.), Die große Glut. Textgeschichte der Mystik im Mittelalter (1926), München 1978, S. 60 ff.

Dies., Zwischen den Abgründen, ausgewählt, übertragen und eingeleitet von Berthe Widmer, Einsiedeln 1955.

Ulrich Köpf, Angela von Foligno, in: Johannes Thiele (Hg.), Mein Herz schmilzt wie Eis am Feuer. Die religiöse Frauenbewegung des Mittelalters in Porträts, Stuttgart 1988, S. 125 ff.

Ders., Angela von Foligno. Ein Beitrag zur franziskanischen Frauenbewegung um 1300, in: Peter Dinzelbacher/Dieter R. Bauer (Hg.), Religiöse Frauenbewegung und mystische Frömmigkeit im Mittelalter, Köln/Wien 1988, S. 225 ff.

Angelus Silesius (Johannes Scheffler)

Angelus Silesius, Cherubinischer Wandersmann. Kritische Ausgabe, hrsg. von Louise Gnädinger, Stuttgart 1984.

Alois M. Haas, Christfrömmig sein. Die Christusmystik des Angelus Silesius, in: Wolfgang Böhme (Hg.), Zu dir hin. Über mystische Lebenserfahrung von Meister Eckhart bis Paul Celan, Frankfurt/M. 1990, S. 178 ff.

Anonyme Verfasser

St. Trudberter Hohes Lied, in: Erhebe dich, meine Seele. Mystische Texte des Mittelalters, hrsg. von Johanna Lanczkowski, Stuttgart 1988, S. 37 f.

Hans-Jörg Spitz, Spiegel der Gottesbräute. Das Modell der vita activa und vita contemplativa als strukturierendes Prinzip im St. Trudberter Hohen Lied, in: Kurt Ruh (Hg.), Abendländische Mystik im Mittelalter. Symposion Kloster Engelberg 1984, Stuttgart 1986, S. 480 ff.

Der Franckforter. Theologia Deutsch. Kritische Textausgabe von Wolfgang von Hinten, München/Zürich 1982.

Theologia Deutsch. Eine Grundschrift deutscher Mystik, hrsg. und eingeleitet von Gerhard Wehr, Andechs 1989.

Alois M. Haas, Die Theologia Deutsch. Konstitution eines mystologischen Textes, in: ders., Geistliches Mittelalter, Freiburg/Schweiz 1984, S. 411 ff.

Der Weg des Schweigens. Christliches Zen, hrsg. von William Johnston und Willi Massa, Kevelaer 1974.

Die Wolke des Nichtwissens, übertragen und eingeleitet von Wolfgang Riehle, Einsiedeln 1980.

Gebet des Schweigens. Eine Schule der Kontemplation nach der »Wolke des Nichtwissens«, hrsg. und eingeleitet von Willigis Jäger, Salzburg 1984.

Kontemplative Meditation. Die Wolke des Nichtwissens. Eine Einführung und Text, hrsg. von Willi Massa, Mainz 1974.

Wolfgang Riehle, Die Wolke des Nichtwissens, in: Gerhard Ruhbach/Josef Sudbrack (Hg.), Große Mystiker, München 1984, S. 171 ff.

Aufrichtige Erzählungen eines russischen Pilgers. Erste vollständige deutsche Ausgabe, hrsg. von Emmanuel Jungclaussen, Freiburg 1974.

Erzählungen eines russischen Pilgers. Übertragung und Nachwort von Lydia S. Melli-Bagdasarowa, Freiburg 1951.

Johann Arndt

Johann Arndt, Vier Bücher vom wahren Christentum, Braunschweig 1606 (zahlreiche weitere Ausgaben).

Wilhelm Koepp, Johann Arndt. Eine Untersuchung über die Mystik im Luthertum (1912), Aalen 1973.

F. Ernest Stoeffler, Johann Arndt, in: Martin Greschat (Hg.), Orthodoxie und Pietismus, Stuttgart 1982, S. 37 ff.

Gottfried Arnold

Gottfried Arnold, Das Geheimnis der göttlichen Sophia (1700), mit einer Einführung von Walter Nigg, Stuttgart 1963.

Ders., Historie und Beschreibung der mystischen Theologie (1703), Stuttgart 1969.

Dietrich Blaufuß/Friedrich Niewöhner (Hg.), Gottfried Arnold. 1666-1714, Wiesbaden 1995.

Friedrich W. Kantzenbach, Gottfried Arnold, in: Martin Greschat (Hg.), Orthodoxie und Pietismus, Stuttgart 1982, S. 261 ff.
Martin Schmidt, Gottfried Arnold, in: Theologische Realenzyklopädie, Bd. 4, S. 136 ff.
Erich Seeberg, Gottfried Arnold. Die Wissenschaft und die Mystik seiner Zeit, Meerane 1923.

Augustinus

Augustinus, Psychologie und Mystik. De Genesi ad litteram 12, übersetzt und eingeleitet von Matthias E. Korger und Hans Urs von Balthasar, Einsiedeln 1960.
Ders., Über die Psalmen, ausgewählt und übertragen von Hans Urs von Balthasar, Einsiedeln 1983.
Augustinus [Textsammlung], hrsg. und übersetzt von Ladislaus Boros, Olten/Freiburg 1982.
Hans von Campenhausen, Lateinische Kirchenväter, Stuttgart 1960.
Walther von Loewenich, Augustin. Leben und Werk, München/Hamburg 1967.
Alfred Schindler u. a., Augustin/Augustinismus, in: Theologische Realenzyklopädie, Bd. 4, S. 645 ff.
Gerhard Wehr, Aurelius Augustinus. Größe und Tragik eines umstrittenen Kirchenvaters, Gütersloh 1979.
Wolfgang Wieland, Augustinus, in: Gerhard Ruhbach/Josef Sudbrack (Hg.), Große Mystiker. Leben und Wirken, München 1984, S. 51 ff.

Franz von Baader

Franz von Baader, Erotische Philosophie, hrsg. von Gerd-Klaus Kaltenbrunner, Frankfurt/M. 1991.
Ders., Über Liebe, Ehe und Kunst. Aus den Schriften und Tagebüchern, hrsg. von Hans Grassl, München 1953.
Peter Koslowski (Hg.), Die Philosophie, Theologie und Gnosis Franz von Baaders, Wien 1993.

Augustine Baker

Augustine Baker, Placid Spearritt, in: A Dictionary of Christian Spirituality, hrsg. von Gordon S. Wakefield, London 1976, S. 36.

Bernhard von Clairvaux

Bernhard von Clairvaux, Sämtliche Werke in 10 Bänden, lateinisch-deutsch, hrsg. von Gerhard B. Winkler, Innsbruck/Wien 1990 ff.

Ders., Weil mein Herz bewegt war, übersetzt und eingeleitet von Elisabeth Hense, Freiburg 1991.

Bernhard von Clairvaux [Textsammlung], eingeleitet und übersetzt von Bernhardin Schellenberger, Olten/Freiburg 1982.

Hans-Dietrich Kahl, Bernhard von Fontaines, Abt von Clairvaux, in: Martin Greschat (Hg.), Gestalten der Kirchengeschichte, Bd. 3, Stuttgart 1983, S. 173 ff.

Jean Leclercq, Bernhard von Clairvaux, in: Theologische Realenzyklopädie, Bd. 5, S. 644 ff.

Kurt Ruh, Geschichte der abendländischen Mystik, Bd. I, München 1990, S. 226 ff.

Bernhardin Schellenberger, Bernhard von Clairvaux, in: Gerhard Ruhbach/Josef Sudbrack (Hg.), Große Mystiker, München 1984, S. 107 ff.

Jakob Böhme

Jakob Böhme, Aurora oder Morgenröte im Aufgang, hrsg. von Gerhard Wehr, Frankfurt/M. 1992.

Ders., Christosophia. Ein christlicher Einweihungsweg, hrsg. von Gerhard Wehr, Frankfurt/M. 1992.

Ders., Theosophische Sendbriefe, hrsg. von Gerhard Wehr, Frankfurt/M. 1996.

Jan Garewicz/Alois M. Haas (Hg.), Gott, Natur und Mensch in der Sicht Jacob Böhmes und seiner Rezeptoren. Wiesbaden 1994.

Hans Grunsky, Jacob Boehme, Stuttgart 1956.

Ernst-Heinz Lemper, Jakob Böhme, Berlin 1976.

John Schulitz, Jakob Böhme und die Kabbalah. Eine vergleichende Werkanalyse, Frankfurt/M. 1993.

Wilhelm Struck, Der Einfluß Jakob Böhmes auf die englische Literatur des 17. Jahrhunderts, Berlin 1936.

Gerhard Wehr, Jakob Böhme in Selbstzeugnissen und Bilddokumenten, 6. Aufl., Reinbek 1991.

Ders., Jakob Böhme. Inspiration und Wirkungsgeschichte im deutschen Geisteslebens (in Vorbereitung).

Bonaventura

Bonaventura, Itinerarium mentis in Deum. Pilgerbuch der Seele zu Gott, eingeleitet und übersetzt von Julian Kaup, München 1961.

Ders., Soliloquium de quatuor mentalibus exercitiis. Alleingespräch über die vier geistlichen Übungen, hrsg. und übersetzt von Josef Hosse, München 1958.

Werner Dettloff, Bonaventura, in: Heinrich Fries/Georg Kretschmar (Hg.), Klassiker der Theologie, Bd. I, München 1981, S. 198 ff.

Ders., Bonaventura, in: Theologische Realenzyklopädie, Bd. 7, S. 48 ff.

Alexander Gerken, Bonaventura, in: Martin Greschat (Hg.), Gestalten der Kirchengeschichte, Bd. 4, Stuttgart 1983, S. 15 ff.

Kurt Ruh, Geschichte der abendländischen Mystik, Bd. II, München 1990, S. 406 ff.

Martin Buber

Martin Buber (Hg.), Ekstatische Konfessionen (1909), 5. Aufl., Heidelberg 1984.

Hans Kohn, Martin Buber. Sein Leben und seine Zeit (1930), Köln 1961.

Paul R. Mendes-Flohr, Von der Mystik zum Dialog. Martin Bubers geistige Entwicklung bis hin zu »Ich und Du«, Königstein 1978.

Gerhard Wehr, Martin Buber in Selbstzeugnissen und Bilddokumenten, 12. Aufl., Reinbek 1995.

Ders., Martin Buber. Leben, Werk, Wirkung, Zürich 1992.

Johannes Cassian

Johannes Cassian, Einweisung in das christliche Leben, ausgewählt, übertragen und eingeleitet von Gertrude und Thomas Sartory, Freiburg 1981/84.

Dante Alighieri

Dantes Göttliche Kommödie, übersetzt und erläutert von Karl Streckfuß, Leipzig o.J. (1876).

Dante Alighieri, Die Göttliche Komödie, übersetzt von Wilhelm G. Hertz, München 1978.

Peter Dinzelbacher/Anton D. Monaco, Dante Alighieri, in: Wörterbuch der Mystik, hrsg. von Peter Dinzelbacher, Stuttgart 1987, S. 99 ff.

Artur Schult, Dantes Divina Commedia als Zeugnis der Tempelritter-Esoterik, Bietigheim 1979.

Diadochus von Photike

Diadochus von Photike, Gespür für Gott. Hundert Kapitel über christliche Vollkommenheit, eingeleitet und übersetzt von K. Suso Frank, Einsiedeln 1982.

Dionysius Areopagita

Dionysius Areopagita, Die Hierarchien der Engel und der Kirche, übersetzt und eingeleitet von Walther Tritsch, München 1955.
Ders., Mystische Theologie und andere Schriften, München 1955.
Ders., Von den Namen zum Unnennbaren, 3. Aufl., Einsiedeln 1990.
Hugo Ball, Dionysius Areopagita, in: ders., Byzantinisches Christentum, 2. Aufl., Einsiedeln 1958.
Maurice de Gandilac, Pseudo-Dionysios, in: Gerhard Ruhbach/Josef Sudbrack (Hg.), Große Mystiker. Leben und Wirken, München 1994, S. 90 ff.
Paul Rorem, Die Aufstiegs-Spiritualität des Psudo-Dionysius, in: Bernard McGinn u. a. (Hg.), Geschichte der christlichen Spiritualität, Bd. I, Würzburg 1993, S. 166 ff.
Marcel Viller/Karl Rahner, Aszese und Mystik (1938), Freiburg 1989, S. 229 ff.

Karlfried Graf Dürckheim

Karlfried Graf Dürckheim, Das Tor zum Geheimen Öffnen, ausgewählt und eingeleitet von Gerhard Wehr, 2. Aufl., Freiburg 1989.
Gerhard Wehr, Karlfried Graf Dürckheim, Ein Leben im Zeichen der Wandlung, München 1988; 2. überarb. Aufl., Freiburg 1996.
Ders., Karlfried Graf Dürckheim, in: ders., Spirituelle Meister des Westens, München 1995, S. 219 ff.

Meister Eckhart

Meister Eckhart, Deutsche Predigten und Traktate, hrsg. von Josef Quint, 3. Aufl., München 1969.

Ders., Die Deutschen Werke, hrsg. von Josef Quint, 3. Aufl., München 1969.

Ders., Werke I/II. Texte und Übersetzungen, hrsg. von Niklaus Largier, Frankfurt/M. 1993.

Ders., Die Gottesgeburt im Seelengrund, hrsg. von Gerhard Wehr, Freiburg 1990.

Alois M. Haas, Meister Eckhart, in: Gerhard Ruhbach/Josef Sudbrack (Hg.), Große Mystiker, München 1994, S. 156 ff.

Ders., Meister Eckhart als normative Gestalt geistlichen Lebens, Einsiedeln 1979.

Ders., Nim din selbes wâr. Studien zur Lehre von der Selbsterkenntnis bei Meister Eckhart, Johannes Tauler und Heinrich Seuse, Freiburg/Schweiz 1971.

Ders., Von der Eigenart christlicher Mystik: Meister Eckhart als Maßstab, in: ders., Gottleiden, Gottlieben. Zur volkssprachlichen Mystik, Frankfurt/M. 1989, S. 45 ff.

Franz Jostes (Hg.), Meister Eckhart und seine Jünger (1895), Berlin 1972.

Otto Langer, Mystische Erfahrung und spirituelle Theologie. Zu Meister Eckharts Auseinandersetzungen mit der Frauenfrömmigkeit seiner Zeit, München/Zürich 1987.

Kurt Ruh, Meister Eckhart. Theologe, Prediger, Mystiker, München 1985.

Gerhard Wehr, Die Deutsche Mystik. Mystische Erfahrung und theosophische Weltsicht, München/Bern 1988, S. 39 ff.

Ders., Meister Eckhart in Selbstzeugnissen und Bilddokumenten, Reinbek 1989.

Bernhard Welte, Meister Eckhart: Gedanken zu seinen Gedanken, Freiburg 1979.

Elisabeth von Schönau

Peter Dinzelbacher, Elisabeth von Schönau, in: Johannes Thiele (Hg.), Mein Herz schmilzt wie Eis am Feuer. Die religiöse Frauenbewegung des Mittelalters in Porträts, Stuttgart 1988, S. 60 ff.

Hugo Enomiya-Lassalle

Hugo Enomiya-Lassalle, Erleuchtung ist erst der Anfang. Texte zum Nachdenken, hrsg. und eingeleitet von Gerhard Wehr, Freiburg 1991.
Ders., Zen und christliche Mystik, 2. überarb. Aufl., Freiburg 1986.
Ders. Zen und christliche Spiritualität, bearbeitet und hrsg. von Roland Ropers und Bogdan Snela, München 1987.

Evagrius Pontikos

Heinrich Bacht, Evagrios Pontikos, in: Gerhard Ruhbach/Josef Sudbrack (Hg.), Große Mystiker, München 1994, S. 36 ff.
Ludwig Frambach, Identität und Befreiung in Gestalttherapie, Zen und Spiritualität, Diss. theol., Petersberg 1994, S. XXX.
Wladimir Lossky, Schau Gottes, Zürich 1964, S. 83 ff.
Christofoor Wagenaar, Evagrius, in: Wörterbuch der Mystik, S. 153 f.
Kallistos Ware, Weisen des Gebetes und der Kontemplation. 1. In der Ostkirche, in: Bernard McGinn u. a. (Hg.), Geschichte der christlichen Spiritualität, Bd. I, Würzburg 1993, S. 394 ff.
Marcel Viller/Karl Rahner, Aszese und Mystik in der Väterzeit (1938), Freiburg 1989, S. 97 ff.

Fénelon (François de Salignac de La Mothe-Fénelon)

Fénelon, Geistliche Werke, hrsg. von Francois Varillon, übersetzt von Peter Manns, Düsseldorf 1961.
Ders.: Brief an Madame Guyon, in: Christliche Mystik. Texte aus zwei Jahrtausenden, hrsg. von Gerhard Ruhbach und Josef Sudbrack, München 1989, S. 377 ff.
Johannes Kraus/Joseph Calvet (Hg.), Fénelon. Persönlichkeit und Werk, Baden-Baden 1953.
Robert Spaemann, Fénelon. Reflexion und Spontaneität, 2. Aufl., Stuttgart 1990.

George Fox

George Fox. Aufzeichnungen und Briefe des ersten Quäkers, in Auswahl übersetzt von Margarete Stähelin, mit einer Einleitung von Paul Wernle, Tübingen 1908.
Richenda C. Scott (Hg.), Die Quäker, Stuttgart 1974.

Francisco de Osuna

Francisco de Osuna, Versenkung. Weg und Weisung des kontemplativen Gebetes, ausgewählt, übersetzt und eingeleitet von Erika Lorenz, Freiburg 1982.

Sebastian Franck

Sebastian Franck, Paradoxa (1534), hrsg. von Siegfried Wollgast, 2. überarbeitete Aufl., Berlin 1995.

Will-Erich Peuckert, Sebastian Franck. Ein deutscher Sucher, München 1943.

Siegfried Wollgast, Der deutsche Pantheismus im 16. Jahrhundert. Sebastian Franck und seine Wirkungen auf die Entwicklung der pantheistischen Philosophie in Deutschland, Berlin (Ost) 1972.

Franz von Assisi

Franz von Assisi, Die Demut Gottes. Meditationen, Lieder, Gebete, ausgewählt, übersetzt und eingeleitet von Elisabeth Hug und Anton Rotzetter, Zürich 1977.

Ders., Die Werke. Sonnengesang, Testament, Ordensregeln, Briefe, Die Blümlein, übersetzt von Wolfram von den Steinen und Max Kirchstein, Hamburg 1958.

Ders., Geliebte Armut, ausgewählt und eingeleitet von Gertrude und Thomas Sartory, Freiburg 1977.

Franz von Assisi [Textsammlung], hrsg. von Elisabeth Hug und Anton Rotzetter, Olten/Freiburg 1984.

Kajetan Esser (Hg.), Die Opuscula des heiligen Franz von Assisi. Neue textkritische Edition, Grossaferrata 1978.

Emil Benz, Ecclesia Spiritualis. Kirchenidee und Geschichtstheologie der franziskanischen Reformation (1934), Darmstadt 1964.

Ivan Gobry, Franz von Assisi in Selbstzeugnissen und Bilddokumenten, Reinbek 1958.

Ulrich Köpf, Franz von Assisi, in: Martin Greschat (Hg.), Gestalten der Kirchengeschichte, Bd. 3, München 1983, S. 282 ff.

Kurt Ruh, Franziskanische Mystik der Frühzeit, in: ders., Geschichte der abendländischen Mystik, Bd. II, München 1993, S. 373 ff.

Oktavian Schmucki, Zur Mystik des hl. Franz von Assisi, in: Kurt Ruh (Hg.), Abendländische Mystik im Mittelalter. Symposion Kloster Engelberg 1984, Stuttgart 1986, S. 241 ff.
Gerhard Wehr, Esoterisches Christentum, 2. erw. Aufl., Stuttgart 1995, S. 162 ff.

Franz von Sales

Franz von Sales, Über die Gottesliebe, Zürich 1978.

Paul Gerhardt

Paul Gerhardt, Geistliche Lieder, mit einem Nachwort von Gerhard Rödding, Stuttgart 1991.
Christian Bunners, Paul Gerhardt. Weg, Werk, Wirkung, Berlin 1993.
Kurt Ihlenfeld, Huldigung für Paul Gerhardt, Berlin 1956.
Gerhard Rödding, Paul Gerhardt, Gütersloh 1981.

Gertrud die Große

Der Hl. Gertrud der Großen »Gesandter der göttlichen Liebe«. Nach der Ausgabe der Benediktiner von Solesme übersetzt von Johannes Weissbrodt (1876), Freiburg 1979.
Gertrud die Große von Helfta, Gesandter der göttlichen Liebe. Legatus divinae pietatis, Neuübersetzung von Johanna Lanczkowsi, Heidelberg 1989.
Sabine B. Spitzlei, Erfahrungsraum Herz. Zur Mystik des Zisterzienserinnenklosters Helftu im 13. Jahrhundert, Stuttgart 1991.

Johann Georg Gichtel (und die Engelsbrüder)

Martin Brecht, Geschichte des Pietismus, Bd. I, Göttingen 1993, S. 230 ff.
Walter Nigg, Heimliche Weisheit. Mystisches Leben in der evangelischen Christenheit, Zürich/Stuttgart 1959, S. 237 ff.

Gregor der Große

Gregor der Große, Moralia, in: Otto Karrer (Hg.), Der mystische Strom

von Paulus bis Thomas von Aquin. Textgeschichte der Mystik im Mittelalter (1926), München 1977, S. 296 ff.
Ders., Homilien zu Ezechiel, in: Christliche Mystik. Texte aus zwei Jahrtausenden, hrsg. von Gerhard Ruhbach und Josef Sudbrack, München 1989, S. 105 ff.
Origenes und Gregor der Große, Das Hohelied, eingeleitet und übersetzt von K. Suso Frank, Einsiedeln 1987.

Gregor Palamas

Herbert Hunger (Hg.), Byzantinische Geisteswelt, Baden-Baden 1958, S. 144 ff.
Jürgen Kuhlmann, Gregor Palamas, in: Gerhard Ruhbach/Josef Sudbrack, Große Mystiker, München 1984, S. 149.
Wladimir Lossky, Schau Gottes, Zürich 1964, S. 121 ff.

Gregor von Nyssa

David L. Balás, Gregor von Nyssa, in: Theologische Realenzyklopädie, Bd. 14, S. 173 ff.
Hans von Campenhausen, Griechische Kirchenväter, Stuttgart 1959, S. 72 ff.
Mariette Canévet, Gregor von Nyssa, in: Gerhard Ruhbach/Josef Sudbrack (Hg.), Große Mystiker, München 1984, S. 17 ff.
Charles Kannengießer, Die geistliche Botschaft der Kirchenväter, in: Bernard McGinn u. a. (Hg.), Geschichte der christlichen Spiritualität, Bd. I, Würzburg 1993, S. 88 ff.
Marcel Viller/Karl Rahner, Aszese und Mystik in der Väterzeit (1939), Freiburg 1989, S. 122 ff.

Bede Griffiths

Bede Griffiths, Die Hochzeit von Ost und West. Hoffnung für die Menschheit, Salzburg 1983.
Ders., Die neue Wirklichkeit, Grafing 1990.
Ders., Rückkehr zur Mitte. Das Gemeinsame östlicher und westlicher Spiritualität, München 1987.

Jeanne-Marie Guyon

Das Leben der Madame J.M.B. Guyon von ihr selbst in französischer Sprache beschrieben, nun aber ins Deutsche übersetzt, Leipzig 1727, Typoskriptnachdruck Uitikon/Waldegg/Schweiz o.J. (ca. 1980).

Madame Guyon, Die geistlichen Ströme (les torrents spirituels), Typoskriptnachdruck Uitikon/Waldegg/Schweiz 1981.

Emmanuel Jungclaussen, Suche Gott in dir. Der Weg des inneren Schweigens nach einer vergessenen Meisterin, Jeanne-Marie Guyon, Freiburg 1986.

Ronald A. Knox, Christliches Schwärmertum, Köln/Olten 1957, S. 288 ff.

Hadewijch (Schwester)

Esther Heszler, Stufen der Minne bei Hadewijch, in: Peter Dinzelbacher/Dieter R. Bauer (Hg.), Frauenmystik im Mittelalter, Ostfildern 1985, S. 99 ff.

Paul Mommaers/Frank Willaert, Mystisches Erlebnis und sprachliche Vermittlung in den Briefen Hadewijchs, in: Peter Dinzelbacher/Dieter R. Bauer, Religiöse Frauenbewegung und mystische Frömmigkeit im Mittelalter, Köln/Wien 1988, S. 116 ff.

Frank Willaert, Hadewijch, in: Johannes Thiele (Hg.), Mein Herz schmilzt wie Eis am Feuer. Die religiöse Frauenbewegung des Mittelalters in Porträts, Stuttgart 1988, S. 110 ff.

Ders., Hadewijch und ihr Kreis in den Visionen, in: Kurt Ruh (Hg.), Abendländische Mystik im Mittelalter, Symposion Kloster Engelberg 1984, Stuttgart 1986, S. 368 ff.

Hildegard von Bingen

Hildegard von Bingen, Briefwechsel, hrsg. von Adelgundis Führkötter, Salzburg 1965.

Dies., Wisse die Wege. Sci vias, übertragen und bearbeitet von Maura Böckeler, 6. Aufl., Salzburg 1975.

Das Leben der Heiligen Hildegard, berichtet von den Mönchen Gottfried und Theoderich, übersetzt und kommentiert von Adelgundis Führkötter, 2. Aufl., Salzburg 1980.

Adelgundis Führkötter, Hildegard von Bingen, Salzburg 1972.

Dies./Josef Sudbrack, Hildegard von Bingen, in: Gerhard Ruhbach/Josef Sudbrack (Hg.), Große Mystiker. Leben und Wirken, München 1984, S. 122 ff.
Eduard Gronau, Hildegard von Bingen, Stein am Rhein 1985.
Heinrich Schipperges, Hildegard von Bingen, Frankfurt 1981.

Walter Hilton

Walter Hilton, Glaube und Erfahrung. The Scale of Perfection, übersetzt von Elisabeth Strakosch, eingeleitet von Hans Urs von Balthasar, Einsiedeln 1966.

Hugo von Sankt Viktor, Richard von Sankt Viktor

Die Viktoriner. Mystische Schriften, ausgewählt, übertragen und eingeleitet von Paul Wolff, Wien 1936.
Joseph Bernhart, Die philosophische Mystik des Mittelalters von ihren antiken Ursprüngen bis zur Renaissance (1922), Darmstadt 1974, S. 116 ff.
Kurt Ruh, Geschichte der abendländischen Mystik, Bd. I, München 1990, S. 355 ff.
Walter Tritsch (Hg.), Christliche Geisteswelt. Die Welt der Mystik, Baden-Baden 1957, S. 89 ff.

Ignatius von Loyola

Ignatius von Loyola, Geistliche Übungen, übertragen und erläutert von Adolf Haas, Freiburg 1966.
Ders., Geistliche Übungen und erläuternde Texte, übersetzt und erläutert von Peter Knauer, Graz/Wien/Köln 1978.
Ders., Gott suchen in allen Dingen, hrsg. von Josef Stierli, Olten/Freiburg 1981.
Alain Guillermou, Ignatius von Loyola in Selbstzeugnissen und Bilddokumenten, Reinbek 1962.

Johannes vom Kreuz

Johannes vom Kreuz, Im Dunkel das Licht. Eine Auswahl aus seinen Werken, übersetzt und eingeleitet von Irene Behn, Zürich 1978.

Ders., Sämtliche Werke, 5 Bde., hrsg. von P. Aloysius ab Immaculata Conceptione und Ambrosius a S. Theresia (1929), 5. Aufl., München 1970.

Ders., Sämtliche Werke, 4 Bde., übersetzt von Irene Behn und Oda Schneider, Einsiedeln 1961 ff.

Johannes vom Kreuz [Textsammlung], hrsg., eingeleitet und übersetzt von Johannes Boldt, Olten/Freiburg 1980.

Hans Urs von Balthasar, Juan de la Cruz, in: ders., Herrlichkeit. Eine theologische Ästhetik, Bd. 2, Teil 2, 2. Aufl., Einsiedeln 1969, S. 463 ff.

Camillus Lapauw, Johannes vom Kreuz. Glut der Liebe, Innsbruck 1989.

Erika Lorenz, Ins Dunkel geschrieben: Johannes vom Kreuz. Briefe geistlicher Führung, Freiburg 1987.

Otger Steggink, Erfahrung und Realismus bei Teresa von Ávila und Johannes vom Kreuz, Düsseldorf 1976.

Johannes von Irland (Scotus Eriugena)

Alois M. Haas, Eriugena und die Mystik, in: ders., Gottleiden, Gottlieben. Zur volkssprachlichen Mystik im Mittelalter, Frankfurt/M. 1989, S. 241 ff.

Wolf Ulrich Klünker, Johannes Scotus Eriugena. Denken im Gespräch mit dem Engel, Stuttgart 1988.

Gangolf Schrimpf, Johannes Scotus Eriugena, in: Theologische Realenzyklopädie, Bd. 17, S. 156 ff.

Juliana von Norwich

Juliana von Norwich, Offenbarungen der göttlichen Liebe, hrsg. von Otto Karrer, übersetzt von Georg Gerlach, Paderborn 1927 (einzige fast vollständige deutsche Ausgabe).

Julian of Norwich, Revelations of Divine Love, ins moderne Englisch übertragen und eingeleitet von Clifton Wolters, Harmondsworth 1966.

Lady Julian of Norwich, Offenbarungen von göttlicher Liebe. In der ursprünglichen Fassung übersetzt und eingeleitet von Elisabeth Strakosch, Einsiedeln 1960.
Margret Collier-Bendelow, Gott ist unsere Mutter. Die Offenbarung der Juliana von Norwich, Freiburg 1989.
Franz Wöhrer, Aspekte der englischen Frauenmystik im späten 14. und beginnenden 15. Jahrhundert, in: Peter Dinzelbacher/Dieter R. Bauer (Hg.), Frauenmystik im Mittelalter, Ostfildern 1985, S. 314 ff.

Katharina von Siena

Katharina von Siena, Engagiert aus Glauben. Politische Briefe, übersetzt und eingeleitet von Ferdinand Strobel, Zürich 1979.
Roswitha Schneider, Katharina von Siena als Mystikerin, in: Peter Dinzelbacher/Dieter R. Bauer (Hg.), Frauenmystik im Mittelalter, Ostfildern 1985, S. 290 ff.

Margery Kempe

David Knowles, Englische Mystik, Düsseldorf 1967, S. 139 ff.
Franz Wöhrer, Aspekte der englischen Frauenmystik im späten 14. und beginnenden 15. Jahrhundert, in: Peter Dinzelbacher/Dieter R. Bauer (Hg.), Frauenmystik im Mittelalter, Ostfildern 1985, S. 327 ff.
Ders., Margery Kempe, in: Wörterbuch der Mystik, S. 307 ff.

Gustav Landauer

Meister Eckharts mystische Schriften, hrsg. von Gustav Landauer, Berlin 1903; Neuausgabe besorgt von Martin Buber, Berlin 1922, 3. Aufl. Wetzlar 1978.
Gustav Landauer, Zwang und Befreiung. Eine Auswahl aus seinem Werk, Köln 1968.
Siegbert Wolf, Gustav Landauer zur Einführung, Hamburg 1988.

William Law

William Law, Selected Mystical Writings, hrsg. von Stephen Hobhouse, London 1948.

Ramon Llull

Ramon Llull, Das Buch vom Liebenden und Geliebten. Eine mystische Spruchsammlung, aus dem Altkatalanischen von Ludwig Klaiber, Olten 1948.

Ders., Das Buch vom Freunde und vom Geliebten, übersetzt und hrsg. von Erika Lorenz, Freiburg 1992.

Ders., Buch vom Heiden und den drei Weisen, mit Beiträgen von Raimundo Pannikar u. a., Freiburg 1986.

Martin Luther

Martin Luther, Ausgewählte Schriften, 6 Bde., hrsg. von Karin Bornkamm und Gerhard Ebeling, Frankfurt/M. 1982.

Ders., Ausgewählte Werke, hrsg. von Heinrich Borcherdt und Georg Merz, München 1963.

Ders., Werke. Kritische Gesamtausgabe (Weimarer Ausgabe), Weimar 1908-1938.

Ivar Asheim (Hg.), Kirche, Mystik, Heiligung und das Natürliche bei Luther. Vorträge des Dritten Internationalen Kongresses für Lutherforschung (1966), Göttingen 1967.

Martin Brecht, Martin Luther. Sein Weg zur Reformation 1483-1521, Stuttgart 1981.

Martin Greschat (Hg.), Gestalten der Kirchengeschichte, Bd. 5/6 (Reformationszeit I/II), Stuttgart 1981.

Alois M. Haas, Gottleiden, Gottlieben. Zur volkssprachlichen Mystik im Mittelalter, Frankfurt/M. 1989, S. 264 ff.: Luther und die Mystik.

Helmar Junghans (Hg.), Leben und Werk Martin Luthers von 1526 bis 1546. Festgabe zu seinem 500. Geburtstag, Berlin (Ost) 1983.

Martin Nicol, Meditation bei Luther, Göttingen 1984.

Heiko A. Oberman, Luther. Mensch zwischen Gott und Teufel, Berlin 1981.

Reinhard Schwarz, Martin Luther, in: Gerhard Ruhbach/Josef Sudbrack (Hg.), Große Mystiker, München 1984, S. 185 ff.

Gerhard Wehr, Die deutsche Mystik. Mystische Erfahrung und theosophische Weltsicht, München 1988, S. 177 ff.

Ders., Martin Luther. Mystische Erfahrung und christliche Freiheit, Schaffhausen 1983.

Makarios der Ägypter

Des Hl. Makarius des Ägypters fünfzig geistliche Homilien, übersetzt und hrsg. von Dionys Stiefenhofer, Kempten/München 1913.

Ernst Benz, Die protestantische Thebais. Zur Nachwirkung Makarios' des Ägypters im Protestantismus des 17. und 18. Jahrhunderts in Europa und Amerika, Mainz 1963.

Hermann Dörries, Die Theologie des Makarios/Symeon, Göttingen 1978.

Maximus Confessor

Hans Urs von Balthasar, Kosmische Liturgie. Das Weltbild Maximus' des Bekenners, Einsiedeln 1988.

Mechthild von Hackeborn

Margot Schmidt, Elemente der Schau bei Mechthild von Magdeburg und Mechthild von Hackeborn. Zur Bedeutung der geistlichen Sinne, in: Peter Dinzelbacher/Dieter R. Bauer (Hg.), Frauenmystik im Mittelalter, Ostfildern 1985, S. 123 ff.

Dies., Mechthild von Hackeborn, in: Johannes Thiele (Hg.), Mein Herz schmilzt wie Eis am Feuer. Die religiöse Frauenbewegung des Mittelalters, Stuttgart 1988, S. 87 ff.

Mechthild von Magdeburg

Mechthild von Magdeburg, Das fließende Licht der Gottheit, in: Otto Karrer (Hg.), Die große Glut. Textgeschichte der Mystik im Mittelalter (1926), München 1978, S. 186 ff.

Dies., Das fließende Licht der Gottheit (Gesamtausgabe), hrsg., übersetzt, eingeleitet und erläutert von Margot Schmidt, Stuttgart 1995.

Dies., Ich tanze, wenn du mich führst, ausgewählt und eingeleitet von Margot Schmidt, Freiburg 1988.

Offenbarungen der Schwester Mechthild von Magdeburg oder Das fließende Licht der Gottheit, hrsg. von Gall Morel (1869), Darmstadt 1963.

Vgl. auch: Erhebe dich, meine Seele. Mystische Texte des Mittelalters, ausgewählt und hrsg. von Johanna Lanczkowski, Stuttgart 1988, S. 100 ff., 111 ff., 134 ff.
Margot Schmidt, »Die spilende minnevluot«. Der Eros als Sein und Wirkkraft in der Trinität bei Mechthild von Magdeburg, in: dies./Dieter R. Bauer (Hg.), Eine Höhe, über die nichts geht. Spezielle Glaubenserfahrung in der Frauenmystik?, Stuttgart 1986, S. 71 ff.
Dies., Elemente der Schau bei Mechthild von Magdeburg und Mechthild von Hackeborn. Zur Bedeutung der geistlichen Sinne, in: Peter Dinzelbacher/Dieter R. Bauer (Hg.), Frauenmystik im Mittelalter, Ostfildern 1985, S. 123 ff.
Dies., Mechthild von Magdeburg, in: Johannes Thiele (Hg.), Mein Herz schmilzt wie Eis am Feuer, Stuttgart 1988, S. 71 ff.

Rulman Merswin

Rulman Merswin, Der Gottesfreund vom Oberland, in: Erhebe dich, meine Seele. Mystische Texte des Mittelalters, ausgewählt und hrsg. von Johanna Lanczkowski, Stuttgart 1988, S. 308 ff.
Wilhelm Rath, Der Gottesfreund vom Oberland. Sein Leben, geschildert auf der Grundlage der Urkundenbücher des Johanniterhauses »Zum Grünen Wörth« in Straßburg, Stuttgart 1962.
Gerhard Wehr, Esoterisches Christentum, 2. erw. Aufl., Stuttgart 1995, S. 187 ff.

Thomas Merton

Thomas Merton, Der Berg der sieben Stufen, Einsiedeln 1950.
Ders., Keiner ist eine Insel, Zürich 1979.
Thomas Merton im Gespräch mit den Religionen, in: Josef Sudbrack, Wege zur Gottesmystik, Einsiedeln 1980, S. 51 ff.
Monica Furlong, Alles, was ein Mensch sucht. Thomas Merton, ein exemplarisches Leben, Freiburg 1982.
Elisabeth Ott, Thomas Merton. Grenzgänger zwischen Christentum undhismus, Würzburg 1977.

Miguel de Molinos

Ronald Knox, Christliches Schwärmertum, Köln/Olten 1957, S. 262 ff.
Manfred Tietz, Molinos, in: Wörterbuch der Mystik, S. 361.

Thomas Müntzer

Thomas Müntzer, Schriften und Briefe. Unter Mitarbeit von Paul Kirn hrsg. von Günther Franz, Gütersloh 1968.
Ders., Schriften und Briefe, hrsg. von Gerhard Wehr, Zürich 1989.
Abraham Friesen/Hans-Jürgen Goertz (Hg.), Thomas Müntzer, Darmstadt 1978.
Reinhard Schwarz, Thomas Müntzer und die Mystik, in: Siegfried Bräuer/Helmar Junghans (Hg.), Der Theologe Thomas Müntzer. Untersuchungen zu seiner Entwicklung und Lehre, Berlin (Ost) 1989, S. 283 ff.
Gerhard Wehr, Thomas Müntzer in Selbstzeugnissen und Bilddokumenten, 7. Aufl., Reinbek 1991.

Nikolaus von Kues

Nikolaus von Kues, Aller Dinge Einheit ist Gott, ausgewählt und eingeleitet von Gerd Heinz-Mohr, Zürich 1984.
Ders., Philosophisch-Theologische Schriften, lateinisch-deutsch, hrsg. von Leo Gabriel, 3 Bde., Wien 1982.
Karl Jaspers, Nikolaus Cusanus, 2. Aufl., München 1968.
Ekkehard Meffert, Nikolaus von Kues. Sein Lebensgang, seine Lehre vom Geist, Stuttgart 1982.

Novalis (Friedrich von Hardenberg)

Novalis Werke, hrsg. und kommentiert von Gerhard Schulz, München 1969.
Friedrich Hiebel, Novalis (1951), 2. vermehrte Aufl., Bern 1972.
Rudolf Meyer, Novalis. Das Christuserlebnis und die neue Gottesoffenbarung, Stuttgart 1972.
Florian Roder, Novalis. Die Verwandlung des Menschen. Leben und Werk Friedrich von Hardenbergs, Stuttgart 1992.

Friedrich Christoph Oetinger

Friedrich Christoph Oetinger, Die Lehrtafel der Prinzessin Antonia, hrsg. von Reinhard Breymayer und Friedrich Häussermann, 2 Bde., Berlin/New York 1977.

Friedrich Christoph Oetingers Leben und Briefe, hrsg. von Karl Chr. Eberhard Eumann, Stuttgart 1859.

Martin Weyer-Menkhoff, Christus, das Heil der Natur. Entstehung und Systematik der Theologie Friedrich Christoph Oetingers, Göttingen 1990.

Origenes

Origenes, Das Evangelium nach Johannes, übersetzt und eingeführt von Rolf Gögler, Einsiedeln/Zürich/Köln 1959.

Ders., Geist und Feuer. Ein Aufbau aus seinen Schriften, hrsg. von Hans Urs von Balthasar, Salzburg 1938.

Ders. und Gregor der Große, Das Hohelied, eingeleitet und übersetzt von K. Suso Frank, Einsiedeln 1987.

Ulrich Berner, Origenes, Darmstadt 1981.

Ulrich von Campenhausen, Griechische Kirchenväter, Stuttgart 1955, S. 43 ff.

Herwig Görgemanns, Origenes, in: Peter Koslowski (Hg.), Gnosis und Mystik in der Geschichte der Philosophie, Zürich/München 1988, S. 74 f.

Rolf Gögler, Zur Theologie des biblischen Wortes bei Origenes, Düsseldorf 1963.

Henri de Lubac, Geist aus der Geschichte. Das Schriftverständnis des Origenes, Einsiedeln 1968.

Paulus

Eugen Biser, Paulus. Zeuge, Mystiker, Vordenker, München/Zürich 1992.

Emil Bock, Paulus, Stuttgart 1954.

Günther Bornkamm, Paulus, Stuttgart 1977.

K. H. Schelkle, Paulus. Leben, Briefe, Theologie, Darmstadt 1981.

Albert Schweitzer, Die Mystik des Apostels Paulus (1930), 2. Aufl., Tübingen 1954.

Platon

Platon, Sämtliche Werke, 6 Bde., übersetzt von Friedrich Schleiermacher, Hamburg 1957.

Ders., Sämtliche Werke, 3 Bde., hrsg. von Erich Loewenthal (1940), Heidelberg 1982.

Werner Beierwaltes (Hg.), Platonismus in der Philosophie des Mittelalters, Darmstadt 1969.

Konrad Gaiser, Platons esoterische Lehre, in: Peter Koslowski (Hg.), Gnosis und Mystik in der Geschichte der Philosophie, Zürich/München 1988, S. 13 ff.

Ernst Hoffmann, Platon. Eine Einführung in sein Philosophieren, Reinbek 1961.

Ernst Lüdemann, Platonismus, in: Wörterbuch der Mystik, S. 410 ff.

Plotin

Plotin, Ausgewählte Schriften, hrsg. von Werner Marg, Stuttgart 1976.

Werner Beierwaltes, Reflexion und Einung; zur Mystik Plotins, in: ders. u. a., Grundfragen der Mystik, Einsiedeln 1974.

Richard Harder, Zu Plotins Leben, Wirkung und Lehre, in: Plotin, Ausgewählte Schriften, hrsg. von Werner Marg, Stuttgart 1976, S. 245 ff.

Venanz Schubert, Plotin. Einführung in sein Philosophieren, Freiburg/München 1973.

Clemens Zintzen (Hg.), Die Philosophie des Neuplatonismus, Darmstadt 1977.

Peter Poiret

Gustav A. Krieg, Der mystische Kreis. Wesen und Wirken der Theologie Pierre Poirets, Göttingen 1978.

Max Wieser, Peter Poiret. Der Vater der romanischen Mystik in Deutschland. Zum Ursprung der Romantik in Deutschland, München 1932.

Margarete Porète

Margareta Porète, Der Spiegel der einfachen Seelen. Wege der Frauenmystik, aus dem Altfranzösischen übertragen und mit einem Nachwort und Anmerkungen von Louise Gnädinger, Zürich/München 1987.

Ulrich Heid, Studien zu M. Porète und ihrem ›Miroir des simples âmes‹, in: Peter Dinzelbacher/Dieter R. Bauer (Hg.), Religiöse Frauenbewegung und mystische Frömmigkeit im Mittelalter, Köln/Wien 1988, S. 185 ff.

Richard von Sankt Viktor

(s. Hugo von Sankt Viktor)

Jan van Ruisbroeck (Ruusbroec)

Jan van Ruisbroeck, Die Zierde der geistlichen Hochzeit und die kleineren Schriften, hrsg. und übertragen von Friedrich Markus Huebner, Leipzig 1924.

Louis Cognet, Gottes Geburt in der Seele. Eine Einführung in die deutsche Mystik, Freiburg 1980, S. 199 ff.

Bernhard Fraling, Der Mensch vor dem Geheimnis Gottes. Untersuchungen zur geistlichen Lehre des Jan van Ruusbroec, Würzburg 1967.

Kaspar Schwenckfeld

Karl Ecke, Fortsetzung der Reformation. Kaspar von Schwenckfelds Schau einer apostolischen Reformation, Gladbeck/Metzingen 1978.

Peter Kawerau, Die Schlesische Mystik. Kaspar Schwenckfeld, in: ders., Die ökumenische Idee seit der Reformationszeit, Stuttgart 1968.

Gottfried Maron, Individualismus und Gemeinschaft bei Caspar von Schwenckfeld. Seine Theologie, dargestellt mit besonderer Ausrichtung auf seinen Kirchenbegriff, Stuttgart 1961.

Horst Weigelt, Spiritualistische Tradition im Protestantismus. Das Schwenckfeldertum in Schlesien, Berlin/New York 1973.

Heinrich Seuse

Heinrich Seuse, Deutsche mystische Schriften, hrsg. und übersetzt von Georg Hoffmann, Düsseldorf 1986.

Ders./Johannes Tauler, Mystische Schriften. Werkauswahl von Winfried Zeller, hrsg. von Bernd Jaspert, München 1988.

Rudolf Steiner

Rudolf Steiner, Das Christentum als mystische Tatsache und die Mysterien des Altertums (1902), 9. Aufl., Dornach 1989.

Ders., Die Mystik im Aufgange des neuzeitlichen Geisteslebens (1901), Dornach 1977.

Gerhard Wehr, Rudolf Steiner. Leben, Erkenntnis, Kulturimpuls, 2. Aufl., München 1987.

Ders., Rudolf Steiner zur Einführung, Hamburg 1994.

Symeon (der neue Theologe)

Hermengild M. Biedermann, Symeon, der neue Theologe, in: Gerhard Ruhbach/Josef Sudbrack (Hg.), Große Mystiker. Leben und Wirken. München 1984, S. 104.

Johannes Tauler

Johannes Tauler, Predigten I/II. Vollständige Ausgabe, übertragen und hrsg. von Georg Hofmann, mit einer Einführung von Alois M. Haas, Einsiedeln 1979.

Heinrich Seuse/Johannes Tauler, Mystische Schriften. Werkauswahl von Winfried Zeller, hrsg. von Bernd Jaspert, München 1988.

Johannes Tauler [Textsammlung], hrsg., eingeleitet und übersetzt von Louise Gnädinger, Olten/Freiburg 1983.

Ephrem M. Filthaut (Hg.), Johannes Tauler. Ein deutscher Mystiker. Gedenkschrift zum 600. Todestag, Essen 1961.

Louise Gnädinger, Johannes Tauler, München 1994.

Ignaz Weilner, Johannes Taulers Bekehrungsweg. Die Erfahrungsgrundlage seiner Mystik, Regensburg 1961.

Pierre Teilhard de Chardin

Teilhard de Chardin, Der göttliche Bereich. Ein Entwurf des inneren Lebens (Le milieu divin), 6. Aufl., Olten 1966.

Teilhard de Chardin in Antwort und Kritik. Ein Querschnitt durch die wissenschaftliche Diskussion, ausgewählt und kommentiert von Jürgen Hübner, Hamburg 1968.

Ernst Benz, Schöpfungsglaube und Endzeiterwartung. Antwort auf Teilhard de Chardins Theologie der Evolution, München 1965.
Claude Cuénot, Teilhard de Chardin. Leben und Werk, Olten/Freiburg 1966.
Adolf M. Haas (Hg.), Teilhard de Chardin-Lexikon, Freiburg 1971.
Johannes Hemleben, Teilhard de Chardin in Selbstzeugnissen und Bilddokumenten, Reinbek 1966.
Günther Schiwy, Teilhard de Chardin. Sein Leben und seine Zeit, München 1981.

Teresa von Ávila

Teresa von Ávila, Sämtliche Schriften, 7. Aufl., München 1989, (Bd. 1: Das Leben der Heiligen Teresa von Jesu).
Dies., Wege zum Gebet. Eine Textauswahl, ausgewählt und übertragen von Irene Behn, Zürich 1976.
Teresa von Ávila [Textsammlung], Olten/Freiburg 1979.
Erika Lorenz, Ein Pfad im Wegelosen. Teresa von Ávila, Erfahrungsberichte und innere Biographie, Freiburg 1986.
Dies., Teresa von Ávila, Schaffhausen 1982.
Otger Steggink, Erfahrung und Realismus bei Teresa von Ávila und Johannes vom Kreuz, Düsseldorf 1976.
Josef Sudbrack, Erfahrung einer Liebe. Teresa von Ávilas Mystik als Begegnung mit Gott, Freiburg 1979.

Gerhard Tersteegen

Gerhard Tersteegen, Auserlesene Lebensbeschreibungen heiliger Seelen (1785), Manuskriptdruck o.O. 1984.
Ders., Geistliches Blumengärtlein inniger Seelen, 16. Aufl., Stuttgart 1969.
Ders., Weg der Wahrheit, Stuttgart 1968.
Reinhard Deichgräber, Gott ist genug. Liedmeditationen nach Gerhard Tersteegen, Göttingen/Regensburg 1975.
Albert Löschhorn, Ich bete an die Macht der Liebe. Gerhard Tersteegens christliche Mystik, Basel 1942.
Gerhard Ruhbach, Gerhard Tersteegen, in: ders./Josef Sudbrack (Hg.), Große Mystiker, München 1984, S. 251 ff.

Theresia von Lisieux

Jean-François Six, Theresia von Lisieux. Ihr Leben, wie es wirklich war, Freiburg 1976.

Thomas von Kempen

Geert Groote, Thomas von Kempen und die Devotio moderna, hrsg. und eingeleitet von Hans Norbert Jankowski, Olten/Freiburg 1978.

Josef Sudbrack, Personale Meditation. Die vier Bücher von der »Nachfolge Christi« neu betrachtet, Düsseldorf 1973.

Thomas Traherne

Ernst Lehrs, Der rosenkreuzerische Impuls im Leben und Werk von Joachim Jungius und Thomas Traherne, Stuttgart 1962.

Geofrey Rowell, Th. Traherne, in: A Dictionary of Christian Spirituality, hrsg. von Gordon S. Wakefield, London 1976, S. 379 ff.

Gladys Irene Wade, Thomas Traherne. A critical biography, Princeton/N.J. 1944.

Valentin Weigel

Valentin Weigel, Ausgewählte Werke, hrsg. und eingeleitet von Siegfried Wollgast, Berlin (Ost) 1977.

Ders., Sämtliche Schriften, hrsg. von Winfried Zeller u. a., Stuttgart 1962 ff.

Horst Pfefferl, Die Überlieferung der Schriften Valentin Weigels, Marburg 1991.

Gerhard Wehr, Valentin Weigel. Der Pansoph und esoterische Christ, Freiburg 1979.

Winfried Zeller (Hg.), Der Protestantismus des 17. Jahrhunderts, Bremen 1962, S. 145 ff.

Ders., Theologie und Frömmigkeit, Marburg 1971, S. 39 ff., S. 51 ff.

Wilhelmine (Vilemina) von Böhmen

Peter Dinzelbacher, Rollenverweigerung, religiöser Aufbruch und mystisches Erleben mittelalterlicher Frauen, in: ders./Dieter R. Bauer

(Hg.), Religiöse Frauenbewegung und mystische Frömmigkeit im Mittelalter, Köln/Wien 1988, S. 52 ff.

Henry Charles Lea, Die Inquisition (1887 ff.), revid. und hrsg. von Joseph Hansen, Nördlingen 1985, S. 473 ff.

Luisa Muraro, Vilemina und Mayfreda. Die Geschichte einer feministischen Häresie, Freiburg 1987.

Jutta Taege-Bizer, Der Hl. Geist in Gestalt einer Frau, in: Elisabeth Wendel-Moltmann (Hg.), Die Weiblichkeit des Hl. Geistes. Studien zur feministischen Theologie, Gütersloh 1995.

Personenregister

Gerhard Wehr, geb. 1931, lebt als freier Schriftsteller in Schwarzenbruck bei Nürnberg.

Veröffentlichungen u. a.: *C. G. Jung und Rudolf Steiner* (1972); *Auf den Spuren urchristlicher Ketzer* (1983); *Die Bruderschaft der Rosenkreuzer* (1984); *Carl Gustav Jung* (1985); *Heilige Hochzeit* (1986); *Rudolf Steiner* (1987); *Die deutsche Mystik* (1988); *Karlfried Graf Dürckheim* (1988); *Martin Buber* (1991); *Lebensmitte* (1991); *Kontrapunkt Anthroposophie* (1993); *Der innere Christus* (1993); *Rudolf Steiner zur Einführung* (1994); *Homo Magus* (1995); Rowohlt Monographien über Martin Buber, C. G. Jung, Jakob Böhme, Thomas Müntzer, Paul Tillich, Meister Eckhart; ferner herausgeberische Tätigkeit, u. a. Werke Jakob Böhmes (1992).

In der Reihe
»Grosse Denker - Eine Einführung«
sind lieferbar:

Ernst Bloch
von Detlef Horster
3-926642-52-1

Giordano Bruno
von Anne Eusterschulte
3-926642-53-X

Europäische Mystik
von Gerhard Wehr
3-926642-54-8

Gnosis
von Julia Iwersen
3-926642-55-6

Jesus
von Peter Antes
3-926642-56-4

Lao-Tzu
von Florian C. Reiter
3-926642-57-2

In der Reihe
»Grosse Denker - Eine Einführung«
sind lieferbar:

Friedrich Schlegel
von Berbeli Wanning
3-926642-60-2

Georg Lukács
von Rüdiger Dannemann
3-926642-58-0

Montesquieu
von Michael Hereth
3-926642-59-9

Herbert Marcuse
von H. Brunkhorst/G. Koch
3-926642-61-0

Blaise Pascal
von Eduard Zwierlein
3-926642-62-9

Plotin
von Susanne Möbuß
3-926642-63-7

In der Reihe
»Grosse Denker - Eine Einführung«
sind lieferbar:

Die Sophisten
von Bernhard H.F. Taureck
3-926642-64-5

Die Vorsokratiker
von Carl-Friedrich Geyer
3-926642-65-3

Simone Weil
von Heinz Abosch
3-926642-66-1

Carl Friedrich von Weizsäcker
von Michael Drieschner
3-926642-67-X

Erich Fromm
von Helmut Wehr
3-926642-68-8

Hans Jonas
von Franz Josef Wetz
3-926642-69-6

In der Reihe
»MEISTERDENKER«
sind lieferbar:

Stephen W. Hawking
geb. 1942
"Die Kosmonologie des 21. Jahrhunderts"
von Klaus Mainzer
3-926642-29-7

Jean-Paul Sartre
1905 – 1980
"Konzeption der Freiheit"
von Susanne Möbuß
3-926642-30-0

Soeren Kierkegaard
1813 – 1855
"Denker der Moderne"
von Patrick Gardiner
3-926642-31-9

In der Reihe
»MEISTERDENKER«
sind lieferbar:

Galileo Galilei
1564 – 1642
"Revolutionär und Ketzer"
von Stillman Drake
3-926642-38-6

Sokrates
470 – 399 v.Chr.
"Erkenne dich selbst!"
von C.C.W. Taylor
3-926642-39-4

René Descartes
1596 – 1650
"Ich denke, also bin ich!"
von Tom Sorell
3-926642-40-8

In der Reihe
»MEISTERDENKER«
sind lieferbar:

Thomas Hobbes
1588 – 1679
"Freiheit und Unfreiheit des Individuums"
von Richard Tuck
3-926642-41-6

Jean-Jacques Rousseau
1712 – 1778
"Zurück zur Natur!"
von Robert Wokler
3-926642-42-4

Immanuel Kant
1724 – 1804
"Was ist der Mensch?"
von Roger Scruton
3-926642-43-2

In der Reihe
»MEISTERDENKER«
sind lieferbar:

Georg Wilhelm Friedrich Hegel
1770 – 1831
“Vernunft und Wirklichkeit”
von Martin Gessmann
3-926642-44-0

Friedrich Nietzsche
1844 – 1900
“Verwechselt mich vor Allem nicht!”
von Michael Tanner
3-926642-45-9

Martin Heidegger
1889 – 1976
“Sein und Zeit”
von Michael Inwood
3-926642-46-7

In der Reihe
»MEISTERDENKER«
sind lieferbar:

Ludwig Wittgenstein
1889 – 1951
"Wovon man nicht sprechen kann, darüber muss man schweigen!"
von A.C. Grayling
3-926642-47-5

Karl Marx
1818 – 1883
"Vordenker moderner Revolution"
von Iring Fetscher
3-926642-48-3

Aristoteles
384 – 322 v.Chr.
"Die Welt als sinnvolles Ganzes"
von Thomas Buchheim
3-926642-49-1